做一个理想的法律人
To be a Volljurist

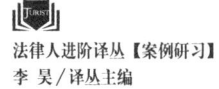

法律人进阶译丛【案例研习】
李 昊/译丛主编

德国大学刑法案例辅导

进阶卷·第二版

Fälle zum Strafrecht für
Fortgeschrittene
Klausurenkurs II, 2. Auflage

〔德〕埃里克·希尔根多夫/著
黄笑岩/译

著作权合同登记号　图字：01-2018-0447
图书在版编目(CIP)数据

德国大学刑法案例辅导.进阶卷：第二版／（德）埃里克·希尔根多夫著；黄笑岩译.—北京：北京大学出版社，2019.12
（法律人进阶译丛）
ISBN 978-7-301-30915-5

Ⅰ.①德… Ⅱ.①埃…②黄… Ⅲ.①刑法—案例—德国—高等学校—教学参考资料　Ⅳ.①D951.64

中国版本图书馆 CIP 数据核字（2019）第 241621 号

Fälle zum Strafrecht für Fortgeschrittene: Klausurenkurs II, 2.Auflage, by Eric Hilgendorf
© Verlag C.H.Beck oHG, München 2014
本书原版由 C.H.贝克出版社于 2014 年出版。本书简体中文版由原版权方授权翻译出版。

书　　　名	德国大学刑法案例辅导（进阶卷·第二版） DEGUO DAXUE XINGFA ANLI FUDAO （JINJIE JUAN·DI-ER BAN）
著作责任者	〔德〕埃里克·希尔根多夫　著　黄笑岩　译
丛书策划	陆建华
责任编辑	陆建华　方尔埼
标准书号	ISBN 978-7-301-30915-5
出版发行	北京大学出版社
地　　　址	北京市海淀区成府路 205 号　100871
网　　　址	http://www.pup.cn　http://www.yandayuanzhao.com
电子信箱	yandayuanzhao@163.com
新浪微博	@北京大学出版社　@北大出版社燕大元照法律图书
电　　　话	邮购部 010-62752015　发行部 010-62750672 编辑部 010-62117788
印　刷　者	三河市北燕印装有限公司
经　销　者	新华书店
	880 毫米×1230 毫米　32 开本　12 印张　260 千字 2019 年 12 月第 1 版　2021 年 11 月第 3 次印刷
定　　　价	49.00 元

未经许可，不得以任何方式复制或抄袭本书之部分或全部内容。
版权所有，侵权必究
举报电话：010-62752024　电子信箱：fd@pup.pku.edu.cn
图书如有印装质量问题，请与出版部联系，电话：010-62756370

"法律人进阶译丛"编委会

主 编

李 昊

编委会

（按姓氏音序排列）

班天可	陈大创	杜志浩	季红明	蒋　毅
李　俊	李世刚	刘　颖	陆建华	马强伟
申柳华	孙新宽	唐志威	夏昊晗	徐文海
查云飞	翟远见	张　静	张　挺	章　程

做一个理想的法律人(代译丛序)

近代中国的法学启蒙受之日本,而源于欧陆。无论是法律术语的移植、法典编纂的体例,还是法学教科书的撰写,都烙上了西方法学的深刻印记。即使中华人民共和国成立后兴盛了一段时期的苏俄法学,从概念到体系仍无法脱离西方法学的根基。20世纪70年代末,借助于我国台湾地区法律书籍的影印及后续的引入,以及诸多西方法学著作的大规模译介,我国重启的法制进程进一步受到西方法学的深刻影响。当前中国的法律体系可谓奠基于西方法学的概念和体系基础之上。

自20世纪90年代开始的大规模的法律译介,无论是江平先生挂帅的"外国法律文库""美国法律文库",抑或许章润、舒国滢先生领衔的"西方法哲学文库",以及北京大学出版社的"世界法学译丛"、上海人民出版社的"世界法学名著译丛",诸多种种,均注重于西方法哲学思想尤其是英美法学的引入,自有启蒙之功效。不过,或许囿于当时西欧小语种法律人才的稀缺,这些译丛相对忽略了以法律概念和体系建构见长的欧陆法学。弥补这一缺憾的重要转变,应当说始自米健教授主持的"当代德国法学名著"丛书和吴越教授主持的"德国法学教科书译丛"。以梅迪库斯教授的《德国民法总论》为开篇,德国法学擅长的体系建构之术和鞭辟入里的教义分析方法进入中国法学的视野,辅以崇尚德国法学的我国台湾地区法学教科书和专著的引入，德国法学在中国当前的法学教育和法学研究中日益受到尊崇。然而，"当代德国法学名著"丛书虽然遴选了德国当代法学著述中的上乘之作，但囿于撷取名著的局限及外国专家的视角，丛书采用了学科分类的标准，而未区分注重体系层次的基础教科书与偏重思辨分析的学术专著，与戛然而止的"德国法学教科书译丛"一样，在基础教科书书目的选择上尚未能充分体现当代德国法学教育的整体面貌，是为缺憾。

职是之故，自2009年始，我在中国人民大学出版社策划了现今的"外国法学教科书精品译丛"，自2012年出版的德国畅销的布洛克斯和瓦尔克的《德国民法总论》（第33版）始，相继推出了韦斯特曼的《德国民法基本概念》（第16版）（增订版）、罗歇尔德斯的《德国债法总论》（第7版）、多伊奇和阿伦斯的《德国侵权法》（第5版）、慕斯拉克和豪的《德国民法概论》（第14版），并将继续推出一系列德国主流的教科书，涵盖了德国民商法的大部分领域。该译丛最初计划完整选取德国、法国、意大利、日本诸国的民商法基础教科书，以反映当今世界大陆法系主要国家的民商法教学的全貌，可惜译者人才梯队不足，目前仅纳入"日本侵权行为法"和"日本民法的争点"两个选题。

系统译介民商法之外的体系教科书的愿望在结识季红明、查云飞、蒋毅、陈大创、葛平亮、夏昊晗等诸多留德小友后得以实现，而凝聚之力源自对"法律人共同体"的共同推崇，以及对案例教学的热爱。德国法学教育最值得我国法学教育借鉴之处，当首推其"完全法律人"的培养理念，以及建立在法教义学基础上的以案例研习为主要内容的教学模式。这种法学教育模式将所学用于实践，在民法、公法和刑法三大领域通过模拟的案例分析培养学生体系化的法律思维方式，并体现在德国第一次国家司法考试中，进而借助于第二次国家司法考试之前的法律实训，使学生能够贯通理论和实践，形成稳定的"法律人共同体"。德国国际合作机构（GIZ）和国家法官学院合作的《法律适用方法》（涉及刑法、合同法、物权法、侵权法、劳动合同法、公司法、知识产权法等领域，由中国法制出版社出版）即是德国案例分析方法中国化的一种尝试。

基于共同创业的驱动，我们相继组建了"中德法教义学"QQ群，推出了"中德法教义学苑"微信公众号，并在《北航法律评论》2015年第1辑策划了"法教义学与法学教育"专题，发表了我们共同的行动纲领：《实践指向的法律人教育与案例分析——比较、反思、行动》（季红明、蒋毅、查云飞执笔）。2015年暑期，在谢立斌院长的积极推动下，中国政法大学中德法学院与德国国际合作机构法律咨询项目合作，邀请民法、公法和刑法三个领域的德国教授授课，成功地举办了第一届"德国法案例分析暑期班"并延续至今。2016年暑期，季红明和夏昊晗也积极策划并参与了由西南政法大学黄家镇副教授牵头、民商法学院举办的"请求权基础案例分析法课程"暑期培训班。2017年暑期，加盟中南财经政法大学法学院的"中德法教义学苑"团队，成功举办了"案例分析暑期培训班"，系统地在民法、公法和刑法三个领域以德国的鉴定式模式开展了案例分析教学。

中国法治的昌明端赖高素质法律人才的培养。如中国诸多深耕法学教育的启蒙者所认识的那样，理想的法学教育应当能够实现法科生法律知识的体系化，培养其运用法律技能解决实践问题的能力。基于对德国奠基于法教义学基础上的法学教育模式的赞同，本译丛期望通过德国基础法学教程尤其是案例研习方法的系统引入，能够循序渐进地从大学阶段培养法科学生的法律思维，训练其法律适用的技能，因此取名"法律人进阶译丛"。

本译丛从法律人培养的阶段划分入手，细分为五个子系列：

——法学启蒙。本子系列主要引介关于法律学习方法的工具书，旨在引导学生有效地进行法学入门学习，成为一名合格的法科生，并对未来的法律职场有一个初步的认识。

——法学基础。本子系列对应于德国法学教育的基础阶段，注重民法、刑法、公法三大部门法基础教程的引入，让学生在三大部门法领域能够建立起系统的知识体系，同时也注重增加学生在法理学、法律史和法学方法等基础学科上的知识储备。

——法学拓展。本子系列对应于德国法学教育的重点阶段，旨在让学生能够在三大部门法的基础上对法学的交叉领域和前沿领域，诸如诉讼法、公司法、劳动法、医疗法、网络法、工程法、金融法、欧盟法、比较法等有进一步的知识拓展。

——案例研习。本子系列与法学基础和法学拓展子系列相配套，通过引入德国的鉴定式案例分析方法，引导学生运用基础的法学知识，解决模拟案例，由此养成良好的法律思维模式，为步入法律职场奠定基础。

——经典阅读。本子系列着重遴选法学领域的经典著作和大型教科书（Grosse Lehrbücher），旨在培养学生深入思考法学基本问题及辨法析理之能力。

我们希望本译丛能够为中国未来法学教育的转型提供一种可行的思路，期冀更多法律人共同参与，培养具有严谨法律思维和较强法律适用能力的新一代法律人，建构法律人共同体。

虽然本译丛先期以德国法学教程和著述的择取为代表，但并不以德国法独尊，而注重以全球化的视角，实现对主要法治国家法律基础教科书和经典著作的系统引入，包括日本法、意大利法、法国法、荷兰法、英美法等，使之能够在同一舞台上进行自我展示和竞争。这也是引介本译丛的另一个初衷。通过不同法系的比较，取法各家，吸其所长。也希望借助于本译丛的出版，展示近二十年来中国留学海外的法学人才梯队的更新，并借助于新生力量，在既有译丛积累的丰富经验基础上，逐步实现对外国法专有术语译法的相对统一。

本译丛的开启和推动离不开诸多青年法律人的共同努力，在这个翻译难以纳入学术评价体系的时代，没有诸多富有热情的年轻译者的加入和投入，译丛自然无法顺利完成。在此，要特别感谢积极参与本译丛策划的季红明、查云飞、蒋毅、陈大创、黄河、葛平亮、杜如益、王剑一、申柳华、薛启明、曾见、姜龙、朱军、汤葆青、刘志阳、杜志浩、金健、胡强芝、孙文、唐志威（留德）、王冷然、张挺、班天可、章程、徐文海、王融擎（留日）、翟远见、李俊、肖俊、张晓勇（留意）、李世刚、金伏海、刘骏（留法）、张静（留荷）等诸位年轻学友和才俊。还要特别感谢德国奥格斯堡大学法学院的托马斯·M. J. 默勒斯（Thomas M. J. Möllers）教授慨然应允并资助其著作的出版。

本译丛的出版还要感谢北京大学出版社副总编辑蒋浩先生和策划编辑陆建华先生，没有他们的大力支持和努力，本译丛众多选题的通过和版权的取得将无法达成。同时，本译丛部分图书得到中南财经政法大学法学院徐涤宇院长大力资助。

回顾日本的法治发展路径，在系统引介西方法律的法典化进程之后，将是一个立足于本土化、将理论与实务相结合的新时代。在这个时代，中国法律人不仅需要怀抱法治理想，更需要具备专业化的法律实践能力，能够直面本土问题，发挥专业素养，推动中国的法治实践。这也是中国未来的"法律人共同体"面临的历史重任。本译丛能预此大流，当幸甚焉。

李 昊

2018年12月

中文版序

短短四十年间,中国在经济和社会领域取得的全面成就,足以使世界各国为之惊讶和钦佩。不容忽视的是,中国在法治建设方面亦取得了长足进步。20世纪70年代初期,中国的法律制度还不完善;中国现代的法律制度是从20世纪70年代末期逐步发展起来的。显然,相较于盎格鲁-撒克逊判例法,大陆法系对中国法律制度的影响更为深远。

德国刑法的体系思维深深地影响了中国刑法,尤其是德国刑法总论的诸多组成元素为中国刑法所吸收和接纳。相对而言,德国刑法分论对中国学界的影响还较微弱,其间或许有历史、文化和政治的原因。不过,对于刑法分论的研究,每个国家都须找到一条适合自己的道路,当然这并不排斥与其他国家的经验交流和互相学习。

中国对德国刑法教义学的了解和研究已达到了新的高度,德国和中国的刑法学者已然可以互通有无地进行学术讨论。于2011年成立的中德刑法学者联合会(der Chinesisch-Deutsche Strafrechtslehrerverband)的任务在于促进中德两国刑法学者的学术交流。联合会已成立近八年,并举办了四次学术会议,两国刑法学者经常在会议中碰撞出思想的火花,可以说学术交流的目的已基本实现,我们期待它继续成功地举办下去。

目前在理论探讨之外,还应重视具体的法律适用。刑法理论本身不是目的，它是要为司法实践服务的。如此是为了控制甚至避免法官恣意适用刑法。背后的理念是，法律适用应严守立法者制定的法律规则。

在德国，法律专业的大学生从第一学期就开始学习解析案例的方法。法学教育和司法实践紧密相连。本案例集最早可回溯到1993年，从2010年开始以三卷案例集（新生卷、进阶卷、司法考试备考卷）的形式在德国出版。书中详尽收录了在德国法学教育中富有讨论价值的刑法案例，展现了案例解析的结构，并为学生提供了练习的机会。这三卷案例集，可使读者独立掌握在法治国框架内解析刑法案例的方法。

这三卷案例集能被翻译为中文并在中国出版，于我是莫大的荣誉。希望通过这三卷案例集的中译本，为中国的刑法发展贡献一份绵薄之力。希望读者开卷有益！

埃里克·希尔根多夫
2019年6月11日于法伊茨赫希海姆寓所

目录 | Contents

案例 1：抢劫手提包 ·················· 001
[抢劫罪；侵占罪；伤害罪；窝赃罪；阻挠刑罚罪]

案例 2：警惕的邻居 ·················· 019
[剥夺他人自由罪；伤害罪；逮捕权；容许构成要件错误；禁止错误]

案例 3：被炒鱿鱼的程序员 ·················· 038
[损坏财物罪；侵犯居住安宁罪；破坏计算机罪；变更数据罪；扣压文书罪]

案例 4：自选超市 ·················· 061
[盗窃罪；占有；侵犯居住安宁罪；诈骗罪；侵占罪；抢劫性盗窃罪；抢劫罪]

案例 5："碎碎平安" ·················· 089
[损坏财物罪；强制罪；过失伤害罪；强制性紧急避险；归责关联；对参与行为的认识错误；容许构成要件错误]

案例 6：谋杀斗殴 ·················· 118
[伤害罪；谋杀要素；参与斗殴罪；打击错误；教唆犯；重要肢体；《德国刑法典》第28条规定的刑罚幅度偏移]

案例 7：占卜者 ·················· 141
[诈骗罪；就事实进行欺骗；抢劫罪；严重抢劫性盗窃罪；危险伤害罪；伤害致死罪]

案例 8：律师的呵斥 ·················· 166
[侮辱罪；恶言中伤罪；诽谤罪；名誉的概念、公开进行诽谤；以行为实施进行侮辱；人员群体；正当权益的使用]

案例 9：醉驾 ························ 186
[危害道路交通罪；昏醉罪；过失杀人罪；原因自由行为；容许构成要件错误]

案例 10：过于热心的牙医 ·············· 205
[伤害罪；同意；医生的解释说明义务；病患的判断能力；违背善良风俗]

案例 11：周到的邻居 ·················· 228
[安乐死；伤害罪；医生的侵入性治疗；合意；推定同意；侵犯居住安宁罪]

案例 12："墓碑" ···················· 251
[侵犯居住安宁罪；剥夺他人自由罪；盗窃罪；侵占罪；（严重）纵火罪]

案例 13：产品责任 ···················· 271
[危险伤害罪；过失伤害罪；因果关系与归责；注意标准；源自先行行为的保证人地位；共同正犯]

案例 14：卡车事故 ···················· 293
[杀人犯罪；不作为犯罪；保证人地位；紧急避险；罪责阻却事由；不进行救助罪]

案例 15：足球比赛 ···················· 311
[伪造文书罪；诈骗罪；危险伤害罪；侮辱罪]

词汇简全称对照表 ·················· 349
文献简全称对照表 ·················· 353
关键词索引 ························ 357

案例1：抢劫手提包

> **关键词**：抢劫罪；侵占罪；伤害罪；窝赃罪；阻挠刑罚罪
> **难　度**：简单

一、案情

手提包扒手T看中了七十岁的O的手提包。T从后方靠近O，并将提包从O的肩膀夺下。O因此失足摔倒在地，胳膊骨折。T之前并没有预见到这一点。他回头看了一下，考虑是否应该帮助O。但是因为害怕被抓，T又转身逃跑了，任由O躺在地上痛苦呻吟。T跑了几百米，处于O视线外之后，就按照一开始的计划扔掉手提包内的所有东西，只留下了其中的钱包。T收起钱包并据为己有。本来T还想把手提包也留给自己，但一时冲动就把它送给了刚好经过的路人P。P虽然认为这个手提包很可能是不法所得，不过出于喜爱仍然接受了。另一路人Q目睹了转送手提包的经过，同样认为这不是T的手提包，但由于不想多事而没有过问。后来Q在接受警察询问时递交了一张本人签字的书面说明，声称并未看到转送手提包的经过。警察费力调查之后才查清P和T之间的事情经过，然而并不清楚的是，若Q如实陈述，是否以及在多大程度上能够加快警察调查事情经过的速度。

试问T、P、Q的刑事可罚性？

二、分析提纲

（一）T 的刑事可罚性 ·· 1

1. 抢劫罪，《德国刑法典》第249条第1款 ················ 2
    a) 构成要件 ··· 3
   问题：如何解释暴力的概念？
    b) 结论 ·· 6
2. 盗窃罪，《德国刑法典》第242条第1款 ················ 7
    a) 构成要件 ··· 8
        aa) 客观构成要件 ··· 8
        bb) 主观构成要件 ··· 9
    b) 违法性与罪责 ·· 13
    c) 结论 ··· 14
3. 侵占罪，《德国刑法典》第246条第1款 ················ 15
   问题：转赠手提包的过程中是否出现了新的据为己有？
4. 过失伤害罪，《德国刑法典》第229条 ·················· 19
    a) 构成要件 ··· 21
    b) 违法性与罪责 ·· 24
    c) 结论 ··· 25
5. 遗弃罪，《德国刑法典》第221条第1款第1项 ········ 26
6. 不作为的伤害罪，《德国刑法典》第223条第1款、第13条 ··· 27
    a) 构成要件 ··· 28
        aa) 客观构成要件 ··· 28

　　　　bb) 主观构成要件 ·········· 30
　　　b) 违法性 ·············· 31
　　　c) 罪责 ··············· 32
　　问题：可以期待T作出合规范的行为吗？
　　　d) 结论 ·············· 34
　7. 不进行救助罪，《德国刑法典》第323c条 ···· 35
　8. 对T刑事可罚性的结论 ············ 36

（二）P 的刑事可罚性 ·············· 37
　1. 窝赃罪，《德国刑法典》第259条第1款 ······ 37
　　　a) 构成要件 ············ 38
　　　　aa) 客观构成要件 ·········· 38
　　　　bb) 主观构成要件 ·········· 39
　　　b) 违法性与罪责 ·········· 40
　　　c) 结论 ·············· 41
　2. 侵占罪，《德国刑法典》第246条第1款 ······ 42
　3. 对P刑事可罚性的结论 ············ 43

（三）Q 的刑事可罚性 ·············· 44
　1. 未经宣誓的虚假陈述罪，《德国刑法典》第153条 ··· 44
　2. 阻挠刑罚罪，《德国刑法典》第258条第1款 ····· 45
　问题：刑事追诉的延迟可以被认定为阻挠后果吗？
　　　a) 客观构成要件 ············ 46
　　　b) 结论 ················ 50
　3. 阻挠刑罚罪未遂，《德国刑法典》第258条第1款、

　　　　第22条、第23条第1款 ·················· 51
　　　　　a)预先检验 ························ 52
　　　　　b)行为决意 ························ 53
　　　　　c)结论 ·························· 54
　　　4.伪造文书罪,《德国刑法典》第267条第1款 ········ 55
　　　5.对Q刑事可罚性的结论 ·················· 56

　（四）最终结论 ··························· 57

三、案情分析

（一）T的刑事可罚性

1　　提示：这里除了根据人进行分类予以分析之外，也可以按照划分行为集合（Tatkomplexe）（夺走手提包、赠送手提包）的思路进行分析。但是由于参与人P和Q的刑事可罚性仅仅涉及部分行为，所以这种分析思路并不必然可取。

　　　1.抢劫罪,《德国刑法典》第249条第1款

2　　T夺走O的手提包，涉嫌触犯《德国刑法典》第249条第1款的规定，可能构成抢劫罪。

　　　a)构成要件

3　　为此，T必须通过使用相当的强迫手段拿走了他人动产。手提包是动产，属于O的财物，因此对T而言为他人所有。

4　　T必须通过使用暴力或者以身体或生命的现时危险相胁迫拿走O的手提包。T从后面接近O，飞快地夺走了O的手提包，

以至于O来不及反抗。问题在于，T是否使用了暴力。《德国刑法典》第249条第1款意义上的暴力是指通过对他人的直接或间接影响而作用于身体的强迫，这种强迫在行为人看来足以确定地压制事实上发生的或者预期的反抗，或者使他人无法进行反抗。①

需要注意的是，由于抢劫罪构成要件的处刑较高，应当从限制解释暴力概念的角度出发。德国联邦最高法院为了限制其适用而提出了显著性（Erheblichkeit）标准。②据此标准，对身体完整性并不显著的损害③或者那些以明显的快速性和突然性为首要特征的行为④，不是暴力。概言之，使用暴力必须包含压制反抗的意志。⑤像本案这样仅仅以快速性和耍诡计为特征的拿走行为还称不上使用暴力。 5

b) 结论

T不构成《德国刑法典》第249条第1款规定的抢劫罪。 6

2. 盗窃罪，《德国刑法典》第242条第1款

T夺走了O的手提包，涉嫌触犯《德国刑法典》第242条第1款的规定，可能构成盗窃罪。 7

a) 构成要件

aa) 客观构成要件

为此，T必须拿走了他人动产。如上所述，手提包是他人动产，拿走意味着破坏他人的占有（Gewahrsam）并且建立新的、 8

---

① *Wessels/Hillenkamp*, BT 2, Rn. 347.
② *BGH* StV 1990, 262; 赞同观点参见 Münch Komm/*Sander*, § 249 Rn. 15。
③ 例如：将垂死者的手从其放有钱包的后裤袋中拿开。
④ 例如：突然抓取手提包。
⑤ *Rengier*, BT I, § 7 Rn. 12.

不一定是行为人本人的占有。① 其中占有是指鉴于交往观念由自然的支配意志驱使的对物的事实支配。② T通过夺包和逃跑的行为破坏了O的原始占有，并以自己的占有取而代之，也就是拿走了该物，因此符合盗窃罪的客观构成要件。

bb) 主观构成要件

9　　T在行为时对客观构成要件要素也具有认知和意欲，即具有《德国刑法典》第15条意义上的故意。

此外，T在行为时必须有据为己有的目的（Zueignungsabsicht）。他必须至少暂时性地将物品据为己有，在持续性地排除占有（Enteignung）方面至少存在附条件故意。③ T对持续性排除O对财物的支配至少是予以认可接受，这足以满足据为己有目的中的排除要素（Enteignungskomponente）。

10　　不过T还必须至少具有暂时对物取得占有的目的，也就是说获得类似于所有权人的地位（eigentümerähnliche Stellung）。对钱包而言正是如此。T想直接得到该钱包，从一开始行为时就怀有获得钱包的意图，因此他在行为时具有占有目的。对于他同时想得到的手提包而言，也是如此。虽然T后来改变了故意的内容，但这并不重要，因为他在拿走物品时具有据为己有的目的。

11　　问题在于，对手提包内的其他东西是否也如此呢？ T从一开始就计划扔掉这些东西，就此而言他从没有想对它们获得类似于所有权人的地位。T想扔掉这些东西，并不能算越权使用这

---

① *Fischer*, § 242 Rn. 16.
② BGHSt 8, 275.
③ Schönke/Schröder/*Eser*/*Bosch*, § 242 Rn. 47.

种地位。①相反,这种自始计划的丢弃行为意味着行为人根本没有意图建立占有。所以T对手提包内的其他物品欠缺盗窃罪的主观要素。

此外T的据为己有行为客观上违法,同时也具有与此有关的故意。 **12**

b) 违法性与罪责

就钱包和手提包而言,盗窃罪的构成要件已然实现,T的行为违法且有责。 **13**

c) 结论

对于O的钱包和手提包,T构成《德国刑法典》第242条第1款规定的盗窃罪。 **14**

3. 侵占罪,《德国刑法典》第246条第1款

此外对手提包来说,T涉嫌触犯《德国刑法典》第246条第1款的规定,可能构成侵占罪。一方面,就手提包而言,T已经构成盗窃罪,具有刑事可罚性,这可能会和侵占罪相冲突。而另一方面,赠送手提包又是对据为己有意思(Zueignungswille)的新的宣示。 **15**

判例和部分文献认为这种再次宣示据为己有意思的行为并不是据为己有行为本身,所以已经从构成要件层面排除了侵占罪(所谓的构成要件方案)。② **16**

与之相反,另一部分文献认为——独立于先前盗窃罪的刑事可罚性——行为人显示其类似于所有权人地位的全部事后行为都构成侵占罪,只不过通过竞合的处理方式,侵占罪(作为 **17**

---

① *Wessels/Hillenkamp*, BT 2, Rn. 138.
② BGHSt 14, 38; *Rengier*, BT I, § 5 Rn. 22 附有进一步的明证。

共罚的事后行为）的刑事可罚性①让位于初始行为的刑事可罚性（所谓的竞合方案），排除适用。②赞同这种解决方案的观点认为，也应当保护由犯罪行为所夺去的物品免受后续的侵害，此外当欠缺《德国刑法典》第257条、第259条规定的前提条件（获利或者确保利益的目的）时，对于可能的参与者或者潜在的共犯会出现处罚漏洞。③

18 支持构成要件方案的观点认为，据为己有（Zueignung）依其字面含义只能证成建立类似于所有权人的地位，并不能同时包括利用这种地位。④另外，竞合方案事实上导致初始行为的追诉时效完全不能适用。并且，依照该方案，在第二个据为己有行为中为行为人提供帮助的人将作为侵占罪的帮助犯而具有刑事可罚性，即使《德国刑法典》第257条、第259条对这些后续行为的刑事可罚性规定了特殊条件。

构成要件方案的论证更具说服力，因此在构成要件层面可以排除侵占罪的刑事可罚性。

4. 过失伤害罪，《德国刑法典》第229条

19 T夺下O的手提包，导致O失足摔倒，涉嫌触犯《德国刑法典》第229条的规定，可能构成过失伤害罪。

20 提示：这里从开始就无须考虑故意犯罪的刑事可罚性，因为案情已经表明T没有预见会撞倒O，也不想如此。

---

① 这里因《德国刑法典》第246条第1款的补充性（Subsidiarität）而最终否定刑事可罚性。
② 例如 Schönke/Schröder/*Eser/Bosch*, § 246 Rn. 19; *Wessels/Hillenkamp*, BT 2, Rn. 328 f.；对争论的详细叙述和丰富的文献提示参见*Hillenkamp*, BT, 24.Problem。
③ *Joecks*, § 246 Rn. 31 ff.
④ BGHSt 14, 38.

a)构成要件

必须出现《德国刑法典》第223条第1款意义上的乱待身体或者损害健康。乱待身体是指险恶、失当地给他人的身体安宁或身体完整性造成明显损害的行为。[①]损害健康是指引起或者加剧他人偏离于身体正常状态的病理状态。[②]摔倒和胳膊骨折体现了《德国刑法典》第223条第1款意义上的乱待身体和损害健康。

T必须违反了注意义务,即忽视了日常交往中必要的注意。[③]突然夺走路人的手提包就属于这种情形。

由此构成要件结果出现。对O的碰撞是乱待身体和损害健康的原因,并且该结果可在客观上归责于T。突然从年长妇女的肩上夺走她的手提包很可能会导致其跌倒并受伤,所以该结果对T来说客观上可以预见。此外,该结果也可以避免,只要T放弃夺包即可。

b)违法性与罪责

T的行为违法且有责,尤其是依据案情,无法得出T在主观上无法预见和避免该结果发生的结论。

c)结论

T构成《德国刑法典》第229条规定的过失伤害罪。依据《德国刑法典》第230条第1款的规定,该罪告诉才处理。

5. 遗弃罪,《德国刑法典》第221条第1款第1项

T逃离现场,涉嫌触犯《德国刑法典》第221条第1款第1

[①] *Fischer*, §223 Rn.4 附有进一步的明证。
[②] *Fischer*, §223 Rn. 8.
[③] 对过失的一般论述参见 *Beck*, JA 2009, 111, 114; *Hilgendorf/Valerius*, AT, §12 Rn. 1 ff.

项的规定，可能构成遗弃罪。对此O必须处于死亡或者严重健康损害的危险当中。本案中从未出现这种情形，所以T不构成遗弃罪。

6. 不作为的伤害罪，《德国刑法典》第223条第1款、第13条

27　　T拿走手提包后逃跑，涉嫌触犯《德国刑法典》第223条第1款、第13条的规定，可能构成不作为的伤害罪。

a) 构成要件

aa) 客观构成要件

28　　为此必须出现乱待身体或者损害健康的结果。与碰撞的那一刻相比，依据案情并不能清楚确定O的病理状态是否加剧。因此依照存疑时有利于被告人原则，应当认定O不存在健康损害。然而可以将对伤者放任不管的行为视为险恶、失当地给被害人的身体安宁或身体完整性造成明显损害的行为。特别要注意的是，O胳膊骨折，并痛苦地躺在地上。

29　　本案中T没有实施被要求的为O寻求帮助的行为。此外T必须是保证人，即负有《德国刑法典》第13条第1款所规定的保证该结果不发生的法定义务。这里T可能源自先行行为（Ingerenz），即危险前行为，而成为保证人。他先前对O的过失伤害属于先行行为，所以他有义务留在现场避免被害人遭受后续的身体乱待。因此他是源自先行行为的保证人，客观构成要件得以符合。

bb) 主观构成要件

30　　T在行为时也具有《德国刑法典》第15条意义上的故意，这与先前对O的碰撞不同。在O跌倒后T形成了新的决意，决

定放任O躺在地上，即便她已经受伤并有明显疼痛，T也不去关心。T在O跌倒后明确考虑过是否进行帮助，但是有意识地决定不那么做。这个新形成的故意具有间隔作用（Zäsurwirkung），借此得以肯定放任O躺在地上的行为的主观构成要件。

b) 违法性

T的行为违法。 31

c) 罪责

另外，T的行为必须有责。对此可能主张，T存在被发现的危险，因此不可期待他做出合规范的行为，T的行为无责。 32

提示： 另有观点认为应该在构成要件层面就检验这一要件。①

对于不可期待性的问题，应当进行利益衡量。这里要考虑的是，T本可以匿名呼救或者至少稍微询问一下O的受伤状况。这些帮助措施并不必然导致T被发现，因而对其并非自始不可期待。此外本案中O身体完整性的利益高于T的利益。所以T的行为有责。 33

提示： 这里也可以进行另一种论证，即O没有受重伤，并且路上还有其他行人，确定她可以马上得到救助，这种方案也是合理的。

d) 结论

依据《德国刑法典》第223条第1款、第13条的规定，T构成不作为的伤害罪。 34

---

① *Heinrich*, AT, Rn. 904 附有进一步的明证。

7. 不进行救助罪,《德国刑法典》第323c条

35   T还构成《德国刑法典》第323c条规定的不进行救助罪,不过本罪由于补充关系而让位于《德国刑法典》第223条第1款、第13条规定的不作为的伤害罪,排除适用。

提示:如果上文肯定了行为的不可期待性,那么这里也要前后一致地予以肯定,所以同样不具有刑事可罚性。

8. 对T刑事可罚性的结论

36   依据《德国刑法典》第242条第1款、第229条的规定,T构成盗窃罪、过失伤害罪,二者成立《德国刑法典》第52条规定的犯罪单数(想象竞合,从一重处罚);依据《德国刑法典》第223条第1款、第13条的规定,T构成不作为的伤害罪,与前罪成立《德国刑法典》第53条规定的犯罪复数(实质竞合,数罪并罚)。

(二)P的刑事可罚性

1. 窝赃罪,《德国刑法典》第259条第1款

37   P接受了手提包,涉嫌触犯《德国刑法典》第259条第1款的规定,可能构成窝赃罪。

a) 构成要件

aa) 客观构成要件

38   为此,P必须使自己取得因他人盗窃或者其他针对他人财产的违法行为所得的财物。该手提包是T之前通过盗窃得到的(详见上文)。使自己取得是指在与事前行为人形成合意之下构

成对财物的事实支配。① P在T的同意下收下了手提包，鉴于该财物通过违法的事前行为所得，可以说P使自己取得了赃物。

bb) 主观构成要件

P想到了手提包可能是违法所得，不过出于对这个手提包的喜爱，就认可接受了这一点，依然收下了手提包。就手提包是通过违法的事前行为所得这一点而言，P具有附条件故意。此外P具有获利目的。

b) 违法性与罪责

P的行为违法且有责。

c) 结论

P构成窝赃罪。依据《德国刑法典》第259条第2款和第248a条的规定，如果刑事追诉机关不认为有依职权进行追诉之必要，视手提包的价值告诉才处理。②

2. 侵占罪，《德国刑法典》第246条第1款

P同时构成《德国刑法典》第246条第1款规定的侵占罪，不过由于第246条第1款末尾明文规定的形式补充性，该罪最后让位于其他罪名。③

3. 对P刑事可罚性的结论

因此P构成《德国刑法典》第259条第1款规定的窝赃罪。

---

① *Fischer*, § 259 Rn. 11.
② 对价值甚微的界限有不同的判定。德国联邦最高法院设定为25欧元（Az: 2 StR 176/04），其他法院设定为50欧元（*OLG Frankfurt a. M.* NStZ-RR 2008, 311; *OLG Zweibrücken* NStZ 2000, 536），*Fischer*认为太高（30欧元"仍然是合理的"，*Fischer*, § 248a Rn. 3a）。
③ 有争议的是，补充性条款是否应当仅在出现其他财产犯罪时得以适用，还是应当延伸适用于所有规定更高刑罚的刑法条文。对此参见*Wessels/Hillenkamp*, BT 2, Rn. 327。

（三）Q 的刑事可罚性

1. 未经宣誓的虚假陈述罪，《德国刑法典》第 153 条

44　　Q 提交了一张书面说明，声称什么都没看见，涉嫌触犯《德国刑法典》第 153 条的规定，可能构成未经宣誓的虚假陈述罪。然而需要注意的是，警察局并不属于接受宣誓的主管机关。① 所以 Q 不构成未经宣誓的虚假陈述罪。

2. 阻挠刑罚罪，《德国刑法典》第 258 条第 1 款

45　　Q 没有向警察陈述其看到的转送手提包的经过，涉嫌触犯《德国刑法典》第 258 条第 1 款的规定，可能构成阻挠追诉这一形式的阻挠刑罚罪。

a) 客观构成要件

46　　P 和 T 之间的事情经过可以查清，所以最终并未阻挠追诉。另外，警察花费了很长时间才将整个事情经过调查清楚。那么问题在于，刑事追诉的迟延是否足以肯定阻挠结果的出现。

47　　一些观点坚持认为，追诉（以及《德国刑法典》第 258 条第 2 款规定的执行）必须最终无法进行，仅仅迟延还不够，它仅意味着阻挠刑罚的未遂，因为《德国刑法典》第 258 条保护的是国家刑罚权而非加速原则（Beschleunigungsgrundsatz）。② 如果犯罪事实最后可以被调查清楚，国家的刑罚权就没有受到侵害。

48　　与此相反，通说则认为造成追诉迟延——如果并非相当轻微的话——就足以被认定为阻挠刑罚的结果③，因为追诉迟延本身就是侵害国家刑罚权。仅仅短暂的迟延无疑应予以排除。刑

---

① 对此参见 LK/*Ruß*, §153 Rn. 5 f.
② SK/*Hoyer*, §258 Rn. 13 ff. 附有进一步的明证。
③ BGHSt 45, 97, 100; LK/*Walter*, §258 Rn. 35 附有进一步的明证。

罚权必须在"较长时间"内无法实现，也就是说迟延必须显示出一定程度的严重性。至于在个案中应当满足哪些具体要求[①]，可以不予考虑，因为本案中警察肯定进行了长时间的调查。所以并非是相当轻微的迟延，而是出现了阻挠刑罚的结果。

此外，虚假陈述必须是迟延结果的原因。然而不清楚的是，若Q如实陈述，是否以及在多大程度上能够避免迟延，所以这里不能肯定因果关系。由此不符合客观构成要件。

b)结论

Q不构成《德国刑法典》第258条第1款规定的阻挠刑罚罪。

3.阻挠刑罚罪未遂，《德国刑法典》第258条第1款、第22条、第23条第1款

Q涉嫌触犯《德国刑法典》第258条第1款、第22条、第23条第1款的规定，可能构成阻挠刑罚罪未遂。

a)预先检验

行为没有既遂，依据《德国刑法典》第23条第1款第二种情形、第12条第2款、第258条第4款的规定，阻挠刑罚罪未遂可罚。

b)行为决意

阻挠刑罚罪的构成要件要求行为人在行为时蓄意或者明知。本案中Q不存在犯罪意图。当行为人可以预见犯罪人确定处于更有利的境地时，就满足了明知要素。[②]本案中Q不符合这一

---

① 有观点称两周的时间（*Wessels/Hettinger*, BT 1, Rn. 727; *Rengier*, BT I,§21 Rn. 8），一些观点确定10天（*LG Stuttgart* NJW 1976, 2084），另有观点要求几周的时间（*Joecks*, §258a Rn. 12）。
② *Fischer*, §258 Rn. 33.

点,尤其是事实上也无法证明,他的书面材料是否使T处于更有利的境地。

c) 结论

54　　Q不构成《德国刑法典》第258条第1款、第22条、第23条第1款规定的阻挠刑罚罪未遂。

4. 伪造文书罪,《德国刑法典》第267条第1款

55　　Q涉嫌触犯《德国刑法典》第267条第1款的规定,可能构成伪造文书罪。Q在其签字的书面说明中声称没有看见转送手提包的经过,该文件是对思想的书面表示(verkörperte Gedankenerklärung),适合作为法律事务交往中的证据,并且可以识别出具人①,因此属于文书。Q没有编造出具人而制作不真实的文书,仅仅在书写内容中进行欺骗,不符合伪造文书罪的构成要件。②因此Q不构成《德国刑法典》第267条第1款规定的伪造文书罪。

5. 对Q刑事可罚性的结论

56　　Q无罪。

(四)最终结论

57　　依据《德国刑法典》第242条第1款、第229条的规定,T构成盗窃罪、过失伤害罪,二者成立《德国刑法典》第52条规定的犯罪单数(想象竞合,从一重处罚);依据《德国刑法典》第223条第1款、第13条的规定,T构成不作为的伤害罪,与前罪成立《德国刑法典》第53条规定的犯罪复数(实质竞合,

---

① *Fischer*, § 267 Rn. 2.
② *Fischer*, § 267 Rn. 17.

数罪并罚)。

依据《德国刑法典》第259条第1款的规定，P构成窝赃罪。Q无罪。

四、案例评价

本案较为简单，主要解决财产犯罪中的常规问题。

关于抢劫罪：在案例分析中经常失分的一点在于，学生详细检验盗窃罪、伤害罪或强制罪的构成要件，继而仅仅简短地肯定抢劫罪。但恰恰相反：每当通过暴力或者胁迫拿走（或者试图拿走）某财物时，应当首先考虑抢劫罪。如果事关抢劫罪的加重情形，应对其单独检验。[①]抢劫罪中最难以确定的构成要件可能是相当的强迫手段和拿走财物之间目的性关联的要求，这往往成为考查重点。此外目的性关联有时体现在客观构成要件中，有时则体现在主观构成要件中。行为人设想中的强迫手段和拿走财物之间的关系，正可以说明主观构成要件中的目的性关联。

关于侵占罪：和盗窃罪不同，侵占罪要求在客观上据为己有。但仅有据为己有的目的还不行，据为己有的意思必须在客观上体现（展现）出来。

关于阻挠刑罚罪：对于阻挠刑罚罪，始终需要考虑《德国刑法典》第258条第5款、第6款的规定（本案不涉及）。

《德国刑法典》第258条第5款排除了行为人为使其本人完全或部分地逃脱刑罚或处分，或者阻挠执行对其宣告的刑罚或

---

① 参见 *Rengier*, BT I, § 7 Rn. 4 ff.

处分的刑事可罚性。这里取决于行为人只想让自己受益还是想在自己受益之余，也让其他人受益。如果行为人只包庇自己，那么《德国刑法典》第258条第1款规定的构成要件本身就未得以满足［阻挠致使他人逃脱刑罚或者处分（《德国刑法典》第11条第1款第8项）］。如果除本人之外行为人也包庇他人，则依据《德国刑法典》第258条第5款的规定排除刑事可罚性。

《德国刑法典》第258条第6款涉及所谓的"亲亲相隐"（Angehörigenprivileg）。为使亲属（《德国刑法典》第11条第1款第1项）免予刑事处罚而实施行为的，同样不可罚。这里有争议的是，该规范是否应当像《德国刑法典》第35条规定的那样扩张到其他关系密切的人。然而，与《德国刑法典》第35条不同，这里法条本身并不支持这种理解，所以会存在更高的论证成本。作为考试策略，应当简短地提及该问题（如果它出现的话），然后参考法条规定否定将该规范扩张到其他关系密切的人。

其他延伸阅读：*Böse/Keiser*, Referendarexamensklausur Strafrecht:Ein Handtaschenraub und seine Folgen, JuS 2005, 440–446; *Duttge/Sotelsek*, Die vier Probleme bei der Auslegung des § 246 StGB, Jura 2002, 526–534; *Eckstein*, „Widerholte Zueignung", Grundsatzentscheidung des BGH zum Verhältnis zwischen Unterschlagung und anderen Vermögensdelikten aus dem Jahre 1959, JA 2001, 25–30; *Kudlich*, Neuere Probleme bei der Hehlerei, JA 2002, 672–677.

案例2：警惕的邻居

关键词：	剥夺他人自由罪；伤害罪；逮捕权；容许构成要件错误；禁止错误
难　度：	中等

一、案情

在小城X，一个危险的罪犯猖狂作案，在光天化日之下多次侵入并且洗劫人们的住宅，给不少人造成致命伤。一天下午A从其厨房窗户看到，有一个陌生人（B）弄开了屋后花园的大门，偷偷地溜进院子里。A以为，眼前这个人就是那个被通缉的犯罪狂，但实际上B只是一个没有恶意的流浪者，正在寻找过夜的地方。为了守护家产并且抓住B，A拿起一副在二手市场买到的手铐，从家的前门走出来，然后悄悄靠近花园大门，叫住B。A突然拿出手铐，戴在完全惊住的B的手上，B根本来不及反抗。接着他将B拉入房内并关进地下室，想先将这个假想的犯罪狂"晾"几个小时。A以为自己有权利这样做，随后才想报警。

然而这是不可能的了：B以为落到了可怕的犯罪狂手里，首先绝望地呼救，呼救无果，就果断地踢破地下室的门并试图逃跑。在房门口，B撞见了A。同样吃惊的A试图躲开，因为公然和B对抗对他来说太过危险。然而B将A的举动误解为攻击并想对其进行防卫。二人发生扭打，其间A受到几下重击。为了缓和B的怒气并且结束打斗，A倒地不起。B其实担心自己的性命，觉得没有其他方法可以躲过这个假想的公害者A的后续追击，只好将A的头多次狠狠地撞在石头地板上。B并不在意A可能因此死去。接着B成功逃走，A受了重伤，但活了下来。

试问A、B的刑事可罚性？

二、分析提纲

（一）A的刑事可罚性：戴手铐 ··· 1
 1. 剥夺他人自由罪，《德国刑法典》第239条第1款第二
  种情形 ·· 1
  a) 构成要件 ·· 2
   aa) 客观构成要件 ·· 2
   bb) 主观构成要件 ·· 4
  b) 违法性 ··· 5
   aa) 正当防卫，《德国刑法典》第32条 ····················· 6
   bb) 阻却违法的紧急避险，《德国刑法典》第34条 ······ 9
   cc) 逮捕权，《德国刑事诉讼法》第127条第1款
    第1句 ··· 10
  c) 结论 ·· 13
 2. 强制罪，《德国刑法典》第240条 ·························· 14

（二）A的刑事可罚性：拘禁 ··· 15
 1. 剥夺他人自由罪，《德国刑法典》第239条第1款第一
  种情形 ·· 15
  a) 构成要件 ·· 16

　　　　aa) 客观构成要件 ················· 16
　　　　bb) 主观构成要件 ················· 17
　　b) 违法性 ······························ 18
　　c) 罪责 ································ 20
　问题：如何处理 A 的认识错误？
　　d) 结论 ································ 22
　2. 强制罪，《德国刑法典》第240条 ············ 23

（三）B 的刑事可罚性 ····················· 24
　1. 侵犯居住安宁罪，《德国刑法典》第123条 ······ 24
　2. 损坏财物罪，《德国刑法典》第303条第1款 ···· 25
　　a) 构成要件 ···························· 26
　　　　aa) 客观构成要件 ················· 26
　　　　bb) 主观构成要件 ················· 27
　　b) 违法性 ······························ 28
　　c) 结论 ································ 30
　3. 伤害罪，《德国刑法典》第223条第1款（重击）······ 31
　　a) 构成要件 ···························· 32
　　　　aa) 客观构成要件 ················· 32
　　　　bb) 主观构成要件 ················· 33
　　b) 违法性 ······························ 34
　　c) 罪责 ································ 36
　问题：存在容许构成要件错误吗？对其应如何处理？
　　d) 结论 ································ 42
　4. 故意杀人罪未遂，《德国刑法典》第212条第1款、
　　第22条、第23条第1款（地板事件）············ 43

案例 2：警惕的邻居　021

a) 预先检验·················· 44
　　b) 行为决意·················· 45
　　c) 直接着手·················· 47
　　d) 违法性··················· 48
　　e) 罪责···················· 49
　问题：这里如何处理B对A的认识错误？
　　f) 没有中止·················· 54
5. 危险伤害罪，《德国刑法典》第223条第1款、第224
条第1款第2项第二种情形和第5项（地板事件）········ 55
　　a) 构成要件·················· 56
　　　aa) 客观构成要件·············· 56
　问题：石头地板是危险工具吗？
　　　bb) 主观构成要件·············· 59
　　b) 违法性与罪责················ 60
　　c) 结论···················· 61

（四）竞合与最终结论··················· 62

三、案情分析

（一）A 的刑事可罚性：戴手铐

1. 剥夺他人自由罪，《德国刑法典》第239条第二种情形

1　　A给B戴手铐，涉嫌触犯《德国刑法典》第239条第1款第二种情形的规定，可能构成剥夺他人自由罪。

a) 构成要件

aa) 客观构成要件

为此,A必须通过拘禁以外的其他方式剥夺B的自由,这包括所有限制被害人行动自由的手段。① B由于被戴了手铐并被抓住(拉拽),无法再自由行动。可以肯定这里存在以其他方式剥夺他人自由的行为。

提示:此处不需要检验《德国刑法典》第239条第1款规定的第一种拘禁情形,因为它显然不存在。

bb) 主观构成要件

A在行为时具有故意,《德国刑法典》第15条。

b) 违法性

不过A可能具备下述违法阻却事由。

aa) 正当防卫,《德国刑法典》第32条

可以考虑将《德国刑法典》第32条规定的正当防卫作为违法阻却事由。正当防卫首先要求存在防卫情势,即对可以防卫的法益存在现时的(gegenwärtig)违法攻击(Angriff)。攻击是指通过人的行为对法律所保护的法益造成的直接威胁。② B违背A的意志进入其花园,这里至少存在对A的房屋权和财产权的攻击。

攻击的现时性是指攻击即将发生、已经开始或者仍在持续。③ B已经踏入了A的花园,所以攻击已经开始,具有现时性。当攻击本身不能为违法阻却事由所涵盖时,攻击就是违法

---

① *Fischer*, § 239 Rn. 8.
② *Wessels/Beulke/Satzger*, AT, Rn. 325 ff.; *Zieschang*, AT, Rn. 202.
③ *BGH* NJW 1973, 255.

的。而本案中看不出这样的违法阻却事由。因而攻击是违法的，存在防卫情势。

8 防卫行为必须是必要的，为此它本身必须足以终止攻击。① 本案符合这一点。此外，防卫行为必须是可运用的防卫手段中最温和的。② 本案中A本可以首先试图将B赶出自己的住宅，所以戴手铐的行为并不必要，由此排除了正当防卫作为违法阻却事由。

bb) 阻却违法的紧急避险，《德国刑法典》第34条

9 虽然存在对A的财产权的现时危险，但是阻却违法的紧急避险也要求无法通过其他方式避免危险，因此基于和《德国刑法典》第32条同样的理由，《德国刑法典》第34条不予适用。

cc) 逮捕权，《德国刑事诉讼法》第127条第1款第1句

10 A的行为可能经由《德国刑事诉讼法》第127条第1款第1句规定的逮捕权而排除违法性。前提条件是，B在实行犯罪行为时被当场发现。B可能构成《德国刑法典》第123条第1款规定的侵犯居住安宁罪，为此他必须非法侵入A的安宁的地产（das befriedete Besitztum）。侵入（Eindringen）是指违背权利人的意志踏入其受保护的空间。③ 安宁的地产指的是能够归属于具体人的有界限的领域。④ B违背A的意志侵入其花园，所以构成侵犯居住安宁罪。

11 提示：犯罪行为必须真实出现（学界通说），或根据情况显

---

① *Wessels/Beulke/Satzger*, AT, Rn. 335.
② *Wessels/Beulke/Satzger*, AT, Rn. 335.
③ *Fischer*, § 123 Rn. 14.
④ *Fischer*, § 123 Rn. 8.

然存在重大的犯罪嫌疑亦可满足（判例观点）①的争议可以暂不予考虑，因为 B 事实上构成了侵犯居住安宁罪。

B 在实行犯罪行为时被当场发现，且他必须有逃跑嫌疑或者可能无法立即确定他的身份。当根据个案情况能够合理地认为行为人将通过逃跑来逃避刑事追诉时，就可以确定其存在逃跑嫌疑。②由此可以认为，B 在其被发现后会试图逃跑，因为毕竟他面临着因侵犯居住安宁罪而被告发的危险。所以他有逃跑嫌疑。 **12**

c) 结论

依据《德国刑事诉讼法》第 127 条第 1 款第 1 句的规定，A 的行为得以排除违法性，A 无罪。 **13**

2. 强制罪，《德国刑法典》第 240 条

A 可能构成《德国刑法典》第 240 条规定的强制罪。A 通过给 B 戴上手铐，故意用暴力强制他不能逃跑。然而这里 A 的行为也可以因逮捕权而排除违法性，A 无罪。 **14**

（二）A 的刑事可罚性：拘禁

1. 剥夺他人自由罪，《德国刑法典》第 239 条第 1 款第一种情形

由于将 B 关进地下室，A 涉嫌触犯《德国刑法典》第 239 条第 1 款第一种情形的规定，可能构成剥夺他人自由罪。 **15**

---

① 参见 *Hillenkamp*, AT, 8. Problem。
② *Meyer-Goßner/Schmitt*, § 127 Rn. 10.

a) 构成要件

aa) 客观构成要件

16　　A 必须将 B 拘禁了起来。拘禁是指利用外部设施将他人扣留在封闭的空间。① A 把 B 关在地下室并锁上了门,因此存在拘禁行为。

bb) 主观构成要件

17　　A 在行为时具有故意。

b) 违法性

18　　不过问题在于,A 的行为能否依据《德国刑事诉讼法》第127条第1款第1句的规定排除违法性。如上所述,B 在实行犯罪行为时被当场发现,原则上符合《德国刑事诉讼法》第127条第1款第1句规定的前提条件。有疑问的是,A 是否可以长时间地将 B 关在地下室,将其"晾"几个小时。该规范并没有赋予个人自行司法(Selbstjustiz)的权限,而只是保证刑事追诉可进行。A 必须马上努力确定 B 的身份,所以将 B 关起来"晾一边"的行为不再属于《德国刑事诉讼法》第127条第1款规定的范围。A 的这种行为不能依据《德国刑事诉讼法》第127条第1款第1句的规定排除违法性。

19　　因为也不存在其他的违法阻却事由,所以 A 的行为违法。

c) 罪责

20　　A 的行为也必须有责,不过 A 的罪责可能基于容许构成要件错误而予以排除。为此 A 必须错误地相信违法阻却事由的事实前提已经具备。A 可能认为其行为依据逮捕权得以排除违法性;

---

① *Fischer*, § 239 Rn. 7.

如果该事实设想"正确",行为就可排除违法性。然而,A的行为——即使以他的认识为基础——超越了《德国刑事诉讼法》第127条第1款规定的权限(对此详见上文)。这也同样适用于正当防卫,因为拘禁行为并不必要。因此不存在排除罪责的容许构成要件错误。

不过,如果A相信他有权利这么做,可能存在《德国刑法典》第17条规定的禁止错误。只有当禁止错误不可避免时,才可排除罪责(《德国刑法典》第17条第1句)。如果行为人在恪守良知并竭尽其认知能力的情况下也不能认识到行为的不法,就可以认定禁止错误是不可避免的。①A如果反思一下显然就能认识到,他没有权利这样教训想象中的罪犯,刑罚是国家的任务,所以该认识错误对A而言是可以避免的。A的行为有责。依据《德国刑法典》第17条第2句、第49条第1款的规定,法院可以有选择地对其减轻处罚。

d)结论

A构成《德国刑法典》第239条第1款第一种情形规定的剥夺他人自由罪。

2. 强制罪,《德国刑法典》第240条

通过拘禁,A也故意地使用暴力强行使B留在地下室。A的行为违法且有责。但强制罪让位于剥夺他人自由罪,不予适用。

(三)B的刑事可罚性

1. 侵犯居住安宁罪,《德国刑法典》第123条

如上所述,B故意侵入A的安宁的地产,这符合侵犯居住安

---

① BGHSt (GS)2, 194; *Hilgendorf/Valerius*, AT, § 8 Rn. 35.

宁罪的构成要件。B的行为违法且有责，所以构成侵犯居住安宁罪。依据《德国刑法典》第123条第2款的规定，该罪告诉才处理。

2. 损坏财物罪，《德国刑法典》第303条第1款

25　　B踢破地下室的门，涉嫌触犯《德国刑法典》第303条第1款的规定，可能构成损坏财物罪。

　　a)构成要件

　　aa)客观构成要件

26　　B必须损坏或者毁坏了他人财物。地下室的门属于A所有，对B而言是他人财物。门因被踢破而完全丧失常规用途，因此它被B毁坏了，所以B的行为符合损坏财物罪的客观构成要件。

　　bb)主观构成要件

27　　B在行为时具有故意。

　　b)违法性

28　　不过B的行为可能依据《德国刑法典》第32条规定的正当防卫而排除违法性。为此必须存在防卫情势，即面临现时的违法攻击，这一点可详见上文。B被拘禁在地下室，这是对其自由的攻击。由上文可知，该攻击是违法的。由于攻击还没有结束，B还在拘禁中，所以攻击也是现时的。由此确定存在防卫情势。

29　　此外如上所述，防卫行为应当是必要的。踢破门足以终止剥夺自由的行为，它也是B可以利用的最温和的手段，所以是必要的。

　　该行为同样是需要的，而且B行为时具有防卫意思。

　　c)结论

30　　B进行了正当防卫，其行为得以排除违法性，不构成《德国

刑法典》第303条第1款规定的损坏财物罪。

3. 伤害罪，《德国刑法典》第223条第1款（重击）

B重击A，涉嫌触犯《德国刑法典》第223条第1款的规定，可能构成伤害罪。

31

a) 构成要件

aa) 客观构成要件

B必须乱待了A的身体或者损害了A的健康。乱待身体是指所有险恶、失当地给他人的身体安宁或身体完整性造成明显损害的行为。① A的身体安宁因打击而受到严重损害，因此构成乱待身体。从案情中看不出是否构成损害健康，即引起或者加剧他人偏离于身体正常状态的病理状态。②《德国刑法典》第223条第1款第一种情形规定的客观构成要件得以符合。

32

bb) 主观构成要件

B故意击打A。

33

b) 违法性

不过B的击打可能排除违法性。首先考虑的是《德国刑法典》第32条规定的正当防卫，前提条件是存在防卫情势，即来自A的现时的违法攻击。然而，B只是相信A正在攻击他，因为他误解了A的动作。实际上并不存在A的攻击，所以没有出现防卫情势。B的行为不能依据《德国刑法典》第32条的规定排除违法性。

34

同样B的行为也不能依据《德国刑法典》第34条的规定排除违法性，因为B只是相信他面临危险，事实上不存在这样的

35

---

① *Fischer*, § 223 Rn. 4.
② *Fischer*, § 223 Rn. 8.

危险，避险情势也就无从谈起。B的行为违法。

c)罪责

36　　因为B以为存在来自于A的现时的违法攻击，所以他可能陷入容许构成要件错误。问题在于，本案中的击打是不是适当和必要的防卫行为。当击打能够抵御想象的攻击时，就是适当的。如果B没有其他适当和更温和的手段，那么击打就是必要的。B以为面对的是曾伤及多人生命的极其危险的罪犯，在这种情况下他无法采用较轻但同时不够有效的击打。击打是必要的，所以存在容许构成要件错误。

37　　提示：从B防卫过当的角度否定容许构成要件错误的路径也是合理的，这时要提及《德国刑法典》第33条（假想型防卫过当）。依照通说，这里排除直接和类推适用规范。[①]也可主张另外一种观点，即如果B认为可以这样防卫，他就缺乏不法意识（《德国刑法典》第17条）。B所处的紧急情势要求当机立断，如果据此认为认识错误是不可避免的话，就得出否定罪责的结论。

38　　容许构成要件错误的法律后果存在争议。严格罪责说认为，由于行为人缺乏不法意识，所以容许构成要件错误是一种禁止错误，但是行为人对所有的行为情状存在认识，因此具有行为故意。[②]据此应当适用《德国刑法典》第17条的规定，仅当认识错误无法避免时，行为人才免予处罚。反对该理论的观点认为，该理论没有充分考虑容许构成要件错误和禁止错误的区别。

---

① 参见 *Kühl*, AT, § 12 Rn. 156 ff.
② *Bockelmann*, NJW 1950, 830 ff.; *Hartung*, NJW 1951, 209; *Hirsch*, ZStW 94 (1982), 257 ff.; LK/*Vogel*, § 16 Rn. 114; *Zieschang*, AT, Rn. 359.

在容许构成要件错误的情形中，行为人本身是忠诚于法的，仅仅在事实判断上产生认识错误。据此可以以过失谴责行为人，而不是以其缺乏不法意识。在这种情形中以故意行为来处罚行为人是不公正的。①

消极的构成要件要素说认为，违法阻却事由是整体不法构成要件（Gesamt-Unrechtstatbestand）的组成部分。单一的违法阻却事由是消极的构成要件前提。行为人的故意内容必须包括这些消极的构成要件前提，对此产生的认识错误就依据《德国刑法典》第16条第1款第1句的规定排除故意。②该观点导向二阶层的犯罪构成体系，并不为通说所接受。消极的构成要件要素说混淆了构成要件和容许性规范在评价上的区别，即行为是自始就不被允许，还是只在完全特定的条件下才能排除违法性。③ **39**

限制罪责说与上述理论不同，区分事实错误和禁止错误。限制罪责说下又可分为两种情形。纯粹的限制罪责说主张类推适用《德国刑法典》第16条第1款第1句的规定，排除构成要件故意。④对该理论的批判是，恶意共犯的刑事可罚性也会由此被排除。 **40**

有鉴于此，指向法律后果的限制罪责说值得采纳。该理论同样类推适用《德国刑法典》第16条第1款第1句的规定，不过不排除故意，只排除针对故意的罪责非难。⑤由此犯罪参与也是 **41**

---

① Schönke/Schröder/*Sternberg-Lieben*, § 16 Rn. 15附有进一步的明证。
② *Kaufmann*, JZ 1954, 653; *Lange*, JZ 1953, 9; *Schünemann*, GA 1985, 341, 348 ff.
③ *Jescheck/Weigend*, AT, § 25 Ⅲ.
④ Schönke/Schröder/*Sternberg-Lieben*, § 16 Rn. 17 f.
⑤ *Gallsa*, ZStW 67 (1955), 1 (46); *Jescheck/Weigend*, AT, § 41 Ⅳ 1d; *Fischer*, § 16 Rn. 22d.

可能的，行为人只是没有罪责。

依照最后一种观点，排除对B的罪责非难，B的行为无责。

d)结论

42 B不构成《德国刑法典》第223条第1款规定的伤害罪。

提示：此处本来需要继续检验相应的过失犯罪，即《德国刑法典》第229条。不过案情提供的线索可能不足以认定过失。

4.故意杀人罪未遂，《德国刑法典》第212条第1款、第22条、第23条第1款（地板事件）

43 B将A的头撞到地板上，涉嫌触犯《德国刑法典》第212条第1款、第22条、第23条第1款的规定，可能构成故意杀人罪未遂。

a)预先检验

44 A仍然活着，所以行为没有既遂。依据《德国刑法典》第212条第1款、第12条第1款、第23条第1款的规定，故意杀人罪未遂可罚。

b)行为决意

45 B必须具有行为决意。行为决意包括对所有客观构成要件要素的故意以及其他可能存在的主观构成要件要素。B要有杀死A的故意，为此他必须至少认可接受了A的死亡。由案情可知，B对A可能死亡这一点并不在意，也就是说他认识到了可能杀死A并认可接受了这一点，所以B具有附条件的故意。

46 提示：如果案情没有附加说明B对A的死亡并不在意，那么就要否定附条件的故意，因为德国联邦最高法院在故意杀人罪中规定了特别高的心理门槛限制。① 仅仅从将头撞向地板的行为不能推导出杀人故意。

c) 直接着手

因为B已经实施了构成要件实行行为，所以可以认定为直接着手(《德国刑法典》第22条)。　　**47**

d) 违法性

如上所述，不存在防卫情势，所以B的行为违法。　　**48**

e) 罪责

因为B以为A是在逃的罪犯，所以也可能存在容许构成要件错误。前提条件是，如果B的设想"正确"，那么他的行为就可排除违法性。这里可以考虑的违法阻却事由是正当防卫。依照B的认识，必须存在现时的违法攻击。然而此时不存在攻击，因为A在受重击之后躺在了地上。B为了避免后来的追击而进行"事前防卫"，因此即便根据B的认识也不存在现时的攻击。　　**49**

不过"可能存在危险"，满足《德国刑法典》第34条规定的避险情势。所应考虑的是持续性危险，即随时可以转化成法益侵害的长时间持续的状态，并且在发生法益侵害时该危险可能再次出现。② 问题在于，是否真的有必要把A的头撞到地板上。无论如何这里不可能存在阻却违法的紧急避险，因为不允许在生命和生命之间进行法益衡量。　　**50**

根据B的认识，其他违法阻却事由均不适用，因此不存在容许构成要件错误。　　**51**

由于没有现时的危险，因此也不存在《德国刑法典》第35　　**52**

---

① *BGH* StV 1982, 509.
② *Wessels/Beulke/Satzger,* AT, Rn. 306.

条第1款规定的阻却罪责的紧急避险,但是应考虑《德国刑法典》第35条第2款规定的假想型紧急避险。它要求行为人误认为自己排除罪责。如上所述,可以肯定持续性危险的存在。与《德国刑法典》第34条的规定不同,这里不必进行利益衡量,但是依据《德国刑法典》第35条第1款的规定,行为在客观上必须是必要的,也就是说危险"无法由其他方式避免"。行为人必须在多个适当的手段中选择最温和的一个,但多次将头撞到石头地板上不是最温和的手段,尤其B可以选择不那么敏感的部位(例如腿部)。

53 所以B的行为有责。

f)没有中止

54 B放弃继续实施行为并逃跑,由此可能构成免除刑罚的中止。不存在失败未遂。这里属于实行终了的未遂,因为B相信通过将A的头撞到地板上可能致其死亡,B已经完成他所认为的实现构成要件所必要的全部行为。所以此时如果要成立中止,只有B阻止了结果出现(《德国刑法典》第24条第1款第1句第二种情形)或者至少主动努力地阻止结果出现(《德国刑法典》第24条第1款第2句)。无论如何都需要存在行为人自己阻止结果出现的积极举动,但是B此时并没有积极阻止结果出现的举动,所以不存在中止。

5.危险伤害罪,《德国刑法典》第223条第1款、第224条第1款第2项第二种情形和第5项(地板事件)

55 B将A的头撞到地板上,涉嫌触犯《德国刑法典》第223条第1款、第224条第1款第2项第二种情形和第5项的规定,可能构成危险伤害罪。

a) 构成要件

aa) 客观构成要件

依据《德国刑法典》第223条第1款的规定，B将A的头撞到石头地板上，对A进行了身体乱待以及健康损害。 **56**

石头地板可能是《德国刑法典》第224条第1款第2项第二种情形规定的危险工具。危险工具是指就其客观属性及其具体的使用方式而言能够造成严重身体伤害的物体。① 虽然将头撞到石头地板上能够造成严重伤害，不过依照判例和部分文献的观点，工具只能是可移动的物体。② 反对意见则认为不可移动的物体也能被涵摄在工具概念之下，理由是从规范的保护目的来看，行为人利用可移动或不可移动的物体并没有差别。③ 然而依照这种解释，工具的概念就超出了其字面含义。所以石头地板不是危险工具。 **57**

不过这里符合《德国刑法典》第224条第1款第5项规定的以危害生命的方式伤害他人。A因头部被撞到石头地板上而受重伤，其生命面临具体的危险，所以是否满足抽象危险的争议可以搁置不议。④ **58**

bb) 主观构成要件

依照同一说（Einheitstheorie），B同时具有《德国刑法典》第223条第1款规定的伤害故意，以及《德国刑法典》第224条第1款第5项规定的以危害生命的方式伤害A的故意。 **59**

---

① *Fischer*, § 224 Rn. 9.
② BGHSt 22, 235; NK/*Paeffgen*, § 224 Rn. 13.
③ Schönke/Schröder/*Stree/Sternberg-Lieben*, § 224 Rn. 7.
④ 参见 Schönke/Schröder/*Stree/Sternberg-Lieben*, § 224 Rn. 12.

b) 违法性与罪责

60　　B的行为违法且有责。

c) 结论

61　　依据《德国刑法典》第223条第1款、第224条第1款第5项的规定，B构成危险伤害罪。

（四）竞合与最终结论

62　　依据《德国刑法典》第239条第1款第一种情形的规定，A构成剥夺他人自由罪。

B构成《德国刑法典》第123条规定的侵犯居住安宁罪，第212条第1款、第22条、第23条第1款规定的故意杀人罪未遂，第223条第1款、第224条第1款第5项规定的危险伤害罪。侵犯居住安宁罪和故意杀人罪未遂成立《德国刑法典》第53条规定的犯罪复数（实质竞合，数罪并罚）。危险伤害罪和故意杀人罪未遂成立《德国刑法典》第52条规定的犯罪单数（想象竞合，从一重处罚）。

四、案例评价

本案难度中等，主要考查刑法总论问题。案情相对复杂，因为A和B都认为自己面对的是可怕的犯罪狂。本案中一定要准确区分单个行为。

第一部分需要检验A剥夺他人自由的刑事可罚性。这里要认识到违法阻却事由问题的重要性，不仅要检验《德国刑法典》第32条、第34条的规定，还要检验《德国刑事诉讼法》第127

条规定的逮捕权。

在第二个行为阶段首先仍要检验剥夺他人自由罪。必须认识到，与之前行为集合不同的地方在于，这里并不能排除违法性。然而此处存在《德国刑法典》第17条规定的可以避免的禁止错误。

对于B的刑事可罚性而言，违法阻却事由也极其重要。损坏财物的行为可以排除违法性。对于第一次伤害行为，B陷入了容许构成要件错误。这里学生必须陈述不同的观点，值得采纳的是（指向法律后果的）限制罪责说。在检验故意杀人罪未遂时要认识到，B越过了正当防卫的界限，所以不存在容许构成要件错误。最后，在检验《德国刑法典》第224条规定的构成要件时要提及石头地板能否作为危险工具的理论争议。

其他延伸阅读：*Gasa*, Die Behandlung des Irrtums über rechtfertigende Umstände im Gutachten.Typische Fehler, JuS 2005, 890–895; *Geppert*, Notwehr und Irrtum. Putativnotwehr, intensiver und extensiver Notwehrexzess, Putativnotwehrexzess, Jura 2007, 33–40; *Kretschmer*, Die gefährliche Körperverletzung (§ 224 StGB) anhand neuer Rechtsprechung, Jura 2008, 916–922; *Momsen/Rackow*, Der Erlaubnistatbeständsirrtum in der Fallbearbeitung, Teil 1, JA 2006, 550–555; Teil 2, JA 2006, 654–664; *Rönnau/Faust/Fehling*, Durchblick: Der Irrtum und seine Rechtsfolgen, JuS 2004, 667–674; *Schuster*, Der Doppelirrtum auf Rechtfertigungsebene, JuS 2007, 617–621.

案例 3：被炒鱿鱼的程序员

> **关键词**：损坏财物罪；侵犯居住安宁罪；破坏计算机罪；变更数据罪；扣压文书罪
> **难　度**：简单

一、案情

编程员 A 被解雇了。为报复前雇主以及两个他认为出卖了自己的前同事 X 和 Y，一天晚上他用能浸入石墙的特殊涂料在办公楼建筑上写下"剥削者"的字样。接着他用以前的公司钥匙潜入办公楼并且进入办公大厅，删除了 X 的电脑硬盘中的全部数据。A 知道 X 刚刚为 F 公司制作了结算表，删除数据将为该公司带来不小的损失。A 给 Y 的电脑植入了常规保护程序几乎不可能发现的病毒，该病毒除了导致显示屏每隔两分钟就自动关闭以外，没有其他损害。A 还迅速给和他关系好的前同事 Z 更新了文本编辑系统，该系统现在运行得更好。然后他离开了办公楼。在回家路上他把公司钥匙扔到了池塘里。A 一到家就删除了电脑中关于以前工作的所有数据资料，包括一款由前雇主送给他的游戏程序。

试问 A 的刑事可罚性？已经提起了必要的告诉。

二、分析提纲

（一）第一组行为：在办公楼建筑上 ········· 1

1. 损坏财物罪，《德国刑法典》第303条第1款（通过涂写行为）········· 1
   - a) 构成要件 ········· 2
     - aa) 客观构成要件 ········· 2
   - 问题：在墙上喷涂的行为是对建筑物实体的损害吗？
     - bb) 主观构成要件 ········· 7
   - b) 违法性与罪责 ········· 8
   - c) 结论 ········· 9
2. 毁坏建筑物罪，《德国刑法典》第305条第1款 ········· 10
3. 恶言中伤罪，《德国刑法典》第186条 ········· 11
   - 问题："剥削者"称谓可以被证明吗？
4. 侮辱罪，《德国刑法典》第185条 ········· 16
   - 问题：A表示出蔑视或者无视了吗？
5. 侵犯居住安宁罪，《德国刑法典》第123条第1款第一种情形 ········· 21
   - a) 构成要件 ········· 22
     - aa) 客观构成要件 ········· 22
     - bb) 主观构成要件 ········· 24
   - b) 违法性与罪责 ········· 25
   - c) 结论 ········· 26
6. 损坏财物罪，《德国刑法典》第303条第1款（通过

　　　　侵入行为)·· 27
　　7.对第一组行为的结论 ······································ 28

(二)第二组行为:对 X 的电脑·························· 29
　　1.损坏财物罪,《德国刑法典》第303条第1款············ 29
　　2.变更数据罪,《德国刑法典》第303a条第1款··········· 30
　　　　a)构成要件··· 31
　　　　　　aa)客观构成要件································· 31
　　　　　　bb)主观构成要件································· 34
　　　　b)违法性与罪责······································· 35
　　　　c)结论··· 36
　　3.破坏计算机罪,《德国刑法典》第303b条第1款和
　　　第2款··· 37
　　　　a)构成要件··· 38
　　　　　　aa)客观构成要件································· 38
　　　　　　bb)主观构成要件································· 40
　　　　b)违法性与罪责······································· 41
　　　　c)结论··· 42
　　4.背信罪,《德国刑法典》第266条第1款·················· 43
　　5.扣压文书罪,《德国刑法典》第274条第1款············· 44
　　　　a)构成要件··· 45
　　　　　　aa)客观构成要件································· 45
　　问题:存在《德国刑法典》第274条第1款意义上的技术
　　信息记录吗?
　　　　　　bb)主观构成要件································· 47

  b) 违法性与罪责 ···································· 48
  c) 结论 ·· 49
 6. 对第二组行为的结论 ································ 50

（三）第三组行为：对 Y 的电脑 ························ 51
 1. 损坏财物罪，《德国刑法典》第303条第1款 ·········· 51
 2. 变更数据罪，《德国刑法典》第303a条第1款 ········ 52
  a) 构成要件 ······································ 53
  b) 结论 ·· 57
 3. 破坏计算机罪，《德国刑法典》第303b条第1款 ······ 58
  a) 构成要件 ······································ 59
  b) 结论 ·· 62
 4. 对第三组行为的结论 ································ 63

（四）第四组行为：对 Z 的电脑 ························ 64
 1. 损坏财物罪，《德国刑法典》第303条第1款 ·········· 64
 2. 变更数据罪，《德国刑法典》第303a条第1款第四
  种情形 ·· 65
  a) 构成要件 ······································ 66
   aa) 客观构成要件 ···························· 66
   bb) 主观构成要件 ···························· 68
  b) 违法性 ·· 69
  c) 罪责与结论 ···································· 70
 3. 破坏计算机罪，《德国刑法典》第303b条第1款和
  第2款 ·· 71

4. 对第四组行为的结论 ················· 72

（五）第五组行为：扔钥匙 ················· 73
    1. 盗窃罪，《德国刑法典》第242条第1款 ······ 73
    2. 侵占罪，《德国刑法典》第246条第1款 ······ 75
    3. 损坏财物罪，《德国刑法典》第303条第1款 ··· 76
    4. 对第五组行为的结论 ················· 77

（六）第六组行为：对A家中的电脑 ·········· 78
    1. 变更数据罪，《德国刑法典》第303a条第1款 ···· 78
    2. 对第六组行为的结论 ················· 81

（七）最终结论与竞合 ····················· 82

三、案情分析

（一）第一组行为：在办公楼建筑上

1. 损坏财物罪，《德国刑法典》第303条第1款（通过涂写行为）

1   A在办公楼建筑上涂写，涉嫌触犯《德国刑法典》第303条第1款的规定，可能构成损坏财物罪。
    a) 构成要件
    aa) 客观构成要件

2   为此A必须损坏或者毁坏了他人财物。对A来说，办公楼建筑属于他人财物。损坏是指通过作用于物的实体，严重损害物的常规用途。①

问题是，在墙上喷涂的行为能否导致对建筑物的实体损害。部分观点认为，只要出现需要费力才能清除的污损时，就存在损坏，不需要考虑清洁时对财物实体的影响。②判例对这一要素进行了限制，认为只有当清除污损必然造成实体损害时，才能肯定损坏。③A使用的特殊涂料已经浸入了石墙，如果想清除这一污损，就必须剥落一些石墙层，也就是说要侵入其实体。按照狭义的观点，损坏已经出现。

提示：至少对于受"涂鸦捣乱"影响的物主而言，这种限缩的对立观点是无法理解的。④因此2005年通过的德国《第39次刑法改革法》增加了《德国刑法典》第303条第2款，该款规定仅仅改变财物的外观而无关乎某种实体损害时，也受刑事处罚。

但是本案中不需要考虑《德国刑法典》第303条第2款，因为清除污损会造成实体损害后果，这就满足了《德国刑法典》第303条第1款规定中的狭义前提条件。

这种损害也是严重的，因为要耗费相当的时间、费用和努力才能清除涂写的字样。可以认定A损坏了他人财物。

bb) 主观构成要件

A在行为时具有故意。

b) 违法性与罪责

A的行为违法且有责。

---

① RGSt 66, 305.
② 参见 Schönke/Schröder/*Stree/Hecker*, § 303 Rn. 10。
③ *OLG Düsseldorf* NJW 1982, 1167.
④ Schönke/Schröder/*Stree/Hecker*, § 303 Rn. 9 f.

c) 结论

9　　A 在办公楼建筑上涂写的行为构成《德国刑法典》第303条第1款规定的损坏财物罪。依据《德国刑法典》第303c条的规定，已经提起了告诉。

2. 毁坏建筑物罪，《德国刑法典》第305条第1款

10　　A 涂写字样的行为还涉嫌触犯《德国刑法典》第305条第1款的规定，可能构成毁坏建筑物罪。办公楼建筑属于《德国刑法典》第305条第1款意义上的建筑物。毁坏是指对物的严重损坏，以致其完全丧失常规用途。① 在建筑物的外墙上涂写不会导致毁坏，也不会造成部分毁坏，因此 A 不构成《德国刑法典》第305条第1款规定的毁坏建筑物罪。

3. 恶言中伤罪，《德国刑法典》第186条

11　　A 涂写"剥削者"字样，涉嫌触犯《德国刑法典》第186条的规定，可能构成恶言中伤罪。

12　　为此 A 必须断言了有损他人名誉的事实。事实是指属于过去或者现在的外部或内心世界的事件、过程或者状态，并且能被证明。当事实陈述足以否定被害人的道德、人格或者社会的效力价值时，就是有损名誉的。②

13　　问题是，"剥削者"的称谓能否被证明。某人是不是剥削者，这需要全面检验；该陈述可以是真的或者假的，且可以被证明。③ 本案中的陈述过于笼统，尤其是没有和特定事件经过的联系。这里更多的是主观的想法和评价④，因此不存在事实陈述，

---

① *Fischer*, § 305 Rn. 5 和 § 303 Rn. 14.
② *Wessels/Hettinger*, BT 1, Rn. 464 ff.
③ *Fischer*, § 186 Rn. 2.
④ *Rengier*, BT Ⅱ, § 29 Rn. 20 ff.

而是价值判断。

A不构成《德国刑法典》第186条规定的恶言中伤罪。 **14**

提示： 如果从案情中不能明显判断某言论属于事实陈述还是价值判断，可以从《德国刑法典》第186条、第187条开始检验，并在这里进行区分。 **15**

4. 侮辱罪，《德国刑法典》第185条

A涂写"剥削者"字样，涉嫌触犯《德国刑法典》第185条的规定，可能构成侮辱罪。 **16**

A必须侮辱了他人。侮辱是指通过蔑视或无视而攻击他人的名誉。[①]"剥削者"的称谓是价值判断（详见上文），借此A想表达他的鄙视和蔑视。 **17**

问题在于，A是否表示出了他的蔑视。表示意味着接收方能够正确理解损害名誉的内容。[②]然而这里表示的对象是谁并不清楚。虽然A是在公司建筑物上涂写，因而很容易将公司所有者视为被害人，但也不是必然如此。"剥削者"的概念和被害人没有直接关联，例如同样可以将部门负责人视为被害人，也可以理解为该字样和公司完全无关。由于该字样和特定人的联系并不明确，因此不能充分断定。 **18**

因此A不构成《德国刑法典》第185条规定的侮辱罪。 **19**

提示： 在有相应论证的情况下也可主张其他观点。 **20**

---

① BGHSt 1, 288; 11, 67.
② *Rengier,* BT Ⅱ, § 28 Rn. 20.

5. 侵犯居住安宁罪，《德国刑法典》第123条第1款第一种情形

21　　A侵入了公司办公楼，涉嫌触犯《德国刑法典》第123条第1款第一种情形的规定，可能构成侵犯居住安宁罪。

a) 构成要件

aa) 客观构成要件

22　　为此，A必须侵入了他人的经营场所。公司办公楼属于经营场所。① 侵入是指违背权利人意志或者未经权利人同意而进入其受保护的空间。② A用其以前的公司钥匙打开了门。虽然这把公司钥匙实际上就是用来打开公司门的，但是之前A的雇主已经解雇了他，所以他显然不再被允许独自进入公司办公楼。A侵入了公司办公楼，也就是说他至少是在缺乏权利人同意的情况下进入了办公楼。

23　　提示：《德国刑法典》第123条规定中的"非法"（widerrechtlich）不是构成要件要素，而是指明违法性的一般性犯罪要素。

bb) 主观构成要件

24　　A在行为时具有故意。

b) 违法性与罪责

25　　A的行为违法且有责。

c) 结论

26　　A侵入了公司办公楼，该行为构成《德国刑法典》第123条

---

① 参见 Fischer, § 123 Rn. 7。
② Lackner/Kühl, § 123 Rn. 5.

第1款规定的侵犯居住安宁罪。依据《德国刑法典》第123条第2款的规定,已经提起了告诉。

6. 损坏财物罪,《德国刑法典》第303条第1款(通过侵入行为)

因为A使用了以前的公司钥匙,没有损坏公司办公楼,所以其侵入公司办公楼的行为不构成《德国刑法典》第303条第1款规定的损坏财物罪。

7. 对第一组行为的结论

依据《德国刑法典》第303条第1款的规定,A构成损坏财物罪,依据第123条第1款第一种情形的规定,A构成侵犯居住安宁罪。二者成立《德国刑法典》第53条规定的犯罪复数(实质竞合,数罪并罚)。

(二)第二组行为:对X的电脑

1. 损坏财物罪,《德国刑法典》第303条第1款

A删除了X的电脑硬盘中的数据,涉嫌触犯《德国刑法典》第303条第1款的规定,可能构成损坏财物罪。为此A必须损坏了他人财物。财物是有体的标的。[①]硬盘中的数据不具备有体性,它们仅仅是电磁存储的信息,但是硬盘本身是有体的标的。A没有损害到硬盘实体,硬盘没有受损。因此A不构成《德国刑法典》第303条第1款规定的损坏财物罪。

2. 变更数据罪,《德国刑法典》第303a条第1款

A删除了数据,涉嫌触犯《德国刑法典》第303a条第1款的规定,可能构成变更数据罪。

---

① *Fischer*, §303 Rn. 2.

a) 构成要件

aa) 客观构成要件

31 A必须违法删除了数据。硬盘的内容是电磁存储的数据,也就是《德国刑法典》第202a条第2款所称的数据。A必须删除了这些数据,删除是指不可修复性地抹去具体的存储内容。A删除了X的电脑硬盘中的全部内容,但并不确定这些数据是否事实上已经不可修复性地丧失,或者是否无法借助特定的数据补救程序得以再现。[①]《德国刑法典》第303a条第1款第四种情形包括所有的变更行为,也包括在内容上改变存储的数据的行为。A的行为至少满足了这种行为方式。

32 数据变更必须是违法的,也就是说侵犯了他人的权利地位,权利人不可能同意这种侵害。[②] X作为其电脑数据的权利人,没有同意变更数据。

33 提示:有争议的是,《德国刑法典》第303a条中的违法性要素只是作为指明违法性的一般性要素,还是意味着限缩性的构成要件要素。但已达成共识的是,应该对《德国刑法典》第303a条第1款进行这样的限缩,即该款所称的数据仅指那些权利人对其享有直接的编辑、删除或者使用权利的数据。[③] 如果不将《德国刑法典》第303a条第1款中的"违法"理解为构成要件要素,那么就要限缩解释"数据"的概念。

bb) 主观构成要件

34 A在行为时具有故意。

---

① 参见 *Hilgendorf/Valerius*, CompStR, Rn. 590。
② *Lackner/Kühl*, § 303a Rn. 4; *Hilgendorf/Valerius*, CompStR, Rn. 598.
③ *Fischer*, § 303a Rn. 4.

b)违法性与罪责

A的行为违法且有责。 **35**

c)结论

A构成《德国刑法典》第303a条第1款第四种情形规定的变更数据罪。依据《德国刑法典》第303c条的规定,已经提起了告诉。 **36**

3.破坏计算机罪,《德国刑法典》第303b条第1款和第2款

A删除了X的电脑硬盘中的数据,涉嫌触犯《德国刑法典》第303b条第1款和第2款的规定,可能构成破坏计算机罪。 **37**

a)构成要件

aa)客观构成要件

A必须严重干扰对其他经营体(Betrieb)或者其他企业(Unternehmen)具有重要意义的数据处理。数据处理是指通过数据采集、数据分析、程序运算,得出运行结果的技术进程。① 使用计算机的工作场所通常满足数据处理这一要素。数据处理必须对其他经营体或者企业②具有重要意义。X刚刚为F公司制作了一份结算表,删除数据会给F公司带来不小的损失,对F公司而言数据处理具有重要意义。 **38**

A必须以《德国刑法典》第303b条第1款第1项至第3项规定的行为干扰数据处理。A实施了《德国刑法典》第303a条第1款规定的行为,这满足了第303b条第1款第1项的规定。 **39**

---

① *Fischer*, §263a Rn. 3.
② 需要解释这里具体指经营体还是企业,因为二者的区别几乎不存在,而且也无意义,参见 Schönke/Schröder/*Perron*, §14 Rn. 28/29。

bb)主观构成要件

40　　A在行为时具有故意。

b)违法性与罪责

41　　A的行为违法且有责。

c)结论

42　　A构成《德国刑法典》第303b条第1款第1项和第2款规定的破坏计算机罪。第303b条第1款第1项和第2款的规定是第303a条的加重构成要件，因此基于特别关系第303a条不予适用。

4. 背信罪，《德国刑法典》第266条第1款

43　　A删除了X的电脑硬盘中的数据，涉嫌触犯《德国刑法典》第266条第1款的规定，可能构成背信罪。但是A已经被解雇了，不再是F公司的员工，因此不再有财产照管义务，所以不构成《德国刑法典》第266条第1款规定的背信罪。

5. 扣压文书罪，《德国刑法典》第274条第1款

44　　A删除了X的电脑硬盘中的数据，涉嫌触犯《德国刑法典》第274条第1款的规定，可能构成扣压文书罪。

a)构成要件

aa)客观构成要件

45　　依据《德国刑法典》第274条第1款第1项的规定，A删除硬盘中的数据可能毁坏、损坏或者扣压了技术信息记录（technische Aufzeichnung）。首先硬盘中的内容必须是技术信息记录。依据《德国刑法典》第268条第2款的规定，技术信息记录是指对技术设备自动录制的数据的持久呈现。呈现本身不要求可以在光学视觉上或者感觉上被认知，因而在硬盘上以电磁

形式的固定化即可满足。①将内容存储在硬盘上意味着数据的持久性记载。问题在于，硬盘中的结算表数据不是由电脑自动生成的，而是由X录入的。因为人的参与在数据产生过程中起主要作用，所以硬盘中的内容不属于技术信息记录。

不过A的行为可能符合《德国刑法典》第274条第1款第2项的规定。硬盘中的内容属于《德国刑法典》第202a条第2款意义上的具有证据价值的数据，A对该数据没有处分权。A删除了这些数据或者至少变更了数据（详见上文），因此该行为符合《德国刑法典》第274条第1款第2项的规定。 **46**

bb) 主观构成要件

依据《德国刑法典》第15条的规定，A在行为时必须具有故意。A意欲删除硬盘中的数据。此外他还要在行为时具有损害他人的目的，也就是说具有妨害他人举证权的不附条件的故意。②本案就是这种情况。 **47**

b) 违法性与罪责

A的行为违法且有责。 **48**

c) 结论

A构成《德国刑法典》第274条第1款第2项规定的扣压文书罪。 **49**

6. 对第二组行为的结论

依据《德国刑法典》第303b条第1款、第274条第1款第2项的规定，A构成破坏计算机罪和扣压文书罪，二者成立《德国刑法典》第52条规定的犯罪单数（想象竞合，从一重处罚）。 **50**

---

① *Joecks*, § 268 Rn. 8.
② MünchKomm/*Freund*, § 174 Rn. 47.

（三）第三组行为：对 Y 的电脑

1. 损坏财物罪，《德国刑法典》第 303 条第 1 款

51　　A 给 Y 的电脑植入了病毒，涉嫌触犯《德国刑法典》第 303 条第 1 款的规定，可能构成损坏财物罪。为此 A 必须损坏或者毁坏了他人财物，电脑显示屏属于他人财物。但是 A 并没有对显示屏本身造成影响，显示屏本身未遭受实体损害，如果将它安装在另一台电脑上，它会无障碍地运行。这意味着 A 没有损坏显示屏。他也可能损坏了电脑本身。但损坏财物要求对财物实体产生影响，而植入电脑病毒并不会产生这样的结果。操作系统也不是有体的标的，不是适格的行为对象。所以 A 不构成《德国刑法典》第 303 条第 1 款规定的损坏财物罪。

2. 变更数据罪，《德国刑法典》第 303a 条第 1 款

52　　A 植入了病毒，涉嫌触犯《德国刑法典》第 303a 条第 1 款的规定，可能构成变更数据罪。

a) 构成要件

53　　A 可能实施了《德国刑法典》第 303a 条第 1 款第二种情形规定的扣压数据行为。扣压数据是指持续或者暂时剥夺权利人的数据，致使权利人不能继续使用该数据。[1] 显示屏的自动关闭导致 Y 不能继续查看和使用其电脑中的数据。但是对数据的剥夺时间极为短暂，Y 只需要重启电脑就可以继续使用数据。对 Y 来说剥夺数据的持续时间称不上损害，因此不存在扣压数据行为。[2]

---

[1] *Fischer*, § 303a Rn. 10.
[2] 参见 Schönke/Schröder/*Stree/Hecker*, § 303a Rn. 6。

提示：如果论说虽然两分钟的间隔如此短暂，但是每个短暂性的数据剥夺持续下去也会造成重大损害，也是合理的。 54

A可能实施了《德国刑法典》第303a条第1款第四种情形规定的变更数据行为。但是A没有改变现有数据的内容，只是通过安装有害程序增加了新的数据。这种仅仅增加新数据的行为并不是变更数据行为，新增加的数据只会占据空余存储空间，不会变更其他数据的内容。① 55

提示：案情中没有证据表明病毒影响了现有数据。不过不要求学生具备详细的技术知识，重要的是依照法律的字面含义进行论证。 56

b) 结论

A不构成《德国刑法典》第303a条第1款规定的变更数据罪。 57

3. 破坏计算机罪，《德国刑法典》第303b条第1款

A植入了有害程序，涉嫌触犯《德国刑法典》第303b条第1款的规定，可能构成破坏计算机罪。 58

a) 构成要件

首先必须涉及对其他经营体或者其他企业具有重要意义的数据处理，因此Y的电脑必须存储F公司的重要信息。和正好存储有F公司结算表的X的电脑不同，案情中不存在可以表明Y的电脑存储有F公司的重要信息的线索。所以在事实存疑时应当认为，Y电脑中的信息对F公司而言是不重要的数据。 59

---

① LK/*Wolff*, § 303a Rn. 27 f.; *Ernst*, NJW 2003, 3233, 3238.

60　　**提示**：论说公司计算机通常存储重要数据的观点同样可取。

61　　不过此时需要注意，在此不适用《德国刑法典》第303b条第1款第1项的规定。应考虑《德国刑法典》第303b条第1款第2项中输入数据的行为。《德国刑法典》第303b条第1款第3项规定能否适用，存有疑问。可考虑的是使数据处理设施或数据载体不能使用（Unbrauchbarmachen）的行为，不过这种行为要求作用于物上，也就是硬件。电脑病毒对此是否满足，存在争议，可能加以否定更好。①

b) 结论

62　　A不构成《德国刑法典》第303b条第1款规定的破坏计算机罪。

4. 对第三组行为的结论

63　　A无罪。

（四）第四组行为：对Z的电脑

1. 损坏财物罪，《德国刑法典》第303条第1款

64　　A在Z的电脑上安装文本编辑程序，涉嫌触犯《德国刑法典》第303条第1款的规定，可能构成损坏财物罪。不过，和第三组行为中Y的电脑一样，Z的电脑也缺乏作为行为对象的财物属性或者实体损害。因此A不构成《德国刑法典》第303条第1款规定的损坏财物罪。

2. 变更数据罪，《德国刑法典》第303a条第1款第四种情形

65　　A改进了文本编辑程序，涉嫌触犯《德国刑法典》第303a

---

① 参见 *Hilgendorf/Valerius,* CompStR, Rn. 596, 605。

条第1款第四种情形的规定,可能构成变更数据罪。

a) 构成要件

aa) 客观构成要件

文本编辑程序属于《德国刑法典》第202a条第2款意义上的数据。A必须变更了这种数据。变更是指内容上的所有变化。A在内容上改变了文本编辑程序,字面含义上符合《德国刑法典》第303a条第1款第四种情形。但是A在客观上改进了这一程序。有疑问的是客观上的改进行为是否属于《德国刑法典》第303a条的适用范围。如果只处罚有害的数据变更,将是对该条规定之构成要件的目的性限缩。不过对此的反驳是,客观改进不必然符合数据权利人的主观愿望。① 如果该权利人想通过特定类型和方式运行数据进程时,那么客观的改进就是非其所愿的。因此,A以《德国刑法典》第303a条第1款第四种情形的行为变更了数据。

66

A对于文本编辑程序没有处理权,因此变更数据也是违法的。②

67

bb) 主观构成要件

A在行为时具有故意。

68

b) 违法性

A的行为可能因存在Z推定的同意而排除违法性。该违法阻却事由的情形是,为了被害人的利益实施行为,推测被害人可能会同意但不能及时做出同意。③ 但是,如果事先完全有可能

69

---

① *Hilgendorf/Valerius*, CompStR, Rn. 595.
② 对违法性要素的体系定位详见上文边码33。
③ *Fischer*, Vor § 32 Rn. 4.

询问法益持有人的意愿,就要排除将推定同意作为违法阻却事由。① A和Z——和其他同事相比——显然有更好的关系,A事先完全能够询问Z。所以A的行为不能因推定的同意而排除违法性。

c) 罪责和结论

70　　A的行为有责,该行为构成《德国刑法典》第303a条第1款第四种情形规定的变更数据罪。

3. 破坏计算机罪,《德国刑法典》第303b条第1款和第2款

71　　A的行为涉嫌触犯《德国刑法典》第303b条第1款和第2款的规定,可能构成破坏计算机罪。然而没有线索表明Z的文本编辑程序涉及对F公司具有重要意义的数据处理,所以A不构成《德国刑法典》第303b条第1款和第2款规定的破坏计算机罪。

4. 对第四组行为的结论

72　　依据《德国刑法典》第303a条第1款第四种情形的规定,A构成变更数据罪。

(五)第五组行为:扔钥匙

1. 盗窃罪,《德国刑法典》第242条第1款

73　　A扔掉了钥匙,涉嫌触犯《德国刑法典》第242条第1款的规定,可能构成盗窃罪。

74　　A必须拿走了他人动产。钥匙是动产,也为公司所有,所以对A而言属于他人所有。A必须拿走了钥匙。拿走是指破坏他

---

① Schönke/Schröder/*Lenckner/Sternberg-Lieben*, Vor §§ 32 ff. Rn. 59.

人的占有并且建立新的、不一定是行为人本人的占有。①但是A并没有拿走钥匙，而是基于工作关系得到了该钥匙。A没有拿走钥匙的行为，所以不构成《德国刑法典》第242条第1款规定的盗窃罪。

2. 侵占罪，《德国刑法典》第246条第1款

A将钥匙扔进池塘里，涉嫌触犯《德国刑法典》第246条第1款的规定，可能构成侵占罪。A必须将他人动产据为己有。据为己有是指对据为己有意思的宣示，也就是从外观上必须能认识到行为人想保留财物。② A将钥匙扔进池塘，由此给自己妄加所有权人地位。但是扔掉钥匙恰恰表明A没有想保留钥匙的意思，A没有将钥匙据为己有，所以该行为不构成《德国刑法典》第246条第1款规定的侵占罪。

3. 损坏财物罪，《德国刑法典》第303条第1款

A还因该行为涉嫌触犯《德国刑法典》第303条第1款的规定，可能构成损坏财物罪。为此A必须损坏或者毁坏了他人财物。公司钥匙为公司所有，对A而言是他人财物。但钥匙是否受损，存有疑问。仅仅是财物的脱离并不意味着《德国刑法典》第303条第1款意义上的损坏。③案情中也没有钥匙受到实体损害的线索，存疑时应当认为该钥匙没有受到损害，因此A不构成《德国刑法典》第303条第1款规定的损坏财物罪。

4. 对第五组行为的结论

A无罪。

---

① *Fischer*, § 242 Rn. 16.
② *Fischer*, § 246 Rn. 6.
③ *Joecks*, § 303 Rn. 14.

（六）第六组行为：对 A 家中的电脑

1. 变更数据罪，《德国刑法典》第 303a 条第 1 款

78　　A 删除了其电脑中关于以前工作的所有数据资料，包括获赠的游戏程序。删除数据的行为涉嫌触犯《德国刑法典》第 303a 条第 1 款的规定，可能构成变更数据罪。和工作有关的资料以及游戏程序都是《德国刑法典》第 202a 条第 2 款意义上的数据。A 删除了（《德国刑法典》第 303a 条第 1 款第一种情形）或者至少变更了（第四种情形）这些数据。

79　　问题在于，A 的行为是否违法。[①] 当为了权利人的利益删除或者变更数据时，行为就不违法。A 被解雇之后，原雇主对 A 在其个人电脑中继续保留和公司有关的数据就不再享有利益，所以删除这些数据并不违法。游戏程序是原雇主给 A 的赠品，A 是该游戏程序数据的有权处分者，删除游戏程序同样不违法。

80　　A 不构成《德国刑法典》第 303a 条第 1 款规定的变更数据罪。

2. 对第六组行为的结论

81　　A 无罪。

（七）最终结论与竞合

82　　依据《德国刑法典》第 303 条第 1 款的规定，A 构成损坏财物罪；依据第 123 条第 1 款的规定，A 构成侵犯居住安宁罪；依据第 303b 条第 1 款、第 274 条第 1 款的规定，A 构成破坏计算机罪和扣压文书罪，二者成立《德国刑法典》第 52 条规定的犯罪

---

① 对违法性要素的体系定位详见上文边码33。

单数（想象竞合，从一重处罚）；依据第303a条第1款的规定，A构成变更数据罪。以上各罪成立《德国刑法典》第53条规定的犯罪复数（实质竞合，数罪并罚）。

四、案例评价

本案较为简单，重点考查损坏财物犯罪和计算机犯罪，并不要求学生具备计算机犯罪领域详细的技术知识，不过学生应该具备从法律规定字面中发现并且解决该领域问题的能力。

第一组行为中的涂鸦问题属于损坏财物犯罪领域的常规知识。这里的关键是须认识到清除污损必然造成实体损害，因此应当肯定行为符合《德国刑法典》第303条第1款的规定——无论如何不能未经论证就选择适用第303条第2款的规定。对于《德国刑法典》第185条的规定，应当分析表示的对象的可辨识性问题。

在第二组行为中，《德国刑法典》第274条第1款意义上的技术信息记录概念具有重要性，属于基本知识。

第二、三、四、六组行为包含《德国刑法典》第303a条和第303b条的不同问题，案情设置促使学生应进行必要的区分。例如应当认识到，关于《德国刑法典》第303b条第1款中的"重要意义"这一构成要件要素，在存储有结算表的X的电脑同Y和Z的电脑之间就有差别。此外应分析《德国刑法典》第303a条第1款中违法性这一犯罪要素的体系定位问题。

第五组行为是检验丢弃财物是否构成侵占罪的经典情形，要掌握对该情形的处理方法。

其他延伸阅读: *Ernst*, Hacker und Computerviren im Strafrecht, NJW 2003, 3233–3239; *Fülling/Rath*, Internet-Dialer – Eine strafrechtliche Untersuchung, JuS 2005, 598–602; *Hilgendorf*, Grundfälle zum Computerstrafrecht, JuS 1996, 1082–1084, JuS 1997, 323–331; *Kudlich/Noltensmeier*, Die Fremdheit der Sache als Tatbestandsmerkmal in strafrechtlichen Klausuren, JA 2007, 863–867; *Satzger*, Der Tatbestand der Sachbeschädigung (§ 303 StGB)nach der Reform durch das Graffiti-Bekämpfungsgesetz, Jura 2006, 428–436; *Schuhr*, Verändern des Erscheinungsbildes einer Sache als Straftat, JA 2009, 169–175.

案例4：自选超市

> **关键词**：盗窃罪；占有；侵犯居住安宁罪；诈骗罪；侵占罪；抢劫
> 性盗窃罪；抢劫罪
> **难　度**：中等

一、案情

A在超市中拿了一张音乐CD，把它放进购物车并在上面盖了一张商品传单。他又把特别中意的一块手表塞进裤兜里。按照一开始的计划，他在收银台前把购物车里除了被传单盖住的CD和兜里那块手表以外的其他所有商品都放在自动传送带上结算，并且根据收银员要求的数额结了账。然后他推着购物车走出收银台，把买到的东西放入随身携带的包里。在他刚想把CD也偷偷放进包里的时候，超市保安B拦住了他，因为B全程都在注意他。A将包和音乐CD交给B，B要求A也交出手表，但是A拒绝了，并声称这是自己的手表。当B坚持要表时，A从B身上将包和CD夺走，把B推倒在地并仓皇而逃。B完全震惊了。几天之后A被警察逮捕。

试问A的刑事可罚性？

二、分析提纲

（一）第一组行为：超市内的事情经过 ················· 1

1. 盗窃罪，《德国刑法典》第242条第1款（对手表）······· 1
   - a) 构成要件 ·· 2
     - aa) 客观构成要件 ······································ 2
   - 问题：如何界定占有概念
     - bb) 主观构成要件 ······································ 6
   - b) 违法性与罪责 ·· 8
   - c) 中间结论 ·· 9
2. 盗窃罪，《德国刑法典》第242条第1款（对CD）······· 11
   - a) 构成要件 ·· 12
   - b) 中间结论 ·· 13
3. 侵犯居住安宁罪，《德国刑法典》第123条第1款（进入超市）··· 14
   - a) 构成要件 ·· 14
   - 问题：窃贼进入超市时就构成了侵犯居住安宁罪吗？
   - b) 中间结论 ·· 17
4. 对第一组行为的结论 ····································· 18

（二）第二组行为：在收银台的事情经过 ············· 19

1. 盗窃罪，《德国刑法典》第242条第1款（对CD）······· 19
   - a) 构成要件 ·· 20
   - b) 中间结论 ·· 21

2. 盗窃罪未遂,《德国刑法典》第242条、第22条、
   第23条第1款（对CD）·················· 22
   a) 预先检验 ························· 23
   b) 行为决意 ························· 24
   c) 直接着手 ························· 26
   d) 违法性与罪责 ······················ 27
   e) 没有中止 ························· 28
   f) 中间结论 ························· 30

3. 诈骗罪,《德国刑法典》第263条第1款（对CD）······ 32
   a) 客观构成要件 ······················ 33

问题：在放任经过收银台的情形中存在财产处分吗？
   b) 中间结论 ························· 41

4. 诈骗罪未遂,《德国刑法典》第263条、第22条、
   第23条第1款（对CD）·················· 42
   a) 预先检验 ························· 43
   b) 行为决意 ························· 44
   c) 直接着手 ························· 45
   d) 违法性与罪责 ······················ 46
   e) 没有中止 ························· 47
   f) 中间结论 ························· 48

5. 诈骗罪,《德国刑法典》第263条第1款（对手表）······ 49
   a) 构成要件 ························· 50
      aa) 客观构成要件 ···················· 50
      bb) 主观构成要件 ···················· 51
   b) 违法性与罪责 ······················ 52

c) 中间结论 ·· 53
　6. 侵占罪,《德国刑法典》第246条第1款 ········· 55
　　　a) 构成要件 ··· 56
　　　　aa) 客观构成要件 ······························· 56
问题：重复据为己有是可能的吗？
　　　　bb) 主观构成要件 ······························· 59
　　　b) 违法性与罪责 ··································· 60
　　　c) 中间结论 ·· 61
　7. 对第二组行为的结论 ································ 62

（三）第三组行为：在收银台之后的事情经过 ············ 63
　1. 抢劫性盗窃罪,《德国刑法典》第252条（对手表）····· 63
　　　a) 构成要件 ··· 64
　　　　aa) 客观构成要件 ······························· 64
　　　　bb) 主观构成要件 ······························· 65
　　　b) 违法性与罪责 ··································· 68
　　　c) 中间结论 ·· 69
　2. 诈骗罪未遂,《德国刑法典》第263条、第22条、
　　 第23条第1款（对手表）····························· 70
　　　a) 预先检验 ··· 71
　　　b) 行为决意 ··· 72
　　　c) 直接着手 ··· 73
　　　d) 违法性与罪责 ··································· 74
　　　e) 没有中止 ··· 75
　　　f) 中间结论 ·· 76

3. 抢劫性盗窃罪,《德国刑法典》第252条（对CD）……77
4. 抢劫罪,《德国刑法典》第249条第1款（对CD和包）·78
   a) 构成要件…………………………………………79
      aa) 客观构成要件…………………………………79
      bb) 主观构成要件…………………………………82
   b) 违法性与罪责……………………………………83
   c) 中间结论…………………………………………84
5. 强制罪,《德国刑法典》第240条（对包）…………85
   a) 构成要件…………………………………………86
      aa) 客观构成要件…………………………………86
      bb) 主观构成要件…………………………………87
   b) 违法性与罪责……………………………………88
   c) 中间结论…………………………………………89
6. 伤害罪,《德国刑法典》第223条第1款第一种情形
   （推倒在地）………………………………………90
   a) 构成要件…………………………………………91
      aa) 客观构成要件…………………………………91
      bb) 主观构成要件…………………………………92
   b) 违法性与罪责……………………………………93
   c) 中间结论…………………………………………94
7. 对第三组行为的结论………………………………95

（四）竞合与最终结论……………………………………96

三、案情分析

（一）第一组行为：超市内的事情经过

1. 盗窃罪，《德国刑法典》第242条第1款（对手表）

1   A在超市内塞藏手表，涉嫌触犯《德国刑法典》第242条第1款的规定，可能构成盗窃罪。

a) 构成要件

aa) 客观构成要件

2   依据《德国刑法典》第242条第1款的规定，A必须拿走了他人动产。如果某物归他人所有，就意味着是他人的动产。这里的关键是民法中财产的确定。① 这里手表肯定属于他人动产，而且事实上也可以被拿走。

3   另外A也必须实现"拿走"这一构成要件要素。"拿走"是指破坏他人的占有（Gewahrsam）并且建立新的、不一定是行为人本人的占有。② 占有是指由自然的支配意志驱使的对物的事实支配，这种支配关系的界限由交往观念加以确定。③ 只有当没有任何阻碍支配意志直接作用于财物的因素时，才存在占有。④ 占有者的支配意志可以延伸到一般的支配领域。⑤

4   本案中首先由超市店主占有手表。A将手表塞进他的裤兜，就在违背权利人的意志的情形下取消了原先的占有，也就是说

---

① *BGH* NStZ-RR 2000, 234; *Lackner/Kühl*, § 242 Rn. 4.
② *Lackner/Kühl*, § 242 Rn. 8; *Wessels/Hillenkamp*, BT 2, Rn. 82.
③ 对此详见 *Lackner/Kühl*, § 242 Rn. 8a ff.
④ *Lackner/Kühl*, § 242 Rn. 9.
⑤ *OLG Düsseldorf* NJW 1988, 1335; *Lackner/Kühl*, § 242 Rn. 11.

破坏了占有。①

此外 A 必须对手表形成了新的、自主的占有。这一点在本案中基于两个原因而存在疑问：一方面 A 在塞藏手表时仍然处于超市内，即在超市店主的一般性支配领域内；另一方面塞藏手表的行为被超市保安注意到了。不过后者对占有概念（Gewahrsamsbegriff）基本上没有影响，因为盗窃罪不是秘密型犯罪。②问题可能在于，在本案中 A 是否能够建立无阻碍支配关系意义上的本人占有。主流观点认为，对于小型的不显眼的财物，如果行为人紧贴身体携带，以至于只有侵入行为人的私人领域才能触及该物品时，就可以肯定行为人对该物的占有。③A 将表塞藏于裤兜内满足这一条件。A 不仅破坏了他人对手表的占有，还建立了自己的占有，因此可以肯定此处存在《德国刑法典》第 242 条第 1 款意义上的拿走。

bb）主观构成要件

依据《德国刑法典》第 15 条的规定，A 在行为时必须对所有客观构成要件要素具有故意，也就是说存在认识并且意欲实现这些要素，此外 A 还要有据为己有的目的。A 具有认知和意欲地将手表塞进裤兜，没像其他商品那样放进购物车。

A 要具有据为己有的目的。据为己有是指在持续性排除权利人的情况下（排除要素），获取物品本身或者至少其实际价值的

---

① 参见 *Otto*, BT, § 40 Rn. 15 ff.
② *Fischer*, § 242 Rn. 16; 也可参见 *Gössel*, BT 2, § 7 Rn. 52, 81。
③ *OLG Düsseldorf* NJW 1986, 2266; 批判观点参见 *Roßmüller/Rohrer*, Jura 1994, 469, 474; 也可参见 *Wessels/Hillenkamp*, BT 2, Rn. 125 附有的大量明证。

具化（取得要素）。① 目的是指向据为己有的意思。② A塞藏手表的目的是创造类似于所有权人的实力支配。这种有目的的据为己有是违法的，而A也认识到了这一点。A在行为时具有据为己有的目的，所以主观构成要件得以满足。

b) 违法性与罪责

8　　本案中没有线索表明存在违法阻却事由，另外A的行为有责。

c) 中间结论

9　　A塞藏手表的行为构成《德国刑法典》第242条第1款规定的盗窃罪。案情中没有线索表明可以适用《德国刑法典》第248a条。

10　　提示：如果存在适用《德国刑法典》第248a条的情形③，通常至少会在案情中找到关于物品价值甚微的线索，例如可能出现价格。

2. 盗窃罪，《德国刑法典》第242条第1款（对CD）

11　　A将音乐CD放进购物车并用商品传单盖住，涉嫌触犯《德国刑法典》第242条第1款的规定，可能构成盗窃罪。

a) 构成要件

12　　为此该CD必须是他人动产，A必须破坏超市店主对CD的占有并且建立本人新的占有。④ 这里关于破坏他人的占有就存在疑问。顾客从货架取下商品并放进购物车，绝对符合店主的意

---

① *Lackner/Kühl*, § 242 Rn. 21.
② *Lackner/Kühl*, § 242 Rn. 25.
③ 对此详见 *Lackner/Kühl*, § 248a Rn. 3.
④ 如果第二次检验某罪构成要件，概念的定义部分就可以详见上文。

志。此时A打算非法带走CD的目的，还无法从外观上辨识。用商品传单盖住CD的行为也不是破坏占有，因为店主或其他工作人员几乎可以不受限制地触及CD。和A裤兜中的手表不同，这里并不需要侵入A的私人领域。因此一些观点认为，这里仍然存在店主宽松的占有。① 不过，这一问题可以暂且不论，基于上述理由可以肯定的是，A没有确定性地实现占有。鉴于对CD事实上的触及可能性，当A将CD藏在商品传单下面时，从交往观念来看他对该物的支配仍受阻碍。②

b) 中间结论

A将CD放进购物车的行为不构成《德国刑法典》第242条第1款规定的盗窃罪。

3. 侵犯居住安宁罪，《德国刑法典》第123条第1款（进入超市）

a) 构成要件

A以实施《德国刑法典》第242条第1款规定的盗窃行为为目的进入超市，由此涉嫌触犯《德国刑法典》第123条第1款的规定，可能构成侵犯居住安宁罪。

A必须非法侵入了《德国刑法典》第123条第1款规定的经营场所。经营场所必须用于在特定期间从事某种形式的经营活动。③ 本案中超市的自选区域无疑属于经营场所。

《德国刑法典》第123条第1款意义上的"侵入"意味着，行为人在违背权利人意志的情况下至少部分地踏入了其受保护

---

① 也可参见 *Gössel*, BT 2, § 7 Rn. 82。
② 也可参见 *Hillenkamp*, JuS 1997, 217, 221。
③ OLG Köln NJW 1982, 2740; *Lackner/Kühl*, § 123 Rn. 3.

的空间。① 不过此处可能存在排除构成要件的合意。② 当构成要件的前提是行为违背当事人的意志时，就需要考虑当事人的合意。例如侵犯居住安宁罪的构成要件就要求违背权利人的意志。这里可能存在一般性的排除构成要件的合意，因为超市是向公众开放的，原则上任何人都可以入内。然而可以论说，房屋权的权利人并未允许具有犯罪意图的人也可以进入。但是这必须要求该犯罪意图在行为人进入之时已经可以在客观上辨识，以避免对恶意的思想进行处罚。③ 本案并非此种情形，所以存在合意，客观构成要件层面即不满足。

b) 中间结论

17　　A不构成《德国刑法典》第123条第1款规定的侵犯居住安宁罪。

4. 对第一组行为的结论

18　　A构成《德国刑法典》第242条第1款规定的盗窃罪。

（二）第二组行为：在收银台的事情经过

1. 盗窃罪，《德国刑法典》第242条第1款（对CD）

19　　在收银台音乐CD仍然被商品传单盖住，A在经过收银台时未支付CD的价款，涉嫌触犯《德国刑法典》第242条第1款的规定，可能构成盗窃罪。

a) 构成要件

20　　A必须拿走了该商品，即破坏他人的占有并建立自己的占有

---

① *Lackner/Kühl*, § 123 Rn. 5.
② 关于（排除构成要件的）合意（Einverständnis）和（阻却违法的）同意（Einwilligung）的界定参见 *Wessels/Beulke/Satzger*, AT, Rn. 361 ff.
③ OLG Düsseldorf NJW 1982, 2678; *Wessels/Hettinger*, BT 1, Rn. 591.

(概念详见上文)。问题是,经过收银台的行为是否属于《德国刑法典》第242条第1款意义上的拿走。

A经过收银台,使CD位于超市区域之外,这是破坏原来的占有。不过A并没有形成新的自己的占有,因为超市保安就在收银台后面等着拿回他还没有装起来的CD。在这种情况下不能说A具有不受阻碍的支配可能性。[①]因此A没有建立新的占有,客观构成要件未得以实现。

b) 中间结论

就CD而言,A不构成《德国刑法典》第242条第1款规定的盗窃罪既遂。 **21**

2. 盗窃罪未遂,《德国刑法典》第242条、第22条、第23条第1款(对CD)

A涉嫌触犯《德国刑法典》第242条、第22条、第23条第1款的规定,可能构成盗窃罪未遂。 **22**

a) 预先检验

如上所述,A在建立对CD的占有之前就被B拦下。[②]因此,行为没有既遂。依据《德国刑法典》第242条第2款、第12条第2款、第23条第1款第二种情形的规定,盗窃罪未遂可罚。 **23**

b) 行为决意

A必须具有行为决意。行为决意包括对所有客观构成要件要素的故意以及其他可能存在的主观构成要件要素。[③]A知道CD属于他人动产,想破坏他人对CD的占有并建立自己的占有,即 **24**

---

① 其他观点参见 *Hillenkamp,* JuS 1997, 217, 222。
② 详见上文边码20。
③ *Wessels/Beulke/Satzger,* AT, Rn. 598.

拿走CD。对此A具有故意。

25　　此外A必须具有据为己有的目的（详见上文边码7）。A将CD放进购物车并在上面盖上商品传单，由此可知A想在经过收银台后将CD归入自己的财物，尤其是之前隐藏CD的行为就已显示了据为己有的目的。A知道将CD据为己有是违法的。可知A具有行为决意。

c) 直接着手

26　　此外，A还必须已经直接着手实现构成要件。如果行为人按照行为计划，已经相当接近于实现某一构成要件要素，以至于不受干扰地继续发展下去就能顺利实现构成要件，即可认定为直接着手。[1]本案中无疑存在直接着手。A已经将CD藏进购物车并且经过了收银台，这就越过了"现在开始动手"（Jetzt geht's los）的界限。因此，依据《德国刑法典》第22条的规定，A已经直接着手实现构成要件。

d) 违法性与罪责

27　　A的行为违法且有责。

e) 没有中止

28　　不过A的行为可能依据《德国刑法典》第24条第1款的规定构成免除刑罚的中止。当出现失败未遂时则排除适用《德国刑法典》第24条规定的中止条款。

29　　失败未遂是指行为人出于客观或主观的原因，认为通过已经使用的或者现实可用的手段不可能实现追求的结果，除非创设新的行为过程或者因果进程。[2]A在经过收银台后直接被B拦

---

[1] BGHSt 26, 201, 203 f.; *Lackner/Kühl*, § 22 Rn. 3.
[2] BGHSt 39, 221, 228; *Fischer*, § 24 Rn. 7.

下，因此不可能实现盗窃罪的既遂。这里存在失败未遂，所以排除适用《德国刑法典》第24条第1款规定的中止条款。

f) 中间结论

依据《德国刑法典》第242条、第22条、第23条第1款的规定，A构成盗窃罪未遂。

提示：严格来说应该在第一组行为就检验盗窃罪未遂，不过由于分析的是相同的行为，所以基于技巧性考量，在第二组行为检验未遂更符合目的，这一阶段中"直接着手"的认定不会存在特别问题。

3. 诈骗罪，《德国刑法典》第263条第1款（对CD）

A推着购物车经过收银台，涉嫌触犯《德国刑法典》第263条第1款的规定，可能构成诈骗罪。

a) 客观构成要件

A必须欺骗了超市收银员。这里要考虑的是A经过收银台时未将CD放在收银台上，就此可能以默示的方式造成没有未支付商品的假象。

问题在于，是否可以将A的行为解释为不作为。作为和不作为的界定标准极具争议。通说将"规范性"理解的"应受谴责性的重点"作为标准；但是需要注意，这一标准过于模糊。[①] 本案中A行为的欺骗性不仅源于他隐瞒CD的存在（不作为），还因为他把其他商品都放在收银台上并由此造成没有其他要结账的商品的印象（积极作为）。如果某一情形下，作为和不作为两种观点都可以得到合理论证，原则上优先认定为作为犯罪

---

① *Jescheck/Weigend*, AT, S. 604 f.; *Zieschang*, AT, Rn. 591.

的观点更为可取。① 此处的结论是，A因积极作为的欺骗而受谴责，而非不作为的欺骗。②

35 欺骗行为须得使收银员产生错误认识，才能符合《德国刑法典》第263条第1款的规定。错误认识意味着主观认识和真实事实的不一致③，收银员必须因欺骗行为而对结账的商品特别是CD产生了错误的或者不完整的认识。人们基本不会认为，收银员对于传单下面存在（或者说不存在）商品主动产生了错误认识，而只会认为存在一般性认识，即"一切都是正常的"。这种认识虽然欠缺具体化，不过通说认为已经符合《德国刑法典》第263条规定的构成要件，通说的这一看法是合理的。④ 所以本案中A的欺骗行为引起了错误认识。⑤

36 然而问题在于，此处是否存在财产处分。财产处分是指所有直接导致财产减损的作为、容忍或者不作为。⑥ 至于处分意思（Verfügungsbewusstsein），即受骗者认识到自己作出的财产处分，并不一定必要。⑦ 本案中收银员让A连同被隐藏的CD一起顺利通过收银台，可以看作处分行为。⑧ 然而反对意见则认为，如果依照这种处理，诈骗和秘密型盗窃就会变得无法区分。因此，通说在财物型诈骗（Sachbetrug）的场合例外地要求必须存

---

① 这里对于本案这种作为和不作为的混合情形采取的是纯粹实用性的论证思路。
② 另见 *OLG Düsseldorf* NStZ 1993, 286; 同样明显的观点参见BGHSt 41, 198, 200 f., 不过该问题在这里并非主题; 其他观点参见 *Hillenkamp*, JuS 1997, 217, 221。
③ 详细参见 *Rengier*, BT Ⅰ, § 13 Rn. 40。
④ BGHSt 24, 389; *Wessels/Hillenkamp*, BT 2, Rn. 511; 批判观点参见 *Maurach/Schroeder/Maiwald*, BT 1, § 41 Rn. 57 f.
⑤ 其他观点参见 *Hillenkamp*, JuS 1997, 217, 221。
⑥ BGHSt 14, 170; 关于财产处分要素的详细内容参见 *Kindhäuser/Nikolaus*, JuS 2006, 193, 197 ff.
⑦ BGHSt 14, 170, 172; *Wessels/Hillenkamp*, BT 2, Rn. 518.
⑧ *OLG Düsseldorf* NJW 1993, 1407, 1408; 也可参见 *OLG Düsseldorf* NJW 1988, 922.

在处分意思。① 本案中收银员处分了收银台上的商品，她作为超市店主的代理人将商品所有权转移给 A，但是她不知道还有 CD 的存在，因此对 CD 不存在处分。②

不过，可以考虑的是，能否认为存在针对购物车内全部商品整体的概括处分，这样也就包括了对 CD 的处分。这显然是一种拟制，在本案中不具有说服力，因为 A 将商品放在收银台上，收银员逐件抓取这些商品并进行结算。所以并不存在对购物车内全部商品整体的概括处分。 **37**

此处若要肯定存在财产处分，可以基于以下论证，即收银员由于错误认识而没有代表超市店主行使针对 CD 的返还请求权。③ 据此可将收银台的事件过程解释为利益型诈骗（Forderungsbetrug），如上所述，该类型诈骗不需要处分意思。虽然这种观点也会面临动摇诈骗和秘密型盗窃之间排他性的质疑，但判断《德国刑法典》第 263 条在此是否适用仅仅取决于对构成要件要素的检验。因此，诈骗和秘密型盗窃之间具有排他性这一论点并非颠扑不破，而是有赖于对《德国刑法典》第 263 条的解释。④ 如果像通说那样在利益型诈骗的场合允许受骗者没有处分意思，那么就必须承认本案中存在处分。⑤ **38**

因此，存在收银员对 CD 的处分行为。 **39**

---

① *Wessels/Hillenkamp*, BT 2, Rn. 518.
② 参见 BGHSt 41, 198, 202 f.; 也可参见 *Rengier*, BT Ⅰ, § 13 Rn. 68。
③ 这里没有《德国民法典》第 433 条第 2 款规定的履行请求权，因为还没有订立买卖合同，但是存在第 985 条规定的返还请求权。其他观点参见 *Zopfs*, NStZ 1996, 191。此外还存在《德国民法典》第 859 条、第 862 条、第 1004 条所规定的面临占有被侵夺的请求权。
④ 也可参见 *Hillenkamp*, JuS 1997, 217, 222，文中称到"不带偏见的涵摄努力"（vorurteilsfreier Subsumtionsversuch）的必然性。
⑤ 参见 *Hillenkamp*, JuS 1997, 217, 222；其他观点（不是财产处分）参见 Schönke/Schroeder/Cramer/Perron, § 263 Rn. 63 a。

40　　最后需要检验财产损失的存在，对此需要整体衡量收银员处分前后超市店主的财产状况。①超市店主最终并未因未行使返还请求权而遭受损失，因为收银台后的保安已经准备好从A那里要回CD。不过问题在于，是否至少存在等同于损失的财产危险（schadensgleiche Vermögensgefährdung）。这种情形是指，财产损失的危险程度已经极高，以至于从经济的视角来看一定是财产减损（Vermögensminderung）。②这一点在本案中也不成立，因为A立即就被保安拦下。

b) 中间结论

41　　由于缺少财产损失，所以对CD而言A不构成《德国刑法典》第263条第1款规定的诈骗罪。

4. 诈骗罪未遂，《德国刑法典》第263条、第22条、第23条第1款（对CD）

42　　A涉嫌触犯《德国刑法典》第263条、第22条、第23条第1款的规定，可能构成诈骗罪未遂。

a) 预先检验

43　　如上所述，A在建立对CD的占有之前就被B阻止，由于未出现财产损失，所以行为没有既遂。依据《德国刑法典》第263条第2款、第12条第2款、第23条第1款的规定，诈骗罪未遂可罚。

b) 行为决意

44　　A必须具有行为决意。行为决意包括对《德国刑法典》第263条第1款规定的客观构成要件要素的故意以及其他可能存在

---

① *Lackner/Kühl*, § 263 Rn. 36; 另参见 *Rengier*, BT Ⅰ, § 13 Rn. 155 f.
② *Lackner/Kühl*, § 263 Rn. 40.

的主观构成要件要素。①A想对收银员隐瞒CD的存在,以达到收银员无法对他行使返还请求权的目的。②如果不行使该请求权,商品所有者就会出现财产损失。③拿走CD的行为同时也意味着《德国刑法典》第242条第1款规定的盗窃既遂,这和认定财产损失并不相悖。④A也有获利目的,因此本案中存在指向诈骗的行为决意。

c) 直接着手

依据《德国刑法典》第22条的规定,A必须已经直接着手实现构成要件。如果行为人按照行为计划,已经相当接近于实现某一构成要件要素,以至于不受干扰地继续发展下去就能顺利实现构成要件,即可认定为直接着手。⑤A已经穿过了收银台并且想离开超市,所以他越过了"现在开始动手"的界限,由此A已经直接着手实现构成要件。

45

d) 违法性与罪责

A的行为违法且有责。

46

e) 没有中止

由于失败未遂,这里也不适用《德国刑法典》第24条规定的中止条款。

47

f) 中间结论

依据《德国刑法典》第263条、第22条、第23条第1款的规定,A构成诈骗罪未遂。由于这一行为仅仅是为了保障同时

48

---

① *Wessels/Beulke/Satzger*, AT, Rn. 598.
② 详见上文边码37及以下。
③ 详见上文边码40。
④ 其他观点参见 *Hillenkamp*, JuS 1997, 217, 222, 附有其他解决方案的大量明证。
⑤ BGHSt 26, 204; *Fischer*, § 22 Rn. 10.

实施的盗窃罪未遂,所以以上条款相对于《德国刑法典》第242条、第22条、第23条第1款规定的盗窃罪未遂退居次位,排除适用。①

5. 诈骗罪,《德国刑法典》第263条第1款(对手表)

49　A将裤兜内的手表带出收银台而没有付账,涉嫌触犯《德国刑法典》第263条第1款的规定,可能构成诈骗罪。

a) 构成要件

aa) 客观构成要件

50　A对收银员隐瞒了手表的存在,收银员作出了财产处分(详见上文边码33—39)。和上文不同的是,这里出现了财产损失,因为保安没有从A那里要回手表。

bb) 主观构成要件

51　A具有故意和获利目的。

b) 违法性与罪责

52　A的行为违法且有责。

c) 中间结论

53　A的行为构成《德国刑法典》第263条第1款规定的诈骗罪。不过该诈骗行为相对于已经实现的盗窃手表行为②具有补充性,属于巩固型诈骗(Sicherungsbetrug),所以《德国刑法典》第263条第1款之规定在此退居次位,排除适用。③

54　提示:当诈骗行为仅仅确保或者利用从事前行为中获得的

---

① 其他观点参见 *OLG Düsseldorf* NJW 1961, 1368 (行为单数); 其他明证参见 *Rengier*, BT Ⅰ, § 13 Rn. 270。
② 详见上文边码1及以下。
③ 这一点并无争议,仅参见 *Lackner/Kühl*, § 263 Rn. 69。

利益而没有造成其他种类的损失时，属于共罚的事后行为。

6. 侵占罪，《德国刑法典》第 246 条第 1 款

A 携带裤兜内的手表经过收银台，涉嫌触犯《德国刑法典》第 246 条第 1 款的规定，可能构成侵占罪。

a) 构成要件

aa) 客观构成要件

A 必须将他人动产违法据为己有。手表属于动产，也是《德国刑法典》第 246 条第 1 款意义上的他人动产。

此外 A 必须实现了据为己有这一构成要件要素。当行为人排除物品所有权人，将物品或其体现的价值归入自己或者第三人的财产当中，从而使自己或者第三人成为表面上的所有权人时，就是据为己有。① 与《德国刑法典》第 242 条第 1 款规定的盗窃罪的构成要件中的据为己有的目的不同，侵占罪的关键是外显且客观可认的据为己有行为。② 本案中据为己有目的的宣示可从 A 经过收银台但是没有拿出手表结账这一案情事实看出。毫无疑问，此时 A 据为己有的意思在客观上是可辨识的。

不过问题在于，通过隐藏手表，A 已经以具有刑事可罚性的方式对手表建立了本人的占有。判例认为重复据为己有（mehrfache zueignung）从概念上就不可能实现③，不过文献中主流观点认为，当重复宣示取得通过犯罪手段所得的物品时，应当肯定其符合《德国刑法典》第 246 条第 1 款规定的构成要件。④

---

① BGHSt 1, 264; *Fischer*, § 246 Rn. 5.
② Schönke/Schröder/*Eser/Bosch*, § 246 Rn. 11; 详细参见 *Hillenkamp*, BT, 24. Problem。
③ 即构成要件方案，参见 BGHSt 14, 38。
④ Schönke/Schröder/*Eser/Bosch*, § 246 Rn. 19; *Wessels/Hillenkamp*, BT 2, Rn. 328; *Mitsch*, JuS 1998, 307, 312.

此处应当赞同第二种观点，否则就会在例如参与二次据为己有的情形中出现重大的处罚漏洞。据此客观构成要件得以符合。①

bb) 主观构成要件

59 A在行为时必须具有故意。这里的故意是指行为人为自己或者第三人将他人动产违法地据为己有的意思。A在经过收银台时明知自己没有支付隐藏的手表的价款。因此，主观构成要件得以符合。

b) 违法性与罪责

60 A的行为违法且有责。

c) 中间结论

61 A构成《德国刑法典》第246条第1款规定的侵占罪。不过在这类案件中，原则上侵占作为不可罚的事后行为让位于前面的盗窃行为。②

7. 对第二组行为的结论

62 A对CD构成《德国刑法典》第242条第1款、第2款，第22条，第23条第1款规定的盗窃罪未遂。

（三）第三组行为：在收银台之后的事情经过

1. 抢劫性盗窃罪，《德国刑法典》第252条（对手表）

63 当B要求A交出手表时，A将B推倒在地，涉嫌触犯《德国刑法典》第252条的规定，可能构成抢劫性盗窃罪。

---

① 其他案例参见 *Wessels/Hillenkamp*, BT 2, Rn. 330; 对争论状况的详细阐释参见 *Hillenkamp*, BT, 24.Problem。关于构成要件方案参见本卷案例1边码15及以下。
② *Tenckhoff*, JuS 1984, 775, 779; *Wessels/Hillenkamp*, BT 2, Rn. 328 f.

a) 构成要件

aa) 客观构成要件

A必须在盗窃既遂后被当场发现,对他人实施了暴力并且占有了所窃之物。本案中抢劫性盗窃的事前行为是对手表的(既遂的)盗窃行为。① A的盗窃行为必须被当场发现。被当场发现是指,行为人在和行为地紧密相连的空间内,一经完成行为立即被人发觉。② 保安B在A经过收银台后直接拦住了他,因此直接存在和事前行为的时空紧密性。A不仅拒绝把手表交给B,反而将其推倒在地,这就意味着他实施了《德国刑法典》第252条意义上的针对他人的身体暴力,其中介入力量对身体产生的影响不一定要求是严重的③,由此客观构成要件得以符合。

64

bb) 主观构成要件

A在行为时具有故意。

65

此外,A要具有保持对所窃之物的占有目的。A可能同时想逃避处罚,这一点并无影响,只要在逃脱动机之外具有确保赃物的目的即可。④ 虽然仅从行为人没有丢掉赃物这一事实中,不能断定行为人以保持占有的目的拿走赃物⑤,但是在这类案件中,不难推断行为人至少也具有确保赃物的目的。⑥ 本案中A在逃跑时不仅携带着手表,还从保安手中夺走了CD,以便据为己有。这就意味着,A不仅想逃跑,同时也具有确保包括手表在内的

66

---

① 详见上文边码1及以下。
② BGHSt 9, 257.
③ BGHSt 18, 329.
④ *Fischer,* § 252 Rn. 9.
⑤ *OLG Brandenburg* NStZ-RR 2008, 201, 202.
⑥ *OLG Köln* JuS 2005, 1053.

赃物的目的。因此主观构成要件得以符合。

67　　**提示**：在被当场发现的盗窃中，就经验而言逃避确认身份是逃跑的首要目的，所以在这类案件中确保赃物的目的总是存在疑问的。

b) 违法性与罪责

68　　A的行为违法且有责。

c) 中间结论

69　　A构成《德国刑法典》第252条规定的抢劫性盗窃罪。

2. 诈骗罪未遂，《德国刑法典》第263条、第22条、第23条第1款（对手表）

70　　A告诉B手表是自己的，涉嫌触犯《德国刑法典》第263条、第22条、第23条第1款的规定，可能构成诈骗罪未遂。

a) 预先检验

71　　依据《德国刑法典》第263条第2款、第12条第2款、第23条第1款的规定，诈骗罪未遂可罚。因为保安不相信手表是A的，没有产生错误认识，所以诈骗行为没有既遂。

b) 行为决意

72　　问题在于A是否具有相应的行为决意。A想就手表的所有权关系进行欺骗，使B产生错误认识。B的财产处分是指他没有代表超市店主行使返还请求权。如果A侥幸诈骗成功，即使B不知道其行为的处分特征，也并无影响，因为根据通说，利益型诈骗不需要处分意思。① 超市所有权人遭受了财产损失。②

---

① BGHSt 14, 170, 172; *Wessels/Hillenkamp*, BT 2, Rn. 518.
② 在诈骗罪中受骗者和受害人不一定是同一人，但是受骗者和处分人是同一人。

A具有对所有客观构成要件要素的故意，此外A在行为时还具有获利目的。

c) 直接着手

A已经实施了实行行为，所以可认定为直接着手实现构成要件。

d) 违法性与罪责

A的行为违法且有责。

e) 没有中止

案情事实没有表明可以适用《德国刑法典》第24条规定的中止条款。

f) 中间结论

依据《德国刑法典》第263条、第22条、第23条第1款的规定，A构成诈骗罪未遂。作为对前一个阶段中盗窃手表行为的巩固型诈骗，该罪的刑事可罚性也让位于之前盗窃罪的刑事可罚性。

3. 抢劫性盗窃罪，《德国刑法典》第252条（对CD）

A将B推倒在地并且拿走CD，涉嫌触犯《德国刑法典》第252条的规定，可能构成抢劫性盗窃罪。这里需要存在违法的事前行为，通说认为这种事前行为是指所有以据为己有为目的的拿走行为。[1]不过该事前行为必须既遂，因为《德国刑法典》第252条之规定以取得占有（Erlangung des Gewahrsams）为前提。[2] A的行为目的恰好在于破坏他人的占有而不是捍卫自己的占有，因此《德国刑法典》第252条规定的构成要件未得以符

---

[1] *Fischer*, §252 Rn. 3.
[2] BGHSt 9, 256; 16, 277.

合，这里缺少作为适格事前行为的既遂的盗窃。

4. 抢劫罪，《德国刑法典》第249条第1款（对CD和包）

78　　A将B推倒在地并夺走CD和包，涉嫌触犯《德国刑法典》第249条第1款的规定，可能构成抢劫罪。

a) 构成要件

aa) 客观构成要件

79　　依据《德国刑法典》第249条第1款的规定，A必须通过使用暴力或者以对身体或生命的现时危险相胁迫而拿走他人动产。

80　　就包而言，他人动产这一要素就已经存在疑问。包是A带来的，可以认定为A所有，由此，就包而言客观构成要件未得以符合。CD则不一样，它仍然为超市店主所有，所以属于《德国刑法典》第249条第1款意义上的"他人动产"。

81　　此外A必须拿走了他人动产。拿走是指破坏他人的占有并且建立新的、不一定是行为人本人的占有。A从B那里夺走包和CD，无疑建立了自己的占有并破坏了他人的占有。最后他还须使用了暴力，其中介入力量对身体产生的影响不一定是严重的。①本案中A将B推倒在地，可以认为A使用了身体暴力，因此符合客观构成要件。

bb) 主观构成要件

82　　A在行为时认识到了所有构成要件要素，因此具有故意。另外A也具有违法将CD据为己有的目的。

b) 违法性与罪责

83　　A的行为违法且有责。

---

① BGHSt 18, 329.

c) 中间结论

A构成《德国刑法典》第249条第1款规定的抢劫罪。　　**84**

5. 强制罪，《德国刑法典》第240条（对包）

A从B那里夺走了包，涉嫌触犯《德国刑法典》第240条的规定，可能构成强制罪。　　**85**

a) 构成要件

aa) 客观构成要件

依据《德国刑法典》第240条第1款和第2款的规定，A须得非法使用暴力或者以显著的恶害相胁迫，强制他人做出一定行为、容忍或者不作为。其中第1款意义上的暴力是指为了压制已经进行或者预期将要进行的反抗而对他人身体实施的强迫。[①] A通过夺包，对B使用了《德国刑法典》第240条第1款意义上的暴力，这种暴力的介入也阻止了B的意图。A通过使用暴力，使保安B被迫容忍包被A拿走的事实。由此客观构成要件得以符合。　　**86**

bb) 主观构成要件

A在行为时具有故意，即对所有客观构成要件要素存在认识。　　**87**

b) 违法性与罪责

使用暴力达到所追求的目的是应受谴责的，依据《德国刑法典》第240条第2款的规定，行为违法。A的行为也有责。　　**88**

c) 中间结论

依据《德国刑法典》第240条第1款和第2款的规定，A构成强制罪。　　**89**

---

① *Lackner/Kühl*, § 240 Rn. 5.

6. 伤害罪，《德国刑法典》第 223 条第 1 款第一种情形（推倒在地）

90 A 撞倒了 B，涉嫌触犯《德国刑法典》第 223 条第 1 款第一种情形的规定，可能构成伤害罪。

a) 构成要件

aa) 客观构成要件

91 依据《德国刑法典》第 223 条第 1 款第一种情形的规定，A 必须乱待了 B 的身体。乱待身体是指所有险恶、失当地给他人的身体安宁或身体完整性造成明显损害的行为。[①] B 的跌倒肯定可以被视为对身体安宁的损害，所以客观构成要件得以符合。至于是否同时损害了健康，案情并无交代。

bb) 主观构成要件

92 A 在行为时对所有客观构成要件要素存在认识，所以具有故意。

b) 违法性与罪责

93 A 的行为违法且有责。

c) 中间结论

94 依据《德国刑法典》第 223 条第 1 款第一种情形的规定，A 构成伤害罪。

7. 对第三组行为的结论

95 依据《德国刑法典》第 252 条、第 249 条第 1 款、第 240 条、第 223 条第 1 款第一种情形的规定，A 构成抢劫性盗窃罪、抢劫罪、强制罪、伤害罪，成立《德国刑法典》第 52 条规定的犯罪

---

① BGHSt 14, 269, 271.

单数（想象竞合，从一重处罚）。

（四）竞合与最终结论

第一组行为中对手表的盗窃罪既遂（《德国刑法典》第242条第1款），基于补充关系相对于《德国刑法典》第252条规定的抢劫性盗窃罪退居次位，排除适用。[①] 对CD的盗窃罪未遂是取得占有过程中的一个阶段，同样具有补充性，让位于抢劫罪。第三组行为中的强制罪同样如此，其不法内涵完全为抢劫罪所包含。相反，《德国刑法典》第223条第1款第一种情形规定的伤害罪相对于抢劫罪必须独立适用，因为无论就概念还是通常情形而言，抢劫罪和伤害罪都没有必然的共通性。抢劫罪和抢劫性盗窃罪针对不同的对象（CD和手表），所以这里不成立法条单数（Gesetzeseinheit）。综上所述，A最终构成《德国刑法典》第249条第1款规定的抢劫罪、第252条规定的抢劫性盗窃罪、第223条第1款第一种情形规定的伤害罪，彼此间成立《德国刑法典》第52条规定的犯罪单数（想象竞合，从一重处罚，因为它们是由自然意义的一个行为实现的）。

四、案例评价

本案包含了盗窃罪和抢劫罪的一般问题以及构成要件的不同阶段。对学生而言，首要的是将案情划分成不同的行为阶段，整体而言，适合将行为过程分成三个不同的阶段。

第一个行为阶段的重点是界定占有概念。学生必须准确甄

---

① 参见 Schönke/Schröder/*Eser*/*Bosch*, § 252 Rn. 13。

别，只有当行为人可以无阻碍地支配财物时，盗窃罪的构成要件才得以满足。小型物品在超市里被行为人塞进裤兜，就是无阻碍支配的适例，但仅仅具有绝对支配财物的意志尚不满足。此外即使占有人注意到行窃，也不影响占有的破坏，因为盗窃罪并非秘密型犯罪。

第二个行为阶段的重点问题是，经过收银台的行为是否构成《德国刑法典》第263条第1款规定的诈骗罪既遂。在对该行为属于积极作为还是不作为进行详尽界定后，可以得出结论，虽然收银员受骗了，但是A在超市之内就被拦住了，所以没有出现财产损失。因此应考虑诈骗罪未遂的刑事可罚性。

在第三个行为阶段还要探讨对B的暴力效果和确保赃物的目的。

综上，本案明确显示出，学生在盗窃罪的构成要件方面必须非常准确地分析案情事实并且将其精确地涵摄到各个构成要件要素之下。为此，在分析之前，一定要对案情事实进行全面的划分。

其他延伸阅读：*Dehne-Niemann*, Wissenswertes zum räuberischen Diebstahl (§ 252 StGB), Jura 2008, 742–749; *Kindhäuser/Nikolaus*, Der Tatbestand des Betrugs (§ 263 StGB), JuS 2006, 193–198, 293–298; *Kindhäuser/Nikolaus*, Sonderfragen des Betrugs (§ 263 StGB), JuS 2006, 590–593; *Mikolajczyk*, Das Aneignungselement der Zueignung, ZJS 2008, 18–24; *Rönnau*, Grundwissen Strafrecht.Die Zueignungsabsicht, JuS 2007, 806–808; *Schramm*, Grundfälle zum Diebstahl, JuS 2008, 678–682, 773–779; *Schwarzer*, Zum Merkmal des Betreffens bei § 252 StGB, ZJS 2008, 265–270.

案例5："碎碎平安"

> **关键词**：损坏财物罪；强制罪；过失伤害罪；强制性紧急避险；归责关联；对参与行为的认识错误；容许构成要件错误
>
> **难　度**：偏难

一、案情

C抢走了A的女朋友，为此A怀恨在心，想进行报复。A不想独自做这个"脏活"，就用手枪指着B，强迫他将地上乱放的石头砸向C家的窗玻璃。恰好在附近的D目睹了这一过程，看到石头飞向C的家。D想帮助B，就将A撞倒在地。其间A的手枪被触发，射出一发子弹，轻微伤到了B。C在被扔石头之前就躲进了卧室，因此不知道事情经过。C听到枪响时，以为是射向自己的，于是拿起一个沉重的陶制花瓶，疾步走向窗户，把花瓶扔到他以为是主要责任人的E的头上。事实上E是无辜的路人，为此受了重伤。

试问A、B、C、D的刑事可罚性？

二、分析提纲

（一）B的刑事可罚性 ································· 1

　1.损坏财物罪，《德国刑法典》第303条第1款 ············ 2

a) 构成要件 ·· 3
　　　aa) 客观构成要件 ·································· 3
　　　bb) 主观构成要件 ·································· 4
　　b) 违法性 ·· 5
　　　aa) 正当防卫，《德国刑法典》第32条 ········ 5
　　　bb) 阻却违法的紧急避险，《德国刑法典》第34条 ···· 7
问题：在强制性紧急避险的场合实施的犯罪行为可以依据《德国刑法典》第34条的规定排除违法性，还是排除罪责？
　　c) 罪责 ·· 14
　　d) 结论 ·· 15
　2. 侵犯居住安宁罪，《德国刑法典》第123条第1款 ······ 16
　　a) 构成要件 ·· 17
　　b) 结论 ·· 18
　3. 对B刑事可罚性的结论 ··································· 19

（二）A 的刑事可罚性 ·· 20
　1. 强制罪，《德国刑法典》第240条 ······················· 20
　　a) 构成要件 ·· 21
　　　aa) 客观构成要件 ·································· 21
　　　bb) 主观构成要件 ·································· 24
　　b) 违法性 ·· 25
　　c) 罪责 ·· 27
　　d) 结论 ·· 28
　2. 损坏财物罪的间接正犯，《德国刑法典》第303条

第1款、第25条第1款第二种情形 ················ 29
　　　　a) 构成要件 ···························· 30
　　　　　　aa) 客观构成要件 ···················· 30
　　　　　　bb) 主观构成要件 ···················· 33
　　　　b) 违法性与罪责 ·························· 35
　　　　c) 结论 ······························ 36
　　3. 过失伤害罪，《德国刑法典》第229条 ············ 37
　　　　a) 结果、行为和因果关系 ···················· 38
　　　　b) 客观注意义务之违反、客观预见可能性和客观归责 ·· 39
　　问题：D的介入中断了归责关联吗？
　　　　c) 违法性与罪责 ·························· 42
　　　　d) 结论 ······························ 43
　　4. 对A刑事可罚性的结论与竞合 ················ 44

（三）D的刑事可罚性 ························ 45
　　1. 伤害罪，《德国刑法典》第223条第1款（对A）········ 45
　　　　a) 构成要件 ···························· 46
　　　　　　aa) 客观构成要件 ···················· 46
　　　　　　bb) 主观构成要件 ···················· 47
　　　　b) 违法性 ······························ 48
　　　　c) 结论 ······························ 51
　　2. 过失伤害罪，《德国刑法典》第229条（对B）········ 52
　　　　a) 结果、行为和因果关系 ···················· 53
　　　　b) 客观注意义务之违反、客观预见可能性和客观归责 ·· 54
　　　　c) 结论 ······························ 56

3. 对 D 刑事可罚性的结论 ································ 58

（四）C 的刑事可罚性 ···································· 59

1. 故意杀人罪未遂，《德国刑法典》第 212 条第 1 款、第 22 条、第 23 条第 1 款 ························· 59
   a) 预先检验 ·· 60
   b) 行为决意 ·· 61
   c) 结论 ·· 65

2. 危险伤害罪，《德国刑法典》第 223 条第 1 款、第 224 条第 1 款 ·· 66
   a) 构成要件 ·· 67
   　aa) 客观构成要件 ································ 67
   　bb) 主观构成要件 ································ 72
   b) 违法性 ·· 73
   c) 罪责 ·· 74

   问题：对路人 E 的参与行为的认识错误有何后果？
   　aa) 认识错误的出发点：容许构成要件 ·············· 75
   　bb) 容许构成要件错误的法律处理方式 ············ 78
   　　① 故意说 ······································ 79
   　　② 消极的构成要件要素说 ······················ 81
   　　③ 严格罪责说 ································· 83
   　　④ 限制罪责说 ································· 86
   d) 结论 ·· 89

3. 过失伤害罪，《德国刑法典》第 229 条 ·············· 90
   a) 结果、行为和因果关系 ·························· 91

b) 客观注意义务之违反、客观预见可能性和客观归责‥92
　　c) 违法性与罪责······································93
　4. 对 C 刑事可罚性的结论·································94

（五）最终结论··95

三、案情分析

（一）B 的刑事可罚性

　　提示：应始终从最接近犯罪的人开始检验，在本案中即是向 C 家窗玻璃扔石头的 B。本案中检验顺序非常重要，因为 B 可能是间接正犯 A 的犯罪工具，而对犯罪工具刑事可罚性的检验必须先于对幕后操纵者刑事可罚性的检验。

　　1. 损坏财物罪，《德国刑法典》第 303 条第 1 款

　　B 向 C 家的窗玻璃扔石头，涉嫌触犯《德国刑法典》第 303 条第 1 款的规定，可能构成损坏财物罪。

　　a) 构成要件

　　aa) 客观构成要件

　　B 必须损坏或者毁坏了他人财物。窗玻璃是 C 的财产，对 B 而言是他人财物。《德国刑法典》第 303 条第 1 款意义上的损坏是指，行为人通过身体的作用，使物的完整性或常规用途受到严重损害。① 毁坏指的是使物的常规用途完全丧失。② B 将石头

---

① *Fischer*, § 303 Rn. 6.
② *Fischer*, § 303 Rn. 14.

砸向C家的窗玻璃,消除了其常规用途,是毁坏行为,因此实现了损坏财物罪的客观构成要件。

bb) 主观构成要件

4　依据《德国刑法典》第15条的规定,B在行为时必须具有故意,也就是实现客观构成要件要素的认知和意欲。B知道窗玻璃将遭到毁坏,至少认可接受了这一结果。行为人不需要促成结果的出现,只要其对本身并不期待的结果放任即可。[①]本案中B在A的强迫下实施了该行为,但这一点对认定故意而言并不重要。B在行为时具有《德国刑法典》第15条意义上的故意。

b) 违法性

aa) 正当防卫,《德国刑法典》第32条

5　B的行为可能依据《德国刑法典》第32条的规定排除违法性。作为违法阻却事由的正当防卫要求存在现时的违法攻击,其中攻击是指通过人的行为对法律所保护的法益造成直接的威胁。[②]A用手枪指着B,威胁了B的生命和身体完整性,而且该威胁具有现时性和违法性。因此对B而言存在防卫情势。

6　不过这里的防卫行为可能存在疑问。因为防卫行为只能针对攻击者,而不能针对第三人的法益。[③]B将石头砸向了C的窗玻璃而不是A身上,所以该行为不能依据《德国刑法典》第32条的规定排除违法性。据此不成立正当防卫。

bb) 阻却违法的紧急避险,《德国刑法典》第34条

7　不过,B的行为仍可能依据《德国刑法典》第34条的规定

---

① BGHSt 7, 369; 36, 9.
② 参见Schönke/Schröder/*Perron*, § 32 Rn. 3.
③ BGHSt 5, 245.

排除违法性，前提是B处于避险情势之中。避险情势要求存在现时的、无法通过其他方式避免的对生命和身体完整性的危险。现时的危险是指如果任由事件自然发展将极有可能出现或者加重损害结果的状态。① B被人用手枪指着，因而可以肯定其生命和身体完整性受到现时的危险。

另外，B的行为须在客观上必要，并在主观上具有救助意思（Rettungswillen）。② A用手枪强迫B向C家的窗玻璃扔石头，对B来说扔石头是应对危险的唯一方式。因此，避险行为是必要的，也体现了B的救助意思。 **8**

此外在利益衡量方面也要有利于B，避险行为必须是避免危险的适当手段。③ 本案中被保护的利益是B的生命，它作为高位阶的法益明显超过C受到损害的财产利益。不过本案在适当性这一点上存有疑问。本案中行为人在第三人对其造成身体和生命危险的威胁之下被迫实施符合构成要件的行为，构成所谓的强制性紧急避险（Nötigungsnotstand）。这种情形能否被评价为《德国刑法典》第34条规定的阻却违法的紧急避险，存在争议。 **9**

提示：1975年以前，旧版本的《德国刑法典》第52条含有针对强制性紧急避险的特别规定。进行改革的立法者在制定现今的紧急避险规则时，放弃了这种特别规定的形式，所以如今必须依据紧急避险的一般条款来评价此类情形。至于应该适用《德国刑法典》第34条还是第35条，则存在争议。 **10**

---

① *Fischer*, § 34 Rn. 4 u.7; *Hilgendorf/Valerius*, AT, § 5 Rn. 74.
② *Wessels/Beulke/Satzger*, AT, Rn. 308.
③ 适当性条款（Angemessenheitsklausel）详见 *Grebing,* GA 1979, 81; *Joerden,* GA 1991, 411。

11　　一种观点认为，强制性紧急避险的场合始终可以依据《德国刑法典》第34条的规定排除违法性。该观点认为，危险来源于自然力量还是他人的违法行为，在利益衡量方面并不重要。①据此B的行为不具有违法性。

12　　文献通说则认为强制性紧急避险的情形自始不能通过《德国刑法典》第34条的规定排除违法性，理由是行为人即使被强迫，也进入了不法的领域。②赞同这一观点的首要原因在于，如果被强制者（本案中的B）的行为不具有违法性，那么防卫者（本案中的C）就完全丧失对B的防卫权。而如果让防卫者只能针对强制者（本案中的A）行使防卫权，则防卫效果会大打折扣，这会深深地撼动人们对法秩序效力的信赖。依照该观点，《德国刑法典》第34条规定的阻却违法的紧急避险在此不予适用，而应适用《德国刑法典》第35条规定的阻却罪责的紧急避险。

13　　**提示**：该论证又被称为"正当防卫检验"。作为被强制者行为对象的被害人，不应丧失对指向自己的法益侵害的防卫权。

c) 罪责

14　　B可能依据《德国刑法典》第35条第1款规定的阻却罪责的紧急避险而排除罪责。如上所述，B面临针对其生命和身体完整性的现时危险，而他在被强制的情况下只能通过扔石头来应对危险。因此存在避险情势，而且扔石头的行为具有必要性。B遭

---

① LK/*Zieschang*, § 34 Rn. 69a; 根据被迫实施的犯罪的严重程度和侵犯形式进行区分的观点参见 *Roxin*, AT Ⅰ, § 16 Rn. 67 ff.; *Neumann*, JA 1988, 329。
② 例如 *Wessels/Beulke/Satzger*, AT, Rn. 443 ff.; *Jescheck/Weigend*, AT, § 44 Ⅱ 3; Schönke/Schröder/*Perron*, § 34 Rn. 41 b。

受危险的法益极为重要，所以也不能期待他容忍这一危险，由此排除适用《德国刑法典》第35条第1款第2句的例外规定。B在行为时也具有避险意思，使自己免受A所带来的危险，所以依据《德国刑法典》第35条第1款的规定，B不具有罪责。

d) 结论

B不构成《德国刑法典》第303条第1款规定的损坏财物罪。　　**15**

2. 侵犯居住安宁罪，《德国刑法典》第123条第1款

B扔石头的行为还涉嫌触犯《德国刑法典》第123条第1款　　**16**
的规定，可能构成侵犯居住安宁罪。

a) 构成要件

C的住宅是本罪适格的行为对象，B必须侵入了住宅。《德　　**17**
国刑法典》第123条第1款意义上的侵入是指违背权利人明示或者推定的意志踏入其受保护的空间，① 其中要求行为人的身体至少部分地侵入这个受保护的空间。② B没有进入住宅，他只是往里面扔了石头，这不是《德国刑法典》第123条第1款意义上的侵入行为，所以客观构成要件未得以符合。

b) 结论

B不构成《德国刑法典》第123条第1款规定的侵犯居住安　　**18**
宁罪。

3. 对B刑事可罚性的结论

B无罪。　　**19**

---

① *Haft*, BT Ⅱ, S. 15; *Rengier*, BT Ⅱ, §30 Rn. 8 ff.
② 常举的例子是脚，即为了阻止锁门而用脚踢门。

（二）A 的刑事可罚性

1. 强制罪，《德国刑法典》第 240 条

20 A 用手枪强迫 B 向 C 家的窗玻璃扔石头，涉嫌触犯《德国刑法典》第 240 条的规定，可能构成强制罪。

a) 构成要件

aa) 客观构成要件

21 A 必须以暴力或者显著的恶害相胁迫，强制 B 进行一定的行为。《德国刑法典》第 240 条第 1 款意义上的暴力是指为了压制已经进行或者预期要进行的反抗而对他人身体实施的强迫[①]，不一定需要行为人展现其身体力量。用手枪瞄准的行为是否构成对身体实施的强迫，存在争议。[②] 胁迫是宣示将来的恶害，并且能够对恶害的出现施加影响。[③]《德国刑法典》第 240 条第 1 款意义上的显著的恶害是指严重的不利，以致被害人在理性驱使下可能按照强制者的要求实施行为。[④] A 用手枪进行的胁迫是对 B 身体完整性甚至生命侵害的宣示，已经足以驱使 B 去砸玻璃，所以属于显著的恶害。

22 提示：如果——像本案中这样——《德国刑法典》第 240 条第 1 款第二种情形规定的胁迫要素已经确定实现时，就不需要再详细讨论用手枪瞄准的行为能否被视为《德国刑法典》第 240 条第 1 款意义上的暴力。

---

① *Lackner/Kühl,* § 240 Rn. 5.
② 肯定观点参见 BGHSt 23, 126; 39, 133; 否定观点参见 *Hillenkamp,* JuS 1994, 769, 771; *Rengier,* BT Ⅱ, § 23 Rn. 28。
③ *Lackner/Kühl,* § 240 Rn. 12.
④ *Fischer,* § 240 Rn. 32 a.

此外在A的胁迫之下必须出现强制结果（Nötigungserfolg）。B的行为，即向C家的窗玻璃扔石头，就属于强制结果。客观构成要件由此得以符合。

bb) 主观构成要件

依据《德国刑法典》第15条的规定，A在行为时必须具有故意。A想将自己不愿意干的损坏住宅行为强加给B，并且意图以开枪相威胁，强制B实施该行为，所以具有故意。文献观点还要求行为人具有目的行为意义上的强制目的（Nötigungsabsicht）[①]，此处也存在。主观构成要件也得以符合。

b) 违法性

此外，行为须具有违法性。本案中一般性的违法阻却事由并不明显。不过依据《德国刑法典》第240条第2款的规定，强制行为必须是应受谴责的，也就是说使用的手段、目的或者二者之间的关系必须受到道德和社会层面的高度指责。[②] 为达到强制目的（损坏财物）而使用的强制手段（用手枪瞄准）是应当受到高度指责的，因此具有《德国刑法典》第240条第2款意义上的应受谴责性。所以，A的行为违法。

提示：对于《德国刑法典》第240条规定的强制罪，由于该条第2款的规定，该罪需要在检验一般性违法阻却事由后再对行为的应受谴责性进行积极确认。这属于开放的构成要件，即构成要件符合性并不指征违法性。应受谴责性可以从强制手段、所追求的目的或者目的—手段关联性等方面进行确定。

[①] 参见 Schönke/Schröder/*Eser/Eisele*, § 240 Rn. 34。
[②] 参见 *Rengier*, BT Ⅱ, § 23 Rn. 59 ff.

c) 罪责

27　A的行为有责。

d) 结论

28　A对B构成《德国刑法典》第240条第1款规定的强制罪。

2. 损坏财物罪的间接正犯，《德国刑法典》第303条第1款、第25条第1款第二种情形

29　A用手枪威胁B，迫使其向C家的窗玻璃扔石头，涉嫌触犯《德国刑法典》第303条第1款、第25条第1款第二种情形的规定，可能构成损坏财物罪的间接正犯。

a) 构成要件

aa) 客观构成要件

30　B已经符合了《德国刑法典》第303条第1款规定的损坏财物罪的客观构成要件。如果A能够构成间接正犯，就可以将B的行为归责于A。问题在于，A是否利用了他人，亦即本案中的B，来实施符合构成要件的行为，即通过B间接地实施损坏财物的行为。间接正犯的一般特征在于间接行为人将行为人作为其"工具"。间接行为人必须在事实上具有犯罪行为支配，并且通过受计划引导的意志掌控整个事件进程。[①]一般认为，对行为媒介（Tatmittler）的强制也属于间接正犯的一种情形，其中幕后操纵者（Hintermann）通过支配幕前行为人（Vordermann）的意志来表达其支配性。[②]幕前行为人虽然知道自己在做什么，但仅仅是为了实现幕后操纵者的意志而充当中间连接要素。

31　A给B造成了强制性紧急避险的状况。A具有犯罪行为支

[①] *Wessels/Beulke/Satzger*, AT, Rn. 535.
[②] Schönke/Schröder/*Heine*, § 25 Rn. 33; *Lackner/Kühl*, § 25 Rn. 4.

配，他利用作为中间连接要素的B，强迫其实施损坏财物的行为。A掌控了整个行为过程，把B当作任凭自己摆布的工具。原则上间接正犯还有另一前提，即幕前行为人的行为不具有可罚性。本案中B因强制性紧急避险而依据《德国刑法典》第35条的规定排除罪责，不构成损坏财物罪。因此A构成间接正犯，应当将《德国刑法典》第303条第1款损坏财物罪的客观构成要件归责于A。

提示：如果幕前行为人本身也要负刑事责任，幕后操纵者只有在例外情形下才能成立间接正犯，例如在类似于黑手党的组织结构中作为正犯后正犯（Täter hinter dem Täter），或者类似"Katzenkönigfall案"的情形，参见BGHSt 35, 347。 **32**

bb) 主观构成要件

A既对损坏C家窗玻璃具有故意，又对将B作为行为媒介加以利用具有故意。间接正犯的主观构成要件得以符合。 **33**

提示：间接正犯的主观构成要件既包括实现构成要件的故意，也包括对犯罪行为支配的故意。此外还要根据具体情形探讨其他可能存在的主观构成要件要素（例如《德国刑法典》第263条规定的获利目的）。 **34**

b) 违法性与罪责

A的行为违法且有责。 **35**

c) 结论

依据《德国刑法典》第303条第1款、第25条第1款第二种情形的规定，A构成损坏财物罪的间接正犯。依据《德国刑法 **36**

典》第303c条的规定，该罪告诉才处理。

3. 过失伤害罪，《德国刑法典》第229条

37　A的手枪被触发，伤到了B，A涉嫌触犯《德国刑法典》第229条的规定，可能构成过失伤害罪。

a) 结果、行为和因果关系

38　为此，B身上必须因A的行为而出现了《德国刑法典》第223条第1款意义上的伤害结果。B的身体安宁和身体完整性由于射击伤害而受到了明显的损害。此外B还因射击伤害而出现了偏离于身体正常状态的病理状态。设想若不存在A用武器强制B的行为，对身体的乱待和健康损害作为具体形态的结果也不会发生。① 因此行为和结果之间存在因果关系。

b) 客观注意义务之违反、客观预见可能性和客观归责

39　在造成结果的情况下，A必须在客观上违反了注意义务，并且结果的出现必须在客观上是可预见的。客观上违反注意义务是指忽视了日常交往中必要的注意。② 对被强制者的身体完整性而言，用手枪瞄准的强制行为在客观上违反了注意义务，因为这种行为创设了法所不允许的对身体和生命的重大危险。客观上可预见是指，在行为人的交往圈子中，一个谨慎之人在行为人所处的情况下依日常生活经验所能够预见的情况。③ 其他与犯罪行为无关的人紧急救助被强制者并且试图通过防卫行为终止强制，这至少没有超出日常生活经验。同时，已经上膛的手

---

① 这是条件公式（conditio-sine-qua-non-Formel）的具体应用。如果A没有用手枪威胁B，D就不会撞倒A而触发造成伤害的射击。
② *Wessels/Beulke/Satzger*, AT, Rn. 667; *Stratenwerth/Kuhlen*, AT, § 15 Rn. 12; *Kindhäuser*, AT, § 33 Rn. 13 ff.
③ *Wessels/Beulke/Satzger*, AT, Rn. 667a.

枪随时会射出子弹，这在客观上也是可预见的。

此外必须能够在客观上将结果归责于A。当行为人创设了 **40**
法所不允许的危险，而该危险又在构成要件结果中得以实现时，
就可以在客观上将该结果归责于行为人。本案中D撞向A，由
此触发了射击，这是D自我答责地介入，可能中断原来的归责
关联。如果第三人完全答责地创设了一个新的、可独立导致结
果发生的危险，并且该危险在结果中实现，那么原则上阻断了
初始危险创设者的责任。相反，如果第三人的行为和初始危险
具有特定性关联，是初始危险带来的典型后续行为，则仍要肯
定原来的归责关联。①

那种有人被武器威胁，第三人赶紧施救的情形并不罕见。 **41**
由武器威胁创设的初始危险具有特别的严重性，由第三人介入
而产生的新危险状况正是该初始危险的直接结果，所以D的介
入并不能中断原来的归责关联。A用上膛的手枪进行威胁，由
此创设了法所不允许的对身体完整性的重大危险，该危险最终
实现为对B的射击伤害，因此可以在客观上将结果归责于A。

c) 违法性与罪责

A的行为违法。A在主观上也可以预见使用武器强制他人的 **42**
行为可能造成身体伤害。A在主观上也违反了注意义务，他的
行为有责。

d) 结论

A构成《德国刑法典》第229条规定的过失伤害罪。 **43**

---

① *Wessels/Beulke/Satzger*, AT, Rn. 192.

4. 对 A 刑事可罚性的结论与竞合

44　依据《德国刑法典》第240条第1款的规定，A构成强制罪。依据《德国刑法典》第303条第1款和第25条第1款第二种情形的规定，A构成损坏财物罪的间接正犯。依据《德国刑法典》第229条的规定，A构成过失伤害罪。三者成立《德国刑法典》第52条规定的犯罪单数（想象竞合，从一重处罚）。

（三）D 的刑事可罚性

1. 伤害罪，《德国刑法典》第 223 条第 1 款（对 A）

45　D将A撞倒在地，涉嫌触犯《德国刑法典》第223条第1款的规定，可能构成伤害罪。

a) 构成要件

aa) 客观构成要件

46　在A身上必须发生《德国刑法典》第223条第1款第一种情形规定的身体乱待或者第二种情形规定的健康损害结果。D撞了A，致使其倒在地上，这种对待是险恶、失当的，明显损害了A的身体安宁。不过从案情中看不出D的行为引起或者加剧了A偏离于身体正常状态的病理状态。D的行为符合《德国刑法典》第223条第1款规定的客观构成要件，即第一种情形规定的乱待身体。

bb) 主观构成要件

47　D必须具有《德国刑法典》第15条意义上的故意。因为D在撞A时至少认可接受了可能出现的伤害，所以应肯定故意的存在。

b)违法性

问题是D的行为是否违法。这里可以考虑的是《德国刑法典》第32条第1款、第2款第二种情形规定的违法阻却事由,即为了被强制者B的利益而实施紧急救助(Nothilfe)的正当防卫。

首先应检验是否存在防卫情势,即现时的违法攻击。攻击是指通过人的行为对法律所保护的法益造成的直接威胁。[①]如上所述,A用枪指着B的行为是对B的生命、身体完整性和自由的意思实现(Willensbestätigung)的现时攻击。该攻击不符合法秩序,所以也是违法的。由此存在防卫情势。

此外针对攻击者的紧急救助行为应当是必要的和需要的。必要性是指,救助行为足以终止攻击并且是可以使用的最温和的手段。[②]将A撞开的行为足以结束其对B的强制,而且没有更为温和且同样有效的手段。同时D的救助行为直接针对攻击者,是需要的。D在行为时同样也有防卫意思。所以D的行为是为了B的利益而实施的紧急救助的正当防卫,可以依据《德国刑法典》第32条第1款和第2款第二种情形的规定排除违法性。

c)结论

D不构成《德国刑法典》第223条第1款规定的伤害罪。

2. 过失伤害罪,《德国刑法典》第229条(对B)

A的射击对B造成了不利后果,所以还要检验D的行为是否构成《德国刑法典》第229条规定的过失伤害罪。

a)结果、行为和因果关系

在B身上出现了伤害结果。如果D不撞开A,A就不会开

---

① *Fischer*, § 32 Rn. 5; *Hilgendorf/Valerius,* AT, § 5 Rn. 23.
② *Wessels/Beulke/Satzger,* AT, Rn. 335.

枪，B也就不会受伤。依照条件公式，D的推撞和枪击之间存在因果关系。

b) 客观注意义务之违反、客观预见可能性和客观归责

54 结果必须是因为在客观上违反了注意义务而出现的，并且结果必须是可预见和可避免的。违反注意义务的标准应当从事前角度进行判断，即行为人交往圈子中的一个谨慎之人在行为人所处的情况下如何行为。① D通过撞A创设了新的危险，即由此A会开枪。客观的第三人能够认识到这一点，所以D违反了注意义务。第三人也能够预见结果的出现。

55 此外在客观上必须可以将结果归责于D。当行为人以减少对被害人的既存危险，也就是以改善法益状况的方式修正了因果进程时，就可以排除客观归责。② B在遭到A的手枪威胁时面临着生命危险，而D对A的推撞仅仅导致了B的身体伤害，可以说D的行为降低了B所承受的危险。降低危险就排除了客观归责。

c) 结论

56 D不构成《德国刑法典》第229条规定的过失伤害罪。

57 提示：在进行相应的论证时也可以肯定客观归责。不过这时要注意，D的行为经由《德国刑法典》第34条规定的阻却违法的紧急避险而排除违法性。

3. 对D刑事可罚性的结论

58 D无罪。

---

① *Zieschang*, AT, Rn. 430.
② *Roxin*, AT Ⅰ, §11 Rn. 53; 其他观点参见 *Kindhäuser*, ZStW 120 (2008), 481, 490 ff.

（四）C 的刑事可罚性

1.故意杀人罪未遂，《德国刑法典》第212条第1款、第22条、第23条第1款

C将花瓶扔到E的头上，涉嫌触犯《德国刑法典》第212条第1款、第22条、第23条第1款的规定，可能构成故意杀人罪未遂。

a) 预先检验

首先应认识到该行为没有既遂，该罪的未遂可罚。E还活着，所以没有出现《德国刑法典》第212条第1款规定的构成要件结果。依据《德国刑法典》第23条第1款第一种情形、第12条第1款、第212条第1款的规定，故意杀人罪未遂可罚。

b) 行为决意

C必须具有行为决意。行为决意包括对所有客观构成要件要素的故意以及其他可能存在的主观构成要件要素。[①]问题是C是否以杀人故意将花瓶扔到E的头上。可以认为，C知道将重物扔到他人头上一般具有较高的伤害风险。由于案情缺少线索，所以关于杀人故意方面只能考虑附条件故意（dolus eventualis），并且应与有认识的过失相区分。在这一点上主流观点和判例遵循认可说（Billigungstheorie）。依照该理论，行为人认识到法益侵害的具体危险，并对构成要件实现的风险予以认可接受时，就具有附条件故意。[②]如果行为人认识到实现构成要件的可能

[①] *Wessels/Beulke/Satzger,* AT, Rn. 598; *Kindhäuser,* AT, § 31 Rn. 4; *Stratenwerth/Kuhlen,* AT, § 11 Rn. 23.

[②] *Wessels/Beulke/Satzger,* AT, Rn. 223.

性，但是相信该可能性不会出现，他就仅具有有认识的过失。①

62 C认为有人朝他开枪，所以拿起了花瓶。因为缺少线索，所以这里只能推测，C在朝E的头上扔花瓶时是否认可接受了E的死亡风险。应当认为，C扔花瓶是为了伤害E，以便结束假想的E的侵害。

63 另外需要注意，杀人故意比危害或者伤害故意具有更高的心理门槛（Hemmschwelle）。② 根据存疑时有利于被告人原则，应当认为C不具有附条件的杀人故意。

64 提示：依照德国联邦最高法院的心理门槛理论，只有在案情明确给出了事实线索时，才能肯定故意杀人罪中的间接故意（Eventualvorsatz）。

c) 结论

65 C不构成《德国刑法典》第212条第1款、第22条、第23条第1款规定的故意杀人罪未遂。

2. 危险伤害罪，《德国刑法典》第223条第1款、第224条第1款

66 C将沉重的陶制花瓶扔到E的头上，涉嫌触犯《德国刑法典》第223条第1款、第224条第1款第2项第二种情形、第3项和第5项的规定，可能构成危险伤害罪。

a) 构成要件

aa) 客观构成要件

67 首先应检验基本构成要件，即是否已然实现《德国刑法典》

---

① *Wessels/Beulke/Satzger*, AT, Rn. 216.
② BGHSt 36, 1, 15.

第223条第1款规定的客观构成要件。C将重物砸到E的头上是险恶、失当地给E的身体安宁或身体完整性造成明显损害的行为，所以存在《德国刑法典》第223条第1款第一种情形规定的乱待身体。同时E受重伤也意味着引起了他的病理状态，也存在《德国刑法典》第223条第1款第二种情形规定的损害健康。基本构成要件的客观构成要件得以符合。

此外要检验，《德国刑法典》第224条第1款第2项、第3项和第5项规定的危险伤害罪的客观构成要件是否已然符合。C用花瓶造成了伤害，由此他可能使用了《德国刑法典》第224条第1款第2项第二种情形意义上的危险工具。危险工具是指就其客观属性及具体的使用方式而言，能够造成严重身体伤害的物体。① 据此，砸向头部的花瓶属于危险工具。 **68**

《德国刑法典》第224条第1款第3项所称的阴险的突然袭击是指对毫不知情的被害人进行突发的、出乎意料的攻击，其中行为人有计划地掩饰其伤害意图，从而使被害人更加难以进行防卫。② 对此仅仅利用意外性因素并不满足③，行为人必须通过其他预备措施掩饰其所计划的攻击行为。本案中C并未有计划地掩饰其伤害意图，他只是利用了意外性因素，所以不存在阴险的突然袭击。 **69**

最后要检验的是，扔花瓶的行为是否符合《德国刑法典》第224条第1款第5项所称的以危害生命的方式伤害他人。通说认为，伤害在具体情况下客观上给被害人的生命造成抽象危险 **70**

---

① *Lackner/Kühl*, §224 Rn. 5.
② *Fischer*, §224 Rn. 10.
③ *Lackner/Kühl*, §224 Rn. 6.

即可。① 部分文献还要求出现对被害人生命的具体危险,而不仅仅是抽象危险。② 依据这两种观点,都可以肯定本案中存在以危害生命的方式伤害他人的行为,因为E受了重伤。

71 依据《德国刑法典》第223条第1款、第224条第1款第2项第二种情形、第5项的规定,本案存在使用危险工具和以危害生命的方式伤害他人的行为,所以符合危险伤害罪的客观构成要件。

bb) 主观构成要件

72 对于《德国刑法典》第223条第1款、第224条第1款第2项第二种情形和第5项规定的客观构成要件要素,C都具有认知和意欲,因此这里也符合主观构成要件。

b) 违法性

73 问题是C的行为是否违法。《德国刑法典》第32条规定的正当防卫在这里作为违法阻却事由之所以不合适,是因为它要求客观上存在E现时的违法攻击,而E仅仅是不知情的路人。C的法益没有受到由E造成的现时危险的侵害,所以其行为同样不能依据《德国刑法典》第34条规定的阻却违法的紧急避险排除违法性。C的行为因缺少相应的违法阻却事由而具有违法性。

c) 罪责

74 C以为E朝他开了枪,该认识错误可能排除C的罪责。

aa) 认识错误的出发点:容许构成要件

75 提示:如果像本案这样存在探讨容许构成要件错误的空间,

---

① BGHSt 2, 160, 163; *Wessels/Hettinger*, BT 1, Rn. 282.
② 例如 *Schröder*, JZ 1967, 522; *Stree*, Jura 1980, 281, 291.

那么首先要假定性地检验,当行为人认识正确时其行为能否排除违法性。之后才能分析如何从法律上解决该问题。①

C误以为E朝他开了枪,该认识错误可能是容许构成要件错误。容许构成要件错误是指,行为人对公认的违法阻却事由的事实前提产生认识错误,即误以为存在特定的事实情状,当这些事实情状"真实存在"时就可排除行为的违法性。②因此要检验当行为人认识正确时是否存在违法阻却事由。本案中C误以为E朝他开枪,所以问题在于,在E真朝他开枪的情况下能否构成《德国刑法典》第32条规定的正当防卫。

76

C以为E开枪的行为是对其身体完整性和生命的攻击。因为在C看来攻击已经开始而且仍在持续,所以它具有现时性。由于案情中没有线索表明该攻击具有违法阻却事由,所以从C的认识来看该攻击也一定是违法的。防卫情势已然存在。将重物扔到E的头上也是避免攻击的适当手段。基于C误以为存在的对其身体和生命的具体攻击,显然没有更温和的手段。按照C的认识,防卫行为的对象是攻击者。根据案情防卫行为无疑也有需要性,而且C也有防卫意思。总之,如果C对行为过程的认识是正确的,他的行为就会因正当防卫而排除违法性。C陷入了容许构成要件错误,因此他缺乏不法意识。

77

bb) 容许构成要件错误的法律处理方式

对容许构成要件错误的法律处理方式和归类仍然存在争议。

78

---

① 关于容许构成要件错误同样参见第一卷案例7"自动射击装置"和第三卷案例14"高速道路的投掷者";另一种检验容许构成要件错误的结构模式参见 Valerius, Einführung in den Gutachtenstil, 8.Klausur („Film ab! "), zum Erlaubnistatbestandsirrtum S. 133-135。
② *Wessels/Beulke/Satzger*, AT, Rn. 467.

①故意说

79　　故意说①认为，不法意识是故意的组成部分，没有不法意识则没有故意，而何种认识错误导致不法意识的欠缺则并不重要。当行为人对违法阻却事由的事实前提产生认识错误时，就出现了构成要件错误，依据《德国刑法典》第16条第1款第1句的规定排除故意。按照该观点，C的行为不是故意的危险伤害行为。

80　　反对意见认为，故意说违背了法条的字面含义，因为《德国刑法典》第17条的规定已经明确将不法意识作为罪责的组成部分，所以应拒绝该理论。

②消极的构成要件要素说

81　　消极的构成要件要素说②将单一的违法阻却事由的前提条件视为消极的构成要件要素，它们从实现构成要件的角度来看十分重要。据此理论，故意不仅要求认识到法定构成要件的积极情状，还要求认识到消极的构成要件要素的缺失。因此，如果行为人误以为存在排除违法性的状况，就可依据《德国刑法典》第16条第1款第1句的规定排除故意。

82　　该意见错误地混淆了构成要件符合性和违法性的前提条件，所以应予反对。按照该观点，自始就不符合构成要件的行为和损害了法益但通过特别的违法阻却事由获得保护的行为之间的评价差异就消失了。而且《德国刑法典》第32条第1款直接规定了"行为不违法"，这意味着法律不认为违法阻却事由是（消极的）构成要件要素。③

---

① 代表观点参见 *Mezger*, NJW 1951, 500; NJW 1953, 2; 参见 MünchKomm/*Joecks*, § 16 Rn. 82 f.
② 代表观点参见 *Kaufmann*, JZ 1954, 653; JZ 1956, 353。
③ 参见 *Wessels/Beulke/Satzger*, AT, Rn. 126。

③严格罪责说

严格罪责说[①]认为,故意仅指向客观构成要件,不指向违法性。不法意识是《德国刑法典》第17条意义上独立的罪责要素,只在罪责的范围内具有意义。因为《德国刑法典》第17条没有规定特别的例外,所以应从该条规定的禁止错误出发。

83

依照严格罪责说并依据《德国刑法典》第17条的规定,本案中C的刑事可罚性取决于其认识错误是否可以避免。若行为人运用其能力思考行为计划的违法性并以此能认识到行为的不法,那么该认识错误就是可避免的。[②] C如果仔细观望一下窗外的情景,就能认识到无人朝他开枪,就能避免该认识错误。依照该理论C是有责的,不过可以依据《德国刑法典》第49条第1款的规定减轻处罚。

84

严格罪责说忽视了一点,即存在容许构成要件错误的行为人自身是忠诚于法的。所以主流观点认为,仅仅因认识错误可避免就按照故意行为进行处罚的做法是相当不合理的。[③] 另外依照严格罪责说,不可避免的认识错误仅仅排除罪责而非排除违法性。相反,一般认为客观上符合注意义务的行为不可能是违法的。[④] 所以同样不应采纳该理论。

85

④限制罪责说

限制罪责说认为,容许构成要件错误类推适用《德国刑法

86

---

① 另外的代表观点参见 *Welzel*, S. 168 ff.; *Bockelmann*, NJW 1950, 830; *Fukuda*, JZ 1958, 143; *Hirsch*, ZStW 94 (1982), 239, 257。
② *Fischer*, § 17 Rn. 8. 在这一点上判例要求行为人恪守良知并且竭尽其全部认识能力和价值观所能,参见 *Otto*, Jura 1990, 645。
③ 对此参见 *Jescheck/Weigend*, AT, S. 463 f.
④ 参见 Schönke/Schröder/*Sternberg-Lieben*, § 16 Rn. 15。

典》第16条第1款第1句的规定，即按照构成要件错误处理。该理论之所以值得赞同，是因为它考虑到了行为人其实是忠诚于法的。不过，误以为事实上存在违法阻却事由的情形排除构成要件故意①还是仅排除罪责故意②的问题，仍有争议。应当认同第二种情形，理由在于，排除构成要件故意时缺乏违法的主行为，这就排除了共犯的可能性，从而导致对恶意的教唆犯或者帮助犯的处罚漏洞。

87 虽然误以为事实上存在阻却违法事由的情形属于《德国刑法典》第17条规定的适用范围，但是在法律后果上等同于构成要件错误。这种情形仅排除对罪责故意的非难，而构成要件故意依然存在。如果认识错误是基于过失，那么就在过失犯受处罚的范围内类推适用《德国刑法典》第16条第1款第2句的规定，即按照过失犯进行处罚。因为C在容许构成要件错误的情形中通过指向法律后果的限制罪责说排除罪责故意，所以不能按照故意犯处罚C。

88 提示：这是故意具有双重地位的少数情形之一，其中，故意作为构成要件要素（构成要件故意）和罪责要素（罪责故意）具有实际意义。通说认为仅罪责要素不成立，而构成要件故意依然存在。

d) 结论

89 C不构成《德国刑法典》第223条第1款、第224条第1款规定的危险伤害罪。

---

① 判例观点参见 BGHSt 3, 105。
② 例如 *Fischer*, § 16 Rn. 20 ff.; *Wessels/Beulke/Satzger*, AT, Rn. 478。

3. 过失伤害罪,《德国刑法典》第229条

最后要检验的是,C将花瓶扔到E的头上是否构成《德国刑法典》第229条规定的过失伤害罪。 90

a) 结果、行为和因果关系

伤害结果已然出现,E受了重伤。该伤害是由扔花瓶的行为造成的。 91

b) 客观注意义务之违反、客观预见可能性和客观归责

问题在于,C是否在客观上违反了注意义务,伤害结果在客观上是否可预见并且在正确行为时是否可避免。一个谨慎的第三人在有人开枪的具体情况下不会立即拿起花瓶扔到无辜的路人头上。案情中没有线索表明E处于C的空间范围内,也没有线索提示可以让一个谨慎的第三人认为E朝C开了枪,所以扔花瓶的行为在客观上违反了注意义务。同样在客观上可以预见,将重物砸到他人头上会造成重伤。另外在客观上也可以将责任归责于C。 92

c) 违法性与罪责

C的行为违法且有责。特别是C违反了个人的注意义务,而且他应当预见到结果的发生。 93

4. 对C刑事可罚性的结论

C构成《德国刑法典》第229条规定的过失伤害罪。 94

(五)最终结论

A构成《德国刑法典》第240条第1款规定的强制罪,第303条第1款、第25条第1款第二种情形规定的损坏财物罪的间接正犯,第229条规定的过失伤害罪。三者成立《德国刑法典》 95

第52条规定的犯罪单数（想象竞合，从一重处罚）。

C构成《德国刑法典》第229条规定的过失伤害罪。B和D无罪。

四、案例评价

本案包含了部分法律上相当复杂的问题，而要根据案情事实检验四个行为参与人的刑事可罚性，也使得案例难度上升到较高层级。本案的重点是违法性、罪责、正犯、共犯以及认识错误问题。

首先要整理出正确的检验顺序。本案中最接近犯罪的人是B，他向C家的窗玻璃扔了石头。其次应分析A的刑事可罚性，他基于强制情形可能是B行为的间接正犯。接着分析急忙介入的D，最后分析因有人开枪而作出行为的C。

对于B的刑事可罚性，因为他在A的强迫下砸窗玻璃，所以首先要考虑强制性紧急避险问题。虽然通说认为强制性紧急避险不能排除行为的违法性，而是可以排除罪责，但先要借助《德国刑法典》第34条的规定在违法性的范围内加以分析。

在检验A的刑事可罚性时要讨论造成强制性紧急避险这种典型的间接正犯形式。此外在检验《德国刑法典》第229条的规定时，需要分析D介入而引发枪击造成的结果能否归责于A。由于本案中存在紧急救助情形，D的故意伤害和过失伤害行为都不可罚。

C误以为E朝他开了枪，由此出现了容许构成要件错误问题。这里要求学生能够考虑到容许构成要件错误的前提条件和法律评价。此外应该强调，因容许构成要件错误而出现的过失行为的刑事可罚性不受影响。

其他延伸阅读： *Kelker*, Erlaubnistatbestands- und Erlaubnisirrtum–eine systematische Erörterung, Jura 2006, 591–597; *Koch*, Grundfälle zur mittelbaren Täterschaft, § 25 Abs.1 Alt. 2 StGB, JuS 2008, 496–499; *Meyer*, Die Problematik des Nötigungsnotstands auf der Grundlage eines Solidaritätsprinzips, GA 2004, 356–369; *Momsen/Rackow*, Der Erlaubnistatbestandsirrtum in der Fallbearbeitung, JA 2006, 550–555; 654–664; *Zieschang*, Der rechtfertigende und der entschuldigende Notstand, JA 2007, 679–685.

案例6：谋杀斗殴

> **关键词**：伤害罪；谋杀要素；参与斗殴罪；打击错误；教唆犯；重要肢体；《德国刑法典》第28条规定的刑罚幅度偏移
> **难　度**：中等

一、案情

A委托B杀掉其生意伙伴C。B需要在C每晚都去的酒馆里悄悄将毒药粉末投入C的啤酒杯并摇匀。A之所以想杀C，是因为A想做一桩赚钱的生意而C不同意，此外A也想独吞全部生意收入。为此A向B提供10 000欧元，B欣然接受。A不知道，B早就对C怀恨在心，因为B的前女友X投入了C的怀抱。B主动结束了和X的关系，但是希望在他之后X不再和其他男人交往，所以他也想杀C。

然而B在酒馆里弄混了C和D的啤酒杯。D喝了一大口，作为常年喝酒的人，他立马尝出来不对劲，就把酒吐了出来。D怀疑C在他的啤酒里动了手脚，就一拳把C打倒在地上。C吃力地站起来，其间旁边的X劝他"不能就这么算了"，于是现场出现了斗殴，E也参与其中。C用啤酒杯重击了E的手，导致E左手中指骨折，丧失了活动能力。这对E影响格外重大，因为他是左撇子，而且已经失去了左手食指。B为了掩人耳目，也参与了斗殴，但是在E的手受伤之前就撤了出来。

试问 A、B、C、D、E、X 的刑事可罚性？已经提起了必要的告诉。

二、分析提纲

（一）第一组行为：投毒 ··· 1
  1. B 的刑事可罚性 ·· 1
    a) 谋杀罪未遂，《德国刑法典》第211条、第212条第1款、第22条、第23条第1款 ············ 1
      aa) 预先检验 ·· 2
      bb) 行为决意 ·· 3
  问题：如何处理B的认识错误？
      cc) 直接着手 ·· 9
      dd) 违法性、罪责与中止 ······························· 10
      ee) 结论 ··· 11
    b) 危险伤害罪未遂，《德国刑法典》第223条第1款、第224条第1款和第2款、第22条、第23条第1款 ··· 12
    c) 过失伤害罪，《德国刑法典》第229条（对D）········ 13
    d) 对B刑事可罚性的结论 ······························· 14
  2. A 的刑事可罚性 ·· 15
    a) 谋杀罪未遂的共同正犯，《德国刑法典》第211条、第212条第1款、第22条、第23条第1款、第25条第2款 ··· 15
      aa) 预先检验 ·· 16

bb) 行为决意 …………………………………… 17
　　cc) 结论 ………………………………………… 18
b) 谋杀罪未遂的教唆犯，《德国刑法典》第211条、第212条第1款、第22条、第23条第1款、第26条 …… 19
　　aa) 客观构成要件 ……………………………… 20
　　bb) 主观构成要件 ……………………………… 22
　　cc) 构成要件附件，《德国刑法典》第28条 ……… 23
问题：适用《德国刑法典》第28条第1款还是第2款？
　　dd) 违法性、罪责与中止 ……………………… 28
　　ee) 结论 ………………………………………… 29
c) 危险伤害罪未遂的教唆犯，《德国刑法典》第223条第1款、第224条第1款和第2款、第22条、第23条第1款、第26条 ……………………………………………… 30
d) 对A刑事可罚性的结论 ……………………………… 31

（二）第二组行为：斗殴 ……………………………… 32

1. D的刑事可罚性 ……………………………………… 32
a) 伤害罪，《德国刑法典》第223条第1款（对C）…… 32
　　aa) 客观构成要件 ……………………………… 33
　　bb) 主观构成要件 ……………………………… 35
　　cc) 违法性 ……………………………………… 36
　　dd) 罪责 ………………………………………… 37
　　ee) 结论 ………………………………………… 39
b) 参与斗殴罪，《德国刑法典》第231条 ……………… 40
　　aa) 客观构成要件 ……………………………… 41

　　　　bb) 主观构成要件 ·················· 43
　　　　cc) 客观处罚条件 ·················· 44
问题：何时认定《德国刑法典》第226条意义上的肢体重要性？
　　　　dd) 违法性与罪责 ·················· 50
　　　　ee) 结论 ························ 51
　　c) 对D刑事可罚性的结论 ·················· 52
2. C的刑事可罚性 ····························· 54
　　a) 严重伤害罪，《德国刑法典》第223条第1款、第226条第1款第2项（对E）·············· 54
　　　　aa) 危险伤害罪，《德国刑法典》第223条第1款、第224条第1款 ···················· 55
　　　　bb) 出现严重结果，《德国刑法典》第226条第1款第2项 ···················· 56
　　　　cc) 构成要件特定的危险关联 ·············· 57
　　　　dd) 过失 ························ 58
　　　　ee) 违法性与罪责 ·················· 59
　　　　ff) 结论 ························ 60
　　b) 参与斗殴罪，《德国刑法典》第231条 ··········· 61
　　c) 对C刑事可罚性的结论与竞合 ··············· 62
3. B的刑事可罚性 ····························· 63
　　a) 伤害罪，《德国刑法典》第223条第1款 ··········· 63
　　b) 参与斗殴罪，《德国刑法典》第231条 ··········· 64
问题：B的提前退出有什么影响？
　　c) 对B刑事可罚性的结论 ·················· 66

4. E的刑事可罚性 ································· 67
　　a) 参与斗殴罪，《德国刑法典》第231条 ········ 67
　　b) 对E刑事可罚性的结论 ···················· 68
5. X的刑事可罚性 ································· 69
　　a) 参与斗殴罪，《德国刑法典》第231条 ········ 69
　　b) 严重伤害罪的教唆犯，《德国刑法典》第223条第
　　　1款、第226条第1款第2项、第26条 ············ 72
　　c) 严重伤害罪的帮助犯，《德国刑法典》第223条第
　　　1款、第226条第1款第2项、第27条 ············ 73
　　d) 对X刑事可罚性的结论 ···················· 74

（三）竞合与最终结论 ································· 75

三、案情分析

（一）第一组行为：投毒

1. B 的刑事可罚性

a) 谋杀罪未遂，《德国刑法典》第211条、第212条第1款、第22条、第23条第1款

1　　B在酒馆里误将毒药投入D的酒杯，涉嫌触犯《德国刑法典》第211条、第212条第1款、第22条、第23条第1款的规定，可能对C构成谋杀罪未遂。

　　aa) 预先检验

2　　C仍然活着，所以行为没有既遂。依据《德国刑法典》第23条第1款第一种情形、第12条第1款、第212条、第211条的

规定，谋杀罪未遂可罚。

bb) 行为决意

B必须具有行为决意，也就是杀害C的故意。B在行为时具有杀人故意，不过B想杀的是C而不是D。问题是这种情况属于对人的错误（error in persona）还是打击错误（aberratio ictus）。对人的错误是指行为人面前的特定人本应是其行为的受害人，然而行为人却对该人的身份产生了认识错误。[1]打击错误是指行为出现了偏差，即行为人使用行为工具没有击中其瞄准的被害人，而是击中其他人或者其他对象。[2]本案中B的侵害手段是将毒药放入啤酒杯，B以为C会喝完杯中啤酒，没想到被D喝了。所以B的侵害手段出现了偏差，这是打击错误。B的杀人故意指向C而非D。

3

提示：如果将案情理解为A将其故意具体化到会喝掉这杯啤酒的那个人，就会得出另外的结论，即A只是对该人的身份产生了认识错误。如果这样论证，就要认为存在对人的错误，需要检验对D的谋杀罪未遂。

4

疑问在于B是否符合谋杀要素。首先要考虑的是阴险，阴险是指出于敌意地有意识地利用被害人毫无猜疑且毫无防备的境地。[3]其他观点认为必须存在应受谴责的失信。[4]对该观点应予反驳，因为在行为人和被害人互不认识的案件中谈不上什么失信，照此观点谋杀罪的构成要件会大受限制。C毫无猜疑并且

5

---

[1] *Fischer*, § 16 Rn. 5; *Hilgendorf/Valerius*, AT, § 8 Rn. 20 ff.
[2] *Wessels/Beulke/Satzger*, AT, Rn. 250.
[3] BGHSt 30, 105, 119; *Fischer*, § 211, Rn. 34 u. 44a.
[4] Schönke/Schröder/*Eser*, § 211 Rn. 26; *Hassemer*, JuS 1971, 626, 630; *Schmidhäuser*, JR 1978, 265, 270.

是毫无防备的。B有意利用这一境地,并且在行为时具有敌意,因此符合阴险要素,特别是B的故意内容也涵括了阴险要素。

6 　　此外B可能出于贪婪而行为。贪婪是指肆无忌惮、冷酷无情地不惜任何代价地追求利益。① B为了得到10 000欧元而杀人,是出于贪婪而行为。

7 　　B还可能出于卑劣动机而行为,因为他想通过杀死C来阻止其前女友与其他男人交往。卑劣动机是指处于道德底层且应受完全鄙视的行为动机。② B自己离开了前女友,却不想让她爱上别人。B认为自己可以对前女友行使某种占有权,尽管是他主动离开了前女友。为了行使这种假想中的请求权而杀掉前女友的新伴侣的行为是应受完全鄙视的。此处存在卑劣动机。③ 不过在出现多个动机,即动机聚合(Motivbündel)时应当注意,只有当卑劣动机是行为人的(一个)主要动机时,才称得上出于卑劣动机的谋杀。④ 本案中B同时出于贪婪和报复而杀人,这两个动机都是主要的,所以B也是出于卑劣动机而行为。

8 　　因此B具有行为决意。

cc) 直接着手

9 　　B已经将毒药混入了杯中啤酒,根据他的设想,该行为将直接导致C饮下毒酒而死亡。依照主客观混合说,《德国刑法典》第22条意义上的直接着手已然出现。

dd) 违法性、罪责与中止

10 　　B的行为违法且有责。对B也不适用《德国刑法典》第24

---

① *Fischer*, § 211, Rn. 10.
② BGHSt 47, 128; 50, 1, 8.
③ 也可参见BGHSt 3, 180; 22, 12; *BGH* StV 2001, 571。
④ *BGH* NStZ 1997, 81; NStZ-RR 2004, 14; NStZ 2005, 332.

条第1款规定的免除刑罚的中止条款。

ee)结论

依据《德国刑法典》第211条、第212条第1款、第22条、第23条第1款的规定，B对C构成谋杀罪未遂。 **11**

b)危险伤害罪未遂，《德国刑法典》第223条第1款、第224条第1款和第2款、第22条、第23条第1款

B对C的行为也涉嫌触犯《德国刑法典》第223条第1款，第224条第1款第1项和第5项、第2款，第22条，第23条第1款的规定，可能构成危险伤害罪未遂。行为没有既遂，而且依据《德国刑法典》第23条第1款第二种情形、第12条第2款、第224条第2款的规定，危险伤害罪未遂可罚。B想通过投毒损害C的健康，根据毒药的发作方式，他也想乱待C的身体。B使用毒药，符合《德国刑法典》第224条第1款第1项规定的通过投放毒物或者其他危险物质伤害他人，并且他想危害C的生命，这也符合《德国刑法典》第224条第1款第5项规定的以危害生命的方式伤害他人。因为B并未有计划地掩饰其伤害意图，从而使C难以防卫，所以这里不符合《德国刑法典》第224条第1款第3项规定的阴险的突然袭击。①行为决意、直接着手、违法性和罪责都得以肯定，不过该罪相对于谋杀罪未遂退居次位，排除适用。 **12**

c)过失伤害罪，《德国刑法典》第229条（对D）

B对D涉嫌触犯《德国刑法典》第229条的规定，可能构成过失伤害罪。B必须对D的身体进行了乱待或者损害了D的健 **13**

---

① 对阴险（Hinterlist）的定义参见 *Fischer*, §224 Rn. 10. 不同于本分析的观点参见 *BGH NStZ* 1992, 490。

康。不过D立即把毒酒吐了出来，其健康没有受到损害。仅仅缺乏严重性的不舒服的味道不是对身体的乱待。因此过失伤害罪的构成要件未得以符合。

d)对B刑事可罚性的结论

14　　依据《德国刑法典》第211条、第212条第1款、第22条、第23条第1款的规定，B对C构成谋杀罪未遂。

2.A的刑事可罚性

a)谋杀罪未遂的共同正犯，《德国刑法典》第211条、第212条第1款、第22条、第23条第1款、第25条第2款

15　　A对C可能构成谋杀罪未遂的共同正犯。

aa)预先检验

16　　C还活着，所以行为没有既遂。依据《德国刑法典》第23条第1款第一种情形、第12条第1款的规定，谋杀罪未遂可罚。

bb)行为决意

17　　A必须具有行为决意，也就是以共同正犯的身份参与谋杀行为的故意。判例[1]认为正犯将犯罪作为自己的行为（主观说）；而主流观点[2]则认为正犯具有犯罪行为支配，即掌控着符合构成要件的事件进程，同时行为人的故意内容也涵括这种掌控。A不想将杀人行为作为自己的行为，而是交给B实施。正因如此，A不具有犯罪行为支配。此外共同正犯的前提还要求共同的犯罪行为计划，以及相应的分工，这些在本案中都不存在。

---

[1] BGHSt 37, 291.
[2] *Jescheck/Weigend*, AT, § 61 Ⅴ; MünchKomm/*Joecks*, § 25 Rn. 28; LK/*Schünemann*, § 25 Rn. 36.

cc) 结论

A 不构成谋杀罪未遂的共同正犯。 18

b) 谋杀罪未遂的教唆犯，《德国刑法典》第 211 条、第 212 条第 1 款、第 22 条、第 23 条第 1 款、第 26 条

A 涉嫌触犯《德国刑法典》第 211 条、第 212 条第 1 款、第 22 条、第 23 条第 1 款、第 26 条的规定，可能构成谋杀罪未遂的教唆犯。 19

aa) 客观构成要件

如上所述，B 的行为构成谋杀罪未遂，因此存在《德国刑法典》第 26 条要求的故意且违法的主行为。 20

教唆行为是指唆使（Bestimmen）他人实施犯罪。A 引起或者加重了 B 的行为决意，因此唆使 B 实施了主行为。客观构成要件得以符合。 21

bb) 主观构成要件

A 必须具有对主行为和教唆行为的故意。A 想让 B 杀掉 C，B 的打击错误对此没有影响，因为 A 和主行为人 B 的故意内容都是杀死 C。A 建议 B 以投毒的方式杀人，所以也存在对阴险行为方式的故意。由于 A 向 B 支付谋杀费用，所以他还知道 B 出于贪婪而杀人。同时，A 也故意唆使 B 去实施主行为。教唆的双重故意均已出现。 22

cc) 构成要件附件，《德国刑法典》第 28 条

贪婪和卑劣动机是主行为人所符合的谋杀要素，它们是《德国刑法典》第 14 条第 1 款意义上与行为人有关的人身性特别 23

要素。①对此原则上适用《德国刑法典》第28条，即共犯从属性中断事由。不过对于和行为人相关的谋杀要素应适用《德国刑法典》第28条第1款还是第2款，存有争议，这取决于《德国刑法典》第211条和第212条的关系。

24 　　依照判例观点，《德国刑法典》第211条和第212条是各自独立的关系，因此谋杀要素属于证立刑事可罚性的要素，应适用《德国刑法典》第28条第1款。②

25 　　相反，主流观点则认为谋杀罪是故意杀人罪的加重构成要件，所以谋杀要素是《德国刑法典》第28条第2款意义上的加重刑罚的要素。③据此只能将与行为人相关的谋杀要素归属于事实上符合该要素的人。在此A本人符合的谋杀要素可能是贪婪。A想让别人杀掉C，以便做一桩赚钱的生意，而且他想不惜任何代价地追逐利益，所以A符合贪婪要素。

26 　　不论适用《德国刑法典》第28条第1款还是第2款，A都因谋杀罪未遂的教唆犯而受处罚，所以观点争议可以搁置不议。

27 　　**提示**：另外，A无论如何都构成谋杀罪未遂的教唆犯，因为B的行为也是阴险的，而A对此具有故意。阴险是与行为相关的要素，不适用《德国刑法典》第28条。

dd) 违法性、罪责与中止

28 　　A的行为违法且有责。对A也不适用《德国刑法典》第24条第1款规定的免除刑罚的中止条款。

---

① BGHSt 22, 375; 23, 39; LK/*Roxin*, § 28 Rn. 47.
② BGHSt 22, 375; 23, 39; 50, 1.
③ LK/*Schünemann*, § 28 Rn. 31, 47 ff.; *Engländer*, JA 2004, 410.

ee) 结论

A构成谋杀罪未遂的教唆犯。

c) 危险伤害罪未遂的教唆犯,《德国刑法典》第223条第1款、第224条第1款和第2款、第22条、第23条第1款、第26条

依据《德国刑法典》第223条第1款,第224条第1款第1项和第5项、第2款,第22条,第23条第1款,第26条的规定,A还构成危险伤害罪未遂的教唆犯。不过该罪相对于谋杀罪未遂的教唆犯退居次位,排除适用。

d) 对A刑事可罚性的结论

依据《德国刑法典》第211条、第212条第1款、第22条、第23条第1款、第26条的规定,A构成谋杀罪未遂的教唆犯。

(二)第二组行为:斗殴

1. D的刑事可罚性

a) 伤害罪,《德国刑法典》第223条第1款(对C)

D重拳将C打倒在地,涉嫌触犯《德国刑法典》第223条第1款的规定,可能构成伤害罪。

aa) 客观构成要件

D必须对C进行了身体的乱待或者损害了其健康。乱待身体是指所有险恶、失当地给他人的身体安宁或身体完整性造成明显损害的行为。[①] C因受重击而倒在地上,这是险恶、失当的对待,因此符合乱待身体。

此外D可能损害了C的健康。损害健康是指引起或加剧他

---

① BGHSt 14, 269, 271.

人偏离于身体正常状态的病理状态。① 案情没有说明C是否因重击或倒地而受伤,所以不存在健康损害。

bb) 主观构成要件

35 D在行为时具有故意。

cc) 违法性

36 D的行为违法。因为不存在C对D的攻击,尤其是C没有在D的酒杯中下毒,所以D的行为不能依据《德国刑法典》第32条规定的正当防卫排除违法性。

dd) 罪责

37 D以为C想毒害他,由此可能陷入了容许构成要件错误。前提条件是如果D的事实设想"正确",行为就可排除违法性。这里值得考虑的违法阻却事由是《德国刑法典》第32条规定的正当防卫。正当防卫首先要求存在防卫情势,即现时的违法攻击。攻击是指通过人的行为对法律所保护的法益造成直接的威胁。② 本案中B弄混了C和D的啤酒杯,并在D的啤酒杯内加了毒药粉末,因此存在对D生命的攻击。由于该攻击不具有违法阻却事由,所以它是违法的。攻击的现时性是指攻击即将发生、已经开始或仍在持续。③ 毒杀行为在酒杯清空后就结束了,所以对D的攻击不具有现时性。即使存在D所设想的情况,其行为也不能排除违法性,所以这里不存在容许构成要件错误。

38 至于D误以为其行为是被容许的并由此出现容许错误,案情中并无相关线索。

---

① *Fischer*, § 223 Rn. 8.
② *Wessels/Beulke/Satzger*, AT, Rn. 325.
③ *BGH* NJW 1973, 255.

ee) 结论

D构成《德国刑法典》第223条第1款规定的伤害罪。依据《德国刑法典》第230条第1款第1句的规定,已经提起了必要的告诉。

b) 参与斗殴罪,《德国刑法典》第231条

D参加斗殴,涉嫌触犯《德国刑法典》第231条的规定,可能构成参与斗殴罪。

aa) 客观构成要件

必须存在斗殴,即至少有三人互相进行身体伤害。① 本案中C、D、B和E互相伤害,这是斗殴,D也参与其中。

《德国刑法典》第231条第2款规定的参与行为的不受谴责性是构成要件要素,还是仅仅排除违法性或者罪责,存在争议。② 因为D参与斗殴的行为是应受谴责的,毕竟是D引起的斗殴,所以该争议可以搁置不议。客观构成要件得以符合。

bb) 主观构成要件

D故意参与了斗殴。

cc) 客观处罚条件

斗殴必须导致他人死亡或者出现《德国刑法典》第226条规定的严重身体伤害。

提示:主流观点③认为,出现死亡或者重伤结果不是构成要件要素,而是客观处罚条件。故意不必指向该要件,所以在主观构成要件之后才检验这一点。

---

① BGHSt 15, 369.
② 对此参见 *Fischer*, § 231 Rn. 10。
③ BGHSt 33, 103; *Fischer*, § 231 Rn. 5附有进一步的明证。

46 这里要考虑《德国刑法典》第226条第1款第2项的规定，即某一重要肢体的不能再使用。E的中指丧失了活动能力，即不能再使用了。不过问题在于，中指是否属于《德国刑法典》第226条第1款第2项意义上的重要肢体。重要肢体是指所有展现在外部的身体部分，其在整个机体中发挥特别的功能。[①]

47 不过，依照什么标准来确定重要性，存有争议。一种观点[②]认为应该抽象和一般性地确定重要性，即以某个肢体对于每个人的一般意义作为决定标准。但是该观点完全忽视了受害者的身体状况，例如小拇指对大部分人来说重要性一般，但是对于已经失去无名指和中指的人而言就意义重大。另一种观点[③]主张以特定被害人的特性为基础，个别地确定重要性。现今的判例和部分文献采纳区分化的观点：原则上抽象并一般性地确定肢体的重要性，不过也应当考虑被害人在身体方面的特性，但不考虑个人的社会角色，如个人职业。[④]

48 一般而言左手的中指不是对整个机体具有特别重要性的肢体，因为其功能可以由其他手指分担。不过E具有身体方面的特殊性，他已经丧失了左手食指，还是个左撇子。对于E这样的人来说中指是重要的肢体。按照个别性的考察方式或者区分化的观点，此处存在重要肢体。

49 客观处罚条件得以满足。此外E的中指再也不能活动了，这也可能是《德国刑法典》第226条第1款第3项所称的残疾。

---

① RGSt 3, 392.
② RGSt 62, 161, 162; *Wessels/Hettinger*, BT 1, Rn. 289; NK/*Paeffgen*, § 226 Rn. 27.
③ Schönke/Schröder/*Stree/Sternberg-Lieben*, § 226 Rn. 2; *Lackner/Kühl*, § 226 Rn. 3.
④ BGHSt 51, 252, 255; *Fischer*, § 226 Rn. 7附有进一步的明证。

然而只有当整个身体受到损害时,才符合残疾要素。① 单单手指不能活动显然不是这种情况。

dd) 违法性与罪责

D的行为违法且有责。　　**50**

ee) 结论

D构成《德国刑法典》第231条规定的参与斗殴罪。　　**51**

c) 对D刑事可罚性的结论

依据《德国刑法典》第223条第1款、第231条、第53条的规定,D对C构成的伤害罪和参与斗殴罪成立犯罪复数(实质竞合,数罪并罚)。因为对C的伤害行为在D打中C后就结束了,接下来才发生了斗殴,因此存在两个独立的行为,从而成立犯罪复数。　　**52**

提示：也可以论说上述行为之间存在紧密的时空关联,属于自然的行为单数,从而成立犯罪单数。　　**53**

2. C的刑事可罚性

a) 严重伤害罪,《德国刑法典》第223条第1款、第226条第1款第2项（对E）

C伤害了E,涉嫌触犯《德国刑法典》第223条第1款、第226条第1款第2项的规定,可能构成严重伤害罪。　　**54**

aa) 危险伤害罪,《德国刑法典》第223条第1款、第224条第1款

C的重击导致E中指骨折,损害了E的健康,同时也是对其身体的乱待。C至少认可接受了对E造成的伤害,所以他具有附　　**55**

---

① Schönke/Schröder/*Stree/Sternberg-Lieben*, §226 Rn. 7.

条件的故意。啤酒杯就其客观属性及其具体的使用方式而言足以造成严重的身体伤害,所以属于《德国刑法典》第224条第1款第2项第二种情形意义上的危险工具。危险伤害罪的构成要件得以符合。

bb) 出现严重结果,《德国刑法典》第226条第1款第2项

56　　E身体某一重要肢体不再能使用,属于《德国刑法典》第226条第1款第2项意义上的严重结果。

cc) 构成要件特定的危险关联

57　　肢体损失直接源于伤害结果,因此可以肯定具有构成要件特定的关联。

dd) 过失

58　　依据《德国刑法典》第18条的规定,C必须对严重结果的出现至少具有过失。通说认为对于结果加重犯而言,注意义务之违反已经在评价基本构成要件的阶段得到了肯定,所以这里只需检验客观预见可能性。① 另有观点认为并不能从基本构成要件直接得出注意义务之违反,所以对此还需要单独进行检验。② 因为用酒杯重击的行为肯定违反了注意义务,所以观点争议可以搁置不议。此外,一个谨慎之人也能够预见,这样的打击可能导致中指骨折以致持续性丧失活动能力,因此同样可以肯定客观预见可能性。就严重结果而言,C具有过失。

ee) 违法性与罪责

59　　从案情中无法看出C直接受到E的攻击,因此其行为不能依据《德国刑法典》第32条的规定排除违法性,C的行为违法且

---

① BGHSt 24, 213; *BGH* NStZ 2001, 478; *Jescheck/Weigend*, AT, § 54 Ⅲ 2.
② *Wessels/Beulke/Satzger*, AT, Rn. 693; SK/*Rudolphi*, § 18 Rn. 3.

有责，尤其是其在主观上违反了注意义务并且这对他而言是可以预见的。

ff)结论

依据《德国刑法典》第223条第1款、第226条第1款第2项的规定，C构成严重伤害罪。

60

b)参与斗殴罪，《德国刑法典》第231条

同上述的D一样，C也构成《德国刑法典》第231条规定的参与斗殴罪。对C的分析同上文对D的阐述。不过因为C之前受到D的攻击，所以这里的问题在于是否可以谴责C参与斗殴的行为（《德国刑法典》第231条第2款）。然而D的攻击已经终了，C不再处于防卫情势之中，因此不能排除应受谴责性。①

61

c)对C刑事可罚性的结论与竞合

C构成《德国刑法典》第223条、第226条第1款第2项规定的严重伤害罪和第231条规定的参与斗殴罪，二者成立《德国刑法典》第52条规定的犯罪单数。此处《德国刑法典》第226条规定的严重伤害罪和第231条规定的参与斗殴罪是想象竞合关系，除非第231条规定的不法内涵完全被第226条所涵括，比如所有参与斗殴的人都是严重伤害罪的共同正犯。②本案不是这种情形。

62

3. B的刑事可罚性

a)伤害罪，《德国刑法典》第223条第1款

案情没有交代B是否对他人进行了身体的乱待或者损害健康，所以他不构成伤害罪。

63

---

① *Fischer*, § 231 Rn. 10 f.
② Schönke/Schröder/*Stree/Sternberg-Lieben*, § 231 Rn. 13.

b) 参与斗殴罪，《德国刑法典》第231条

64　　B的行为也可能构成《德国刑法典》第231条规定的参与斗殴罪，这里适用上文对D和C的阐述。不同之处在于，B在严重伤害结果出现之前就撤出了斗殴。但通说认为这并无影响。① 因为在严重结果出现之前就参与斗殴的人至少促使了斗殴的升级。此外，从对《德国刑法典》第231条的证明难度出发，也应得出这一结论，因为斗殴结束之后难以确定各参与者具体的参与时间。

65　　**提示**：对于出现严重结果之后才参与斗殴的行为人，因为他没有促使斗殴升级，所以其刑事可罚性存在争议。②

c) 对B刑事可罚性的结论

66　　B构成《德国刑法典》第231条规定的参与斗殴罪。

4. E的刑事可罚性

a) 参与斗殴罪，《德国刑法典》第231条

67　　E的行为也可能构成《德国刑法典》第231条规定的参与斗殴罪。虽然严重后果出现在E身上，不过这并不重要：该条罪名所处罚的是斗殴行为的危险性，所以受伤者也具有刑事可罚性。和攻击的情况不同，在斗殴中所有人都是行为人。③ 不过法院可以依据《德国刑法典》第60条的规定免除E刑罚。其他内容适用上文对D的阐述。

---

① BGHSt 16, 130; MünchKomm/*Hohmann*, § 231 Rn. 24; *Fischer*, § 231 Rn. 8附有进一步的明证。
② 对此参见 Schönke/Schröder/*Stree/Sternberg-Lieben*, § 231 Rn. 9。
③ RGSt 32, 37; Schönke/Schröder/*Stree/Sternberg-Lieben*, § 231 Rn. 4.

b) 对E刑事可罚性的结论

E构成《德国刑法典》第231条规定的参与斗殴罪。 **68**

5. X的刑事可罚性

a) 参与斗殴罪，《德国刑法典》第231条

X鼓动性叫喊的行为可能构成《德国刑法典》第231条规定 **69**
的参与斗殴罪。X没有殴打任何人，只是煽动了参与者C。问题
是这一点是否足以构成参与斗殴罪。主流观点认为，这里不需
要行为人积极的共同殴打行为，其他积极的参与方式都可满足，
例如鼓动性叫喊。①

但是，在X鼓动性叫喊时，斗殴尚未出现，可能排除X的 **70**
参与行为。在X呼喊前，只存在D和C二人之间的争执，在X
的影响下才发生了斗殴。这足以肯定X参与斗殴。②

其他内容适用上文的分析。X构成《德国刑法典》第231条 **71**
规定的参与斗殴罪。

b) 严重伤害罪的教唆犯，《德国刑法典》第223条第1款、
第226条第1款第2项、第26条

X也涉嫌构成C对E实施的严重伤害罪的教唆犯。如上所 **72**
述，存在故意且违法的主行为。X必须引起C伤害E的行为决
意，不过这一点是有疑问的，因为案情只说明了X鼓动C开始
斗殴。所以X不构成严重伤害罪的教唆犯。

c) 严重伤害罪的帮助犯，《德国刑法典》第223条第1款、
第226条第1款第2项、第27条

和上述教唆行为相似，也不确定在C重击E的手时X是否进 **73**

---

① BGHSt 15, 369; *Fischer*, § 231 Rn. 8.
② *Schönke/Schröder/Stree/Sternberg-Lieben*, § 231 Rn. 8.

行了鼓动。一种观点认为，帮助行为和主行为人的行为不需要存在因果关系，但是主行为人必须在行为时受到某种方式的帮助。案情也没有表明这一点，因此X同样不构成严重伤害罪的帮助犯。

d)对X刑事可罚性的结论

74 X构成《德国刑法典》第231条规定的参与斗殴罪。

（三）竞合与最终结论

75 依据《德国刑法典》第212条第1款、第211条、第22条、第23条第1款、第26条的规定，A构成谋杀罪未遂的教唆犯。

依据《德国刑法典》第212条第1款、第211条、第22条、第23条第1款、第231条第1款、第53条的规定，B构成谋杀罪未遂和参与斗殴罪，二者成立犯罪复数（实质竞合，数罪并罚）。

依据《德国刑法典》第223条第1款、第226条第1款第2项、第231条第1款、第52条的规定，C构成严重伤害罪和参与斗殴罪，二者成立犯罪单数（想象竞合，从一重处罚）。

依据《德国刑法典》第223条第1款、第231条第1款、第53条的规定，D构成伤害罪和参与斗殴罪，二者成立犯罪复数（实质竞合，数罪并罚）。

依据《德国刑法典》第231条的规定，E和X构成参与斗殴罪。

四、案例评价

本案涉及大量分析，需要合理地分配时间，集中精力分析案情中的重点问题。

第一组行为考查共同正犯和教唆犯的区别、谋杀罪的不同要素以及《德国刑法典》第28条的规定等常规性问题，学生应该熟悉这些问题。难点在于界定对人的错误和打击错误，学生应该识别该问题，并通过合理论证得出自己的结论。

第二组行为涉及《德国刑法典》第231条规定的参与斗殴罪。因为需要检验多人的参与行为，所以只需详细分析第231条的内容一次即可。由于时间关系，建议学生在检验其他参与者的刑事可罚性时参考对第一个参与者的分析内容，这样只需要再对他们各自的特殊性进行分析即可。关于《德国刑法典》第231条，本案则主要涉及常规性问题，学生必须能够识别这些问题，并根据判例和学说所持的不同观点进行解答。

第二组行为的另一重点问题在于中指是否属于重要肢体。案情比较详细地提到了E是左撇子而且失去了食指，所以仔细阅读案情就能发现这一问题。

总体而言，本案主要涉及常规问题，难度不算太高。困难主要在于合理分配时间和正确确定重点。

其他延伸阅读: BGHSt 51, 252 (= *BGH* NJW 2007, 1988–1989 (Tatbestandsmerknal der „Wichtigkeit" eines Körperglieds)); *Engländer*, Die Teilnahme an Mord und Todschlag, JA 2004, 410–413; *Geppert*, Die Akzessorietät der Teilnahme (§ 28 StGB)und die Mordmerkmale, Jura 2008, 34–40; *Jesse*, Beruf des Opfers und Wichtigkeit eines Körpergliedes in § 226 StGB, NStZ 2008, 605–608; *Kühl*, „Wer einen Menschen tötet". Der objektive Tatbestand des Totschlags gemäß § 212 StGB, JA 2009, 321–327; *Lubig*, Die Auswirkungen von Personenverwechslungen auf übrige Tatbeteiligte.Zur Abgrenzung von Motiv- und Tatbestandsirrtümern, Jura 2006, 655–660; *Otto*, „Besondere persönliche Merkmale" im Sinne des § 28 StGB, Jura 2004, 469–474; *Rönnau/Faust/Fehling*, Durchblick: Der Irrtum und seine Rechtsfolgen, JuS 2004, 667–674; *Satzger*, Die objektive Bedingung der Strafbarkeit, Jura 2006, 108–113.

案例7：占卜者

关键词：诈骗罪；就事实进行欺骗；抢劫罪；严重抢劫性盗窃罪；危险伤害罪；伤害致死罪

难　度：中等

一、案情

A是集市上的占卜者。她端坐在华丽的帐篷中，在广告上声称自己是古往今来最伟大的占星家并且受过诺斯特拉达姆士（Nostradamus）的亲传。智力水平一般的B对此大为赞叹，请求测一测个人运势。A同意了，不过要求得到100欧元的报酬，这是她正常价格的十倍之多。B立即就给了她钱，与此同时，A告诉B，自己会为这个可爱的年轻人尽心效劳，可以通过一种极为昂贵的特殊方法改变B星象并由此带来好运，为此B还须一次性支付300欧元。尽管有所怀疑，B还是给了A这么多钱，并且约好第二天A为B占卜并改变星象。A把钱放进了空钱匣里。

第二天早上B满怀期待地来找A时，A竟然说从未见过B，这让B非常惊讶。B要求拿回自己的钱，这时A笑了，还让B尽快消失。B受过拳击训练，重拳将A打倒在地，导致A昏迷不醒。然后B拿起了——他在进入帐篷时就注意到的——壁架中打开着的钱匣。他刚要离开帐篷时，看见C走过来了。为了不被发现，他藏在帐篷门后面，并使尽全力将这个重约500克的木质钱匣砸到C头上。C遭遇如此不幸，没过多久就死了。

试问A、B的刑事可罚性？

二、分析提纲

（一）A 的刑事可罚性 ·· 1

1. 诈骗罪，《德国刑法典》第263条第1款（对100欧元）···· 1
   a) 客观构成要件 ·· 2
      aa) 就事实进行欺骗 ······································ 2
         ① 影响认识 ·· 3
         ② 作为欺骗内容的事实陈述 ······················ 4
            (a) 最伟大的占星家 ································ 5
            (b) 受诺斯特拉达姆士的亲传 ················ 6
            (c) 准确地通过星象预测运势 ················ 7
      bb) 错误认识 ·· 9
      cc) 财产处分 ·· 10
      dd) 财产损失 ·· 11
   b) 主观构成要件 ·· 12
      aa) 故意 ·· 12
      bb) 获利目的 ·· 13

   问题：A 对报酬有（民法上）的请求权吗？

   c) 违法性与罪责 ·· 15
   d) 结论 ·· 16

2. 诈骗罪，《德国刑法典》第263条第1款（对300欧元）··· 17
   a) 客观构成要件 ·· 19
   b) 主观构成要件 ·· 21
   c) 违法性与罪责 ·· 22

  d) 结论 ································· 23

（二）B 的刑事可罚性 ························· 24

 1. 危险伤害罪，《德国刑法典》第223条、第224条
  第1款（对A）··························· 24
  a) 客观构成要件 ························ 25
  b) 主观构成要件 ························ 27
  c) 违法性 ····························· 28
  d) 罪责 ······························· 29
  e) 结论 ······························· 30

 2. 抢劫罪，《德国刑法典》第249条第1款（对钱匣和
  400欧元）······························ 31
  a) 客观构成要件 ························ 32

问题：谁是400欧元的所有权人？
  b) 主观构成要件 ························ 37
   aa) 故意 ··························· 37
   bb) 违法据为己有的目的 ············· 38
  c) 违法性与罪责 ························ 39
  d) 结论 ······························· 40

 3. 严重抢劫罪，《德国刑法典》第250条第1款和第2款 ··· 41
  a) 客观构成要件 ························ 42
   aa) 严重健康损害的危险，《德国刑法典》第250
    条第1款第1项c ···················· 42
   bb) 严重乱待身体，《德国刑法典》第250条第2
    款第3项a ························· 43

cc)死亡的危险,《德国刑法典》第250条第2款
　　　　　第3项b……………………………………………… 44
　　b)结论……………………………………………………… 45
4. 强制罪,《德国刑法典》第240条 …………………………… 46
5. 故意杀人罪,《德国刑法典》第212条第1款（对C）…… 49
　　a)客观构成要件 ………………………………………… 50
　　b)主观构成要件 ………………………………………… 51
　　c)结论……………………………………………………… 52
6. 危险伤害罪,《德国刑法典》第223条、第224条第
　 1款（对C）………………………………………………… 53
　　a)基本构成要件的客观构成要件,《德国刑法典》
　　　 第223条第1款 ……………………………………… 54
　　b)加重构成要件的客观构成要件,《德国刑法典》
　　　 第224条第1款 ……………………………………… 55
　　　aa)第2项第二种情形：危险工具 ………………… 55
　　　bb)第3项：阴险的突然袭击 ……………………… 56
　　　cc)第5项：以危害生命的方式伤害他人 ………… 57
　　c)主观构成要件 ………………………………………… 58
　　d)违法性与罪责 ………………………………………… 59
　　e)结论……………………………………………………… 60
7. 伤害致死罪,《德国刑法典》第227条第1款（对C）…… 61
　　a)基本构成要件 ………………………………………… 62
　　b)出现严重结果 ………………………………………… 63
　　c)特定的危险关联 ……………………………………… 64
　　d)至少具有过失,《德国刑法典》第18条 …………… 65

  e) 结论 ································ 66
8. 过失杀人罪,《德国刑法典》第222条（对C）······ 67
9. 抢劫性盗窃罪,《德国刑法典》第252条 ········· 68
  a) 客观构成要件 ························ 69
  b) 主观构成要件 ························ 72
  c) 违法性与罪责 ························ 73
  d) 结论 ································ 74
10. 严重抢劫性盗窃罪,《德国刑法典》第252条、第
  250条第1款和第2款 ···················· 75
  a) 基本构成要件 ························ 76
  b)《德国刑法典》第250条第1款第1项a ······ 77
问题：工具何时是"危险的"？
  c)《德国刑法典》第250条第1款第1项b ······ 81
  d)《德国刑法典》第250条第1款第1项c ······ 82
  e)《德国刑法典》第250条第2款第1项 ······· 83
  f)《德国刑法典》第250条第2款第3项a ······ 84
  g)《德国刑法典》第250条第2款第3项b ······ 85
  h) 结论 ································ 86
11. 抢劫性盗窃致死罪,《德国刑法典》第252条、第
  251条（对C）·························· 87
  a) 基本构成要件,《德国刑法典》第252条 ····· 88
  b) 严重结果（《德国刑法典》第251条）、因果关系
   和特定的危险关联······················ 89
  c) 至少存在轻率 ························ 90
  d) 结论 ································ 91

案例7：占卜者 145

12.侵犯居住安宁罪,《德国刑法典》第123条第1款 …… 92

　（三）最终结论与竞合 ………………………………… 93

三、案情分析

（一）A 的刑事可罚性

　　1.诈骗罪,《德国刑法典》第263条第1款（对100欧元）

1　　A为B提供占卜并且收取100欧元,涉嫌触犯《德国刑典》第263条第1款的规定,可能构成诈骗罪。①

　　a)客观构成要件

　　aa)就事实进行欺骗

2　　首先A必须对B进行了有关事实的欺骗。

　　①影响认识

3　　欺骗是指影响他人的智力认识,以便造成他人对事实的错误认识。②本案中的欺骗行为是虚构事实。A自称当代最伟大的占星家,受过诺斯特拉达姆士的亲传,并且能够准确地预测运势,这些都影响了B的认识。

　　②作为欺骗内容的事实陈述

4　　欺骗行为必须针对事实。事实是指现在或者过去的能加以证明的事件或者状态。③

---

① 有关前提条件参见 *Kindhäuser/Nikolaus,* JuS 2006, 193 ff.
② 参见 *Fischer,* § 263 Rn. 14。
③ *Wessels/Hillenkamp,* BT 2, Rn. 493.

(a) 最伟大的占星家

"古往今来最伟大的占星家"这个说法可能是事实陈述,前提是能够提出证据证明作为占星家的A的重要性。这一点相当困难,不可能确定可操作的标准。因此这种陈述不具备事实内核,它仅仅是市场促销性的广告。

(b) 受诺斯特拉达姆士的亲传

诺斯特拉达姆士是历史人物,受其亲传是可以被证明的事实。诺斯特拉达姆士逝于1566年,所以除非假设A异乎常人的长寿,也可以排除她曾师从诺斯特拉达姆士。这一事实陈述是虚假的。

(c) 准确地通过星象预测运势

A宣称可以准确地预测个人运势,这是关于当前事实的陈述。根据科学知识和常识可知这种陈述是虚假的,因为这种预言是不可能的。

在纸牌占卜、看手相和类似活动中,通常会商定很低的酬金,一般认为,此时占卜者和顾客都不认为会提供超自然的服务[①],更多地类似于集市的娱乐活动,就像魔术表演一样。但是本案中商定了较高的报酬(100欧元),况且B的智力水平一般,相信了A的超自然能力,不然A不会要这么多钱。这里存在就事实进行的欺骗。

bb) 错误认识

A必须通过欺瞒事实造成B的错误认识。错误认识是指所有偏离事实的认识。B智力水平一般,很容易轻信别人,所以才相

[①] *LG Mannheim* NJW 1993, 1488 f.; 也可参见RGSt 33, 322。

信A受过诺斯特拉达姆士的亲传,可以从他的星象中准确预测未来运势甚至改变星象。这些认识与真相不符,所以B存在错误认识,而引起这一错误认识的原因就是A的欺骗行为。

cc) 财产处分

10　　B必须基于该错误认识作出财产处分。财产处分是指所有直接导致财产减损的作为、容忍或者不作为。① B交出了100欧元,这直接影响了他的财产。如果A不宣称可以创造相应的超自然效果,那么B就不会产生错误认识并作出相应的财产处分,所以也存在因果关系。

dd) 财产损失

11　　B必须通过处分行为遭受了财产损失。当对处分前后的财产状况进行比较得出不利的财产差额,而该差额从经济上不能由财产处分行为所直接产生的等价物完全补偿时,就出现了财产损失。② B在支付100欧元之后,其财产减少了。虽然对这一数额而言,B基于不当得利和侵权行为对A具有民事上的请求权,但请求权的实现伴随着困难和不确定性。因此这里至少存在对财产的具体危险,可以被视为财产损失。

b) 主观构成要件

aa) 故意

12　　A具有对所有客观构成要件要素的故意(《德国刑法典》第15条)。

bb) 获利目的

13　　A必须具有使自己或者第三人违法且素材同一地(stoffgleich)

---

① BGHSt 14, 170, 171.
② BGHSt 16, 220.

获利的目的。100欧元的财产利益归A所有,这直接导致了B的损失,因此在财产损失和获利之间存在素材同一性(Stoffgleichheit)。当行为人对某一财产利益不具有相应的可以实现的请求权时,获得该财产利益就是违法的。① 关于运势的合同涉及为无用的给付支付高额酬金,所以依据《德国民法典》第138条的规定可以是无效的。相反,如果适用《德国民法典》第123条第1款的规定,认为该合同仅仅是可撤销的,那么当A给付不能时,依据《德国民法典》第326条第1款第1句、第275条第1款的规定,她也同样没有针对对待给付的履行请求权。A没有任何相应的请求权,所以财产利益是违法的。对于财产利益的素材同一性和违法性来说,A也具有故意。

提示:这里必须鉴定民事合同的效力,不过只需笼统地提及,没有必要在刑法考试中详细阐释债法问题。 **14**

c) 违法性与罪责
A的行为违法且有责。 **15**

d) 结论
依据《德国刑法典》第263条第1款的规定,A构成诈骗罪。 **16**

2. 诈骗罪,《德国刑法典》第263条第1款(对300欧元)
A接受了300欧元,涉嫌触犯《德国刑法典》第263条第1款的规定,可能构成诈骗罪。 **17**

提示:也可以合并检验针对100欧元和300欧元的诈骗行为 **18**

---

① BGHSt 20, 136, 137.

的刑事可罚性，不过因为300欧元针对另外的给付，也就是说可能出现了新的行为情状，所以分别检验更为可取。

a) 客观构成要件

19　A说可以通过影响星象带来好的运势，这是关于当前事实的陈述。但是影响星象是不可能的，所以这个陈述是虚假的。此外该陈述涉及重大的对待给付（300欧元），因此它也不是大家通常接受的杂耍娱乐。另外还可能存在默示欺骗，即A在收钱时给B造成第二天会如约为B占卜星象的假象，但其实她一开始就不想履行这个给付允诺。A就其履约能力和履约意愿欺骗了B。

20　A的陈述使B产生了错误认识，即他以为A真的能影响星象并帮他转运。这一错误认识促使B向A支付了300欧元，是财产处分的原因。由于财产处分行为，B也遭受了财产损失（详见上文）。

b) 主观构成要件

21　A具有对所有客观构成要件要素的故意，她也具有使自己违法且素材同一地获利的目的。

c) 违法性与罪责

22　A的行为违法且有责。

d) 结论

23　就300欧元而言，A也构成《德国刑法典》第263条第1款规定的诈骗罪。

（二）B的刑事可罚性

1. 危险伤害罪，《德国刑法典》第223条、第224条第1款（对A）

24　B将A打倒在地，涉嫌触犯《德国刑法典》第223条、第

224条第1款第5项的规定，可能构成危险伤害罪。

a) 客观构成要件

B必须对A进行了身体的乱待或者损害了其健康。乱待身体（《德国刑法典》第223条第1款第一种情形）是指所有险恶、失当地给他人的身体安宁或身体完整性造成明显损害的行为。① 重击行为严重损害了A的身体安宁。健康损害（《德国刑法典》第223条第1款第二种情形）是指引起他人偏离于身体正常状态的病理状态。② 昏迷属于这种病理状态，因此B对A进行了身体的乱待，还损害了她的健康。

25

B也可能实现了《德国刑法典》第224条第1款规定的加重构成要件，构成危险伤害罪。主流观点认为，即使行为人以危险方式利用其身体某部分，该身体部分也不是危险工具（第224条第1款第2项第二种情形）。③ 虽然在某些场合利用身体部分完全具有高危险性（例如拳击手），但是通说认为这种解释超出了法条的字面含义。④ 不过B的伤害行为可能属于以危害生命的方式伤害他人（第224条第1款第5项）。对此主流观点认为不需要出现具体的生命危险，只需抽象地判断行为足以危害生命即可。⑤ 本案中并没有出现具体的生命危险，不过A在如此重击之下直接倒地失去知觉，这样的打击很可能造成危及生命的后果，所以B是以危害生命的方式伤害他人。

26

---

① *Wessels/Hettinger*, BT 1, Rn. 255.
② *Wessels/Hettinger*, BT 1, Rn. 257.
③ *Lackner/Kühl*, § 224 Rn. 3; Schönke/Schröder/*Stree/Sternberg-Lieben*, § 224 Rn. 3; MünchKomm/*Hardtung*, § 224 Rn. 14; *Rengier*, BT Ⅱ, § 14 Rn. 36.
④ 也可以通过相应的论证主张对立观点，参见 *Hilgendorf*, ZStW 112 (2000), 811, 822 ff.
⑤ BGHSt 36, 1, 9; *Rengier*, BT Ⅱ, § 14 Rn. 50 f.

b) 主观构成要件

27　　B具有乱待身体和损害健康的故意。对于《德国刑法典》第224条第1款第5项以危害生命的方式伤害他人而言，行为人只需认识到其行为可以危及生命的情状即可。本案中B知道其殴打的力度，所以在行为时具有故意。

c) 违法性

28　　不存在允许诈骗行为的被害人进行暴力性报复的违法阻却事由，尤其是因缺少现时的攻击而不成立《德国刑法典》第32条规定的正当防卫，所以B的行为违法。

d) 罪责

29　　B的行为有责。

e) 结论

30　　依据《德国刑法典》第224条第1款第5项的规定，B构成危险伤害罪。《德国刑法典》第223条第1款的规定在此退居次位，排除适用。

2. 抢劫罪，《德国刑法典》第249条第1款（对钱匣和400欧元）

31　　B打倒A并且拿到钱匣，涉嫌触犯《德国刑法典》第249条第1款的规定，可能构成抢劫罪。

a) 客观构成要件

32　　B可能通过使用暴力拿走了他人动产。使用暴力一定是针对他人身体施以强迫性力量，以压制事实上发生的或者预期的反抗。[①] B把A打倒在地，就是对他人身体施以强迫性力量，压制

[①] *Fischer*, § 249 Rn. 4 a.

住了A为了不让其拿走钱匣而可能实施的反抗。

他人动产是指既非行为人单独所有又非无主的财物。[1]钱匣本身以及其中除了B所支付的400欧元以外可能存在的其他东西都是A的财物。问题在于B所支付的这400欧元的所有权归属。根据无因性原则（Abstraktionsprinzip），即使负担行为无效，《德国民法典》第929条规定的物权转移行为原则上也仍有效。但是就《德国民法典》第123条规定的恶意欺诈情形而言，一般来说负担行为瑕疵的效果也及于处分行为（瑕疵同一性）。B要求A返还他的钱，就表示他不想再维持合同，由此依据《德国民法典》第142条第1款关于撤销的规定，撤销后B的物权转移的意思表示和物权转移行为自始无效。刑法上并不适用这种回溯既往的拟制[2]，不过撤销至少即时生效，所以不存在基于法律行为的所有权转移，至少在B拿走这400欧元时它们不是他人财物。

33

提示：这里通过论证也可以主张另一种观点，理由是撤销的意思表示必须始终以提出撤销事由为前提，而B在要求返还的时候没有提到撤销事由，所以对B来说400欧元仍属他人。

34

拿走是指破坏他人的占有并且建立新的、不一定是行为人本人的占有。[3]占有是指鉴于交往观念由自然的支配意志驱使的对物的事实支配。[4]A对于其帐篷内的钱匣具有支配地位。B违背A的意志取得该钱匣，就打破了A的支配并建立了自己的支配。

35

---

① *Wessels/Hillenkamp*, BT 2, Rn. 74.
② *Rengier*, BT Ⅰ, § 2 Rn. 8; *Wessels/Hillenkamp*, BT 2, Rn. 81.
③ *Wessels/Hillenkamp*, BT 2, Rn. 82.
④ *Wessels/Hillenkamp*, BT 2, Rn. 82.

36 使用暴力的目的必须是拿走财物。B将A打倒在地，正是为了得到现金和钱匣，这里存在目的性关联。

b) 主观构成要件

aa) 故意

37 B明知钱匣是他人的。在拿走钱匣和对他人实施暴力方面，B具有《德国刑法典》第15条意义上的故意。

bb) 违法据为己有的目的

38 B想像所有权人那样占有该物并且在事实上排除A的所有权人地位，而他对钱匣不享有请求权，所以有违法据为己有的目的。

c) 违法性与罪责

39 B的行为违法且有责。

d) 结论

40 B构成《德国刑法典》第249条第1款规定的抢劫罪。

3. 严重抢劫罪，《德国刑法典》第250条第1款和第2款

41 B涉嫌触犯《德国刑法典》第250条第1款第1项c和第2款第3项a、b的规定，可能构成严重抢劫罪。

a) 客观构成要件

aa) 严重健康损害的危险，《德国刑法典》第250条第1款第1项c

42 B可能对A造成了严重健康损害的危险。该危险不一定涉及《德国刑法典》第226条第1款意义上的严重伤害，而是涉及具有类似严重程度的健康损害[①]，例如常年严重的疾病或者丧失劳

---

① *Lackner/Kühl*, § 250 Rn. 3; *Wessels/Hillenkamp*, BT 2, Rn. 377.

动能力。① 必须出现具体的危险，本案中在 A 身上看不出这种危险。昏迷形式的健康损害只是暂时性的。

bb) 严重乱待身体，《德国刑法典》第 250 条第 2 款第 3 项 a

严重乱待身体指的是故意造成《德国刑法典》第 250 条第 1 款第 1 项 c 意义上的严重健康损害，或者通过特别严重的乱待行为严重损害了身体完整性。② 如上所述，在 A 身上没有出现严重健康损害的具体危险。仅仅重击并不意味着严重损害身体完整性的特别严重的乱待行为。

43

cc) 死亡的危险，《德国刑法典》第 250 条第 2 款第 3 项 b

在 A 身上也没有出现具体的生命危险。

44

b) 结论

B 不构成《德国刑法典》第 250 条第 1 款和第 2 款规定的严重抢劫罪。

45

4. 强制罪，《德国刑法典》第 240 条

B 强迫 A 容忍其拿走钱匣与钱，涉嫌触犯《德国刑法典》第 240 条的规定，可能构成强制罪。B 对他人身体实施了强迫，即实施了暴力。

46

依据《德国刑法典》第 240 条第 2 款的规定，必须从使用的手段、目的或者二者的关系中得出 B 的行为具有应受谴责性，才能肯定其行为是违法的。B 为了重新拥有那些钱，实施了危险伤害行为并使用了抢劫手段，而且本案中也不存在违法阻却事由，所以 B 的行为违法。

47

B 的行为也有责，其行为构成《德国刑法典》第 240 条规定

48

---

① *Schroth*, NJW 1998, 2861, 2865.
② *Wessels/Hillenkamp*, BT 2, Rn. 385.

的强制罪。

5. 故意杀人罪，《德国刑法典》第212条第1款（对C）

49　　B对C的行为可能构成《德国刑法典》第212条第1款规定的故意杀人罪。

a) 客观构成要件

50　　B引起了他人死亡的结果，即C的死亡，这符合《德国刑法典》第212条第1款规定的客观构成要件。

b) 主观构成要件

51　　B也必须具有《德国刑法典》第15条意义上的故意。B没有在蓄意或者明知的情况下造成C的死亡，所以这里只可能存在间接故意。不过需要注意，杀人情形要求突破特别高的心理门槛（Hemmschwelle）。① 鉴于案情中缺乏表明B认可接受了他人死亡的其他线索，应当认为B在行为时不具有故意。

c) 结论

52　　B不构成《德国刑法典》第212条第1款规定的故意杀人罪。

6. 危险伤害罪，《德国刑法典》第223条、第224条第1款（对C）

53　　B用钱匣砸倒了C，涉嫌触犯《德国刑法典》第223条、第224条第1款第2项和第5项的规定，可能构成危险伤害罪。

a) 基本构成要件的客观构成要件，《德国刑法典》第223条第1款

54　　B用钱匣重击C，是对C身体的乱待，并且损害了其健康。

---

① BGHSt 36, 1, 5.

b) 加重构成要件的客观构成要件,《德国刑法典》第224条第1款

aa) 第2项第二种情形:危险工具

危险工具是指就其客观属性及其具体的使用方式而言能够造成严重身体伤害的可移动的物体。[①] 钱匣重500克,由硬质材料制成,而且被用作攻击头部的工具。这些都表明它足以造成重伤,C被它重击致死也证明了这一点。

bb) 第3项:阴险的突然袭击

阴险的突然袭击要求行为人有计划地掩饰其伤害意图,从而使被害人难以进行防卫。本案中B仅仅利用了有利情况,从后面攻击C。这不足以表明B是有计划地掩饰伤害意图。[②]

cc) 第5项:以危害生命的方式伤害他人

C因头部遭受重击而死亡。所以抽象地看来,B的行为无论如何都足以危害生命。

c) 主观构成要件

B具有乱待身体和损害健康的故意,还认知且意欲地将钱匣用作危险工具。B对行为情状存在认识并使用重物击打C的头部,这表明他就自己行为对他人生命的危险性也存在认识。因此B在行为时具有故意。

d) 违法性与罪责

B的行为违法且有责。

e) 结论

依据《德国刑法典》第224条第1款第2项和第5项的规定,

[①] BGHSt 3, 109.
[②] 参见 *Rengier*, BT Ⅱ, §14 Rn. 44。

B构成危险伤害罪。

7. 伤害致死罪,《德国刑法典》第227条第1款（对C）

61　　B对C的行为涉嫌触犯《德国刑法典》第227条第1款的规定，可能构成伤害致死罪。

a) 基本构成要件

62　　B故意对C实施了身体伤害，并且构成《德国刑法典》第224条第1款第2项和第5项规定的严重伤害罪。

b) 出现严重结果

63　　《德国刑法典》第227条规定的严重结果——C的死亡——已然出现。案情表明C在遭受钱匣重击之后没过多久就死亡了，该重击行为也是出现严重结果的原因。

c) 特定的危险关联

64　　基本构成要件的特定危险性必须在严重结果中得以实现。用重物击打头部的行为通常足以造成致命伤害，C的死亡直接源于该伤害，所以基本构成要件的典型危险就转化为了死亡结果。因此可以肯定特定的危险关联。

d) 至少具有过失，《德国刑法典》第18条

65　　依据《德国刑法典》第18条的规定，B对严重结果的出现至少因具有过失而应受谴责。行为人在可预见和可避免结果的情况下忽视了日常交往中必要的注意，就具有过失。[①] C的死亡是在重击头部时可预见和可避免的结果，B仍然实施了这一行为，就违反了注意义务，所以具有过失。

---

① BGHSt 49, 1; 参见 *Neubacher*, Jura 2005, 857。

e) 结论

B 构成《德国刑法典》第 227 条第 1 款规定的伤害致死罪。 **66**

8. 过失杀人罪，《德国刑法典》第 222 条（对 C）

B 同样构成《德国刑法典》第 222 条规定的过失杀人罪，该罪和《德国刑法典》第 227 条第 1 款规定的伤害致死罪构成法条竞合，后者属于特别法条，所以不适用过失杀人罪的规定。 **67**

9. 抢劫性盗窃罪，《德国刑法典》第 252 条

B 重击 C 的头部，涉嫌触犯《德国刑法典》第 252 条的规定，可能构成抢劫性盗窃罪。 **68**

a) 客观构成要件

B 夺走 A 的钱匣构成《德国刑法典》第 249 条第 1 款规定的抢劫罪，其中涵括了《德国刑法典》第 242 条第 1 款规定的盗窃行为，所以这里存在《德国刑法典》第 252 条意义上适格的事前行为。 **69**

B 还没有安全地占有钱匣，所以抢劫行为虽既遂，但没有终了，因此行为具有当场性。被人发现是指，行为人在和行为地紧密相连的空间内，一经完成行为立即被人发觉或者感觉自己被人发觉。[①] 行为人虽然事实上还未被人发现，但是当他快速猛力的击打行为导致其不可避免地被人直接发现时，也视为被人发现。[②] 所以 B 当场被人发现。 **70**

B 重击 C 的头部，意味着对他人实施暴力。 **71**

b) 主观构成要件

B 对所有客观构成要件要素具有故意。B 的行为必须是为了 **72**

[①] *Fischer*, § 252 Rn. 6.
[②] BGHSt 26, 96; 其他观点参见 *Wessels/Hillenkamp*, BT 2, Rn. 398。

保持占有所窃之物。B不想被认出来，因为这会让他失去钱匣。由此B的行为是为了保持占有抢劫到的钱匣。

c)违法性与罪责

73 B的行为违法且有责。

d)结论

74 B构成《德国刑法典》第252条规定的抢劫性盗窃罪。

10. 严重抢劫性盗窃罪，《德国刑法典》第252条、第250条第1款和第2款

75 B涉嫌触犯《德国刑法典》第252条，第250条第1款第1项a、c和第2款第3项a、b的规定，可能构成严重抢劫性盗窃罪。

a)基本构成要件

76 依据《德国刑法典》第252条的规定，行为人B以抢劫罪论处，所以《德国刑法典》第250条、第251条规定的加重构成要件同样适用。B使用暴力拿走了A的钱匣，构成作为基本构成要件的《德国刑法典》第249条规定的抢劫罪。

b)《德国刑法典》第250条第1款第1项a

77 B可能在实施行为时携带了危险工具，即钱匣。问题是确定危险性需要依据哪些条件。

78 一些观点主张纯粹客观地确定工具的危险性，例如要求工具具有"客观的武器类似性"[①]或者能被当作武器使用的功能。钱匣从客观上来看与武器并不类似，在困境当中通常也不会被当作武器使用，所以依照这种观点，钱匣就不是危险工具。在客观理论内部也有观点认为，因为可以当作工具的物体范围极

---

① Schönke/Schröder/*Eser*/*Bosch*, § 244 Rn. 5; 也可参见 BGH NJW 2002, 2889; NJW 2008, 2861.

广，所以不能单纯客观地认定工具的危险性，还应该考虑具体情况，例如应否定社会通用物的危险性。① 依照该观点，当随身携带工具会造成能够以危险方式针对他人使用的表象时，该工具就具有危险性。② 随身携带钱匣不会造成针对他人使用的表象，所以依照这种观点钱匣不是危险工具。

另一些观点认为，如果行为人内心保留必要时对某工具以危险方式进行使用的想法，那么该工具就具有危险性。③ B在拿走钱匣时，并未有意识保留必要时使用钱匣作为武器的替代物。不过最晚在B使用钱匣之前，他的故意内容直接涵括了使用该钱匣伤人。然而反对这种观点的意见认为，该观点没有考量危险工具的客观属性，而且也难以符合法条的字面含义，显然只有《德国刑法典》第250条第1款第1项b规定了保留使用的携带。仅仅随身携带，并不能得出这里所需要的使用故意。 **79**

因此B没有携带危险工具，对这一点无须继续展开讨论。 **80**

c)《德国刑法典》第250条第1款第1项b

B携带钱匣不是为了防止或者压制他人的反抗，而是想占有里面的钱。由于欠缺保留为特定目的的使用，所以不构成《德国刑法典》第250条第1款第1项b规定的加重犯。 **81**

d)《德国刑法典》第250条第1款第1项c

C死亡，所以存在具体的生命危险和健康遭受严重损害的具体危险，后者直接体现为死亡结果。 **82**

---

① 例如随身携带的铅笔或者打火机。
② *Rengier*, BT Ⅰ, § 4 Rn. 25.
③ *Wessels/Hillenkamp*, BT 2, Rn. 274 f., 371.

e)《德国刑法典》第250条第2款第1项

83 原则上这一项规定的危险工具和第250条第1款第1项a的规定一致,所以B没有使用危险工具。

f)《德国刑法典》第250条第2款第3项a

84 B用重物击打C的头部,这是严重的乱待,严重损害了C的身体完整性,甚至导致其死亡。因此B对C进行了严重的身体乱待。

g)《德国刑法典》第250条第2款第3项b

85 C已经死亡,所以已经存在具体的死亡危险。

h)结论

86 《德国刑法典》第250条第2款第3项b的规定排斥了第250条第1款第1项c的规定,所以依据《德国刑法典》第250条第2款第3项a、b的规定,B构成严重抢劫性盗窃罪。

11.抢劫性盗窃致死罪,《德国刑法典》第252条、第251条(对C)

87 B涉嫌触犯《德国刑法典》第252条、第251条的规定,可能构成抢劫性盗窃致死罪。①

a)基本构成要件,《德国刑法典》第252条

88 B故意实施了《德国刑法典》第252条规定的抢劫性盗窃罪。

b)严重结果(《德国刑法典》第251条)、因果关系和特定的危险关联

89 出现了他人死亡的严重结果,死亡的原因是使用暴力,并且使用抢劫手段所体现的特定危险也通过击打头部而转化为死

---

① 构造参见 *Rengier*, BT Ⅰ, §9 Rn. 1 f.

亡结果。

c) 至少存在轻率

和《德国刑法典》第18条的规定不同，《德国刑法典》第251条的规定要求至少存在轻率（Leichtfertigkeit）。轻率和民法中的重大过失类似，是指严重违反注意义务。①并非所有人都能直接看出，用钱匣打人会导致死亡。钱匣依其属性也并非特别危险的物体。所以对注意义务的违反没有达到轻率的程度。

d) 结论

B不构成《德国刑法典》第251条规定的抢劫性盗窃致死罪。

12. 侵犯居住安宁罪，《德国刑法典》第123条第1款

帐篷是A的经营场所。B刚开始进入帐篷时得到了A的一般性同意，所以B没有非法侵入帐篷。当A要求B离开时，B仍然留在里面，而且故意停留，所以B的行为违法且有责。依据《德国刑法典》第123条第1款的规定，B构成侵犯居住安宁罪。依据该条第2款的规定，该罪告诉才处理。

（三）最终结论与竞合

依据《德国刑法典》第263条第1款、第53条的规定，A的行为构成两起诈骗罪，成立犯罪复数（实质竞合，数罪并罚）。

依据《德国刑法典》第224条第1款第5项，第227条，第252条，第250条第2款第3项a、b，第52条，第53条的规定对B进行处罚。其中第227条规定的伤害致死罪与第252条和第250条第2款第3项a、b规定的严重抢劫性盗窃罪成立犯罪单数（想

---

① *Lackner/Kühl*, § 251 Rn. 2.

象竞合,从一重处罚)。对A构成的《德国刑法典》第224条第1款第5项规定的危险伤害罪与其他犯罪成立犯罪复数(实质竞合,数罪并罚)。《德国刑法典》第249条第1款规定的抢劫罪作为事前行为,让位于《德国刑法典》第252条和第250条第2款第3项a、b规定的严重抢劫性盗窃罪。《德国刑法典》第240条规定的强制罪处于吸收关系的法条竞合当中,所以排除适用。对C构成的《德国刑法典》第224条第1款第2项、第5项规定的危险伤害罪让位于《德国刑法典》第227条规定的伤害致死罪。

四、案例评价

本案是中等难度的案例,其难度主要体现在犯罪、加重条款以及结果加重犯构成要件的多样性方面。学生必须很好地掌握个别犯罪的构成要件和相应的概念,才能正确定位不同的问题,并且在分析过程中不会在结构问题上浪费时间。

在分析A的诈骗罪时,学生需要准确分析案情,例如认清需要分析的诈骗行为并进行相应的评价。曼海姆地方法院(LG Mannheim)在原始案件(NJW 1993, 1488)中进行了肯定诈骗罪构成要件的论证,学生在本案中可以另行展开论证,并根据自己的论证得分。获利目的取决于A和B的约定在民法上的效力,不过这一点不需要集中讨论,在检验抢劫罪中的他人财物时还会涉及该问题。

检验伤害犯罪时也要有条不紊。这里一定要认识到《德国刑法典》第224条规定的加重构成要件和第227条规定的结果加重犯,尤其是阐释相应的定义。

分析对C的伤害时,要根据事前行为的既遂来界定抢劫罪(《德国刑法典》第249条)和抢劫性盗窃罪(《德国刑法典》第252条)。由于《德国刑法典》第252条规定对行为人按照抢劫犯处罚,所以这里也适用第250条规定的加重构成要件和第251条规定的结果加重犯的内容,这种特殊性也增加了难度。

此外,本案的特点在于学生须经深思熟虑之后才能找到重点。除了重点之外,至少还需要提及几个无争议的构成要件,例如《德国刑法典》第212条、第222条或者第123条,如果过于详细地分析这几个犯罪,就会导致分析时间紧张。因此要求学生敏锐地把握住重点。

其他延伸阅读:*Dehne-Niemann*, Wissenswertes zum räuberischen Diebstahl (§ 252 StGB), Jura 2008, 742–749; *Hilgendorf*, Tatsachenaussagen und Werturteile im Strafrecht, 1998; *Kindhäuser/Nikolaus*, Der Tatbestand des Betrugs (§ 263 StGB), JuS 2006, 193–198, 293–298; *dies*, Sonderfragen des Betrugs (§ 263 StGB), JuS 2006, 590–593; *Kudlich/Noltensmeier*, Die Fremdheit der Sache als Tatbestandsmerkmal in strafrechtlichen Klausuren, JA 2007, 863–876; *Neubacher*, Zur Konkretisierung von Solgfaltspflichten beim fahrlässigen Erfolgsdelikt. Überlegungen im Anschluss an BGHSt 49, 1 (Az.5 StR 327/03), Jura 2005, 857–862.

案例8：律师的呵斥

> **关键词**：侮辱罪；恶言中伤罪；诽谤罪；名誉的概念；公开进行诽谤；以行为实施进行侮辱；人员群体；正当权益的使用
> **难　度**：偏难

一、案情

在B作为被告的一场官司中，R是原告的代理律师。在诉讼过程中R为了帮原告赢得官司，就将B昔日生活中极其隐私的事情披露出来。B输掉了官司。A作为B的父亲，对此十分恼火，就给R写了一封信。信的内容如下：

"尊敬的R先生：

"您在法庭上这样诽谤我的女儿，您怎么能这么做呢？我可以坦率地讲，您就是一个性格糟糕、毫无教养的讼棍。您就是一个典型的德国法律专业人士。热烈祝贺！您必将对您的行为承担后果。

"维尔茨堡，2009年6月1日——A"

而B也没有闲着。B到处编造R厌倦了他的妻子，就想与她发生关系，只因为她拒绝了他的要求，他才在法庭上报复她的故事。这样的说法很快就传开了。R对于A和B的行为十分恼火。一次偶然的机会，他看到B又在对人编造这样的故事，就冲上前去给了B一个耳光。

试问A、B、R的刑事可罚性？

二、分析提纲

（一）A 的刑事可罚性 ··· 1

1. 恶言中伤罪，《德国刑法典》第186条（断言R"诽谤"B）·· 1
   a) 作为事实陈述的表达·· 2

   问题：界定事实陈述和价值判断（Werturteil）

   b) 断言或者散布·· 4

2. 侮辱罪，《德国刑法典》第185条（断言R"诽谤"B）···· 5
   a) 客观构成要件·· 6
   　aa) 蔑视或无视·· 6
   　bb) 名誉损害··· 7

   问题：名誉的概念
   　①R的名声·· 8
   　②R的"内在名誉"·· 9
   　③名誉概念的规范要素··································· 10
   b) 中间结论·· 11

3. 侮辱罪，《德国刑法典》第185条（断言R是"一个性格糟糕、毫无教养的讼棍"）·············· 12
   a) 构成要件·· 14
   　aa) 客观构成要件··· 14
   　　①断言R"性格糟糕"································· 14
   　　②断言R是"一个讼棍"····························· 16
   　bb) 主观构成要件··· 18

  b) 违法性 ······ 19
 问题：A可以依据《德国刑法典》第193条规定的正当权益的使用排除违法性吗？
   aa) A的正当权益 ······ 20
   bb) 正确适用法律的权益 ······ 21
   cc) 正当权益使用的适宜手段 ······ 22
   dd) 中间结论 ······ 23
  c) 罪责与中间结论 ······ 24
4. 侮辱罪，《德国刑法典》第185条（断言R是"一个典型的德国法律专业人士"）······ 25
 a) 客观构成要件 ······ 26
  aa) 被侮辱的主体 ······ 26
  bb) 侮辱的适格性 ······ 28
 问题：德国法律专业人士可以作为侮辱的对象吗？
  ① 人员群体的可侮辱性 ······ 29
  ② 通过集体性称谓进行侮辱 ······ 30
   (a) 界定性 ······ 31
   (b) 数量上可检验 ······ 32
   (c) 延伸至该人员群体 ······ 33
 b) 中间结论 ······ 34
5. 恐吓罪，《德国刑法典》第241条第1款（宣称R对其行为必将承担后果）······ 35
6. 竞合与结论 ······ 36

（二）B 的刑事可罚性 ·· 37
1. 诽谤罪，《德国刑法典》第 187 条 ······················ 37
  a)《德国刑法典》第 187 条第一种情形规定的构成要件 ·· 38
  b) 公开进行诽谤，《德国刑法典》第 187 条第二种情形 ··· 39
  问题：到处散布是否意味着公开进行诽谤？
  c) 违法性与罪责 ··· 40
  d) 中间结论 ··· 41
2. 诽谤罪，《德国刑法典》第 187 条（对 R 的妻子）······· 42
3. 结论 ··· 43

（三）R 的刑事可罚性 ··· 44
1. 伤害罪，《德国刑法典》第 223 条第 1 款 ············· 44
  a) 构成要件 ··· 45
  b) 违法性 ··· 46
    aa) 正当防卫，《德国刑法典》第 32 条 ············ 46
      ① 防卫情势 ··· 47
      ② 防卫行为 ··· 48
  问题：扇耳光的行为是否符合《德国刑法典》第 32 条的必要性？
    bb) 中间结论 ··· 49
  c) 罪责 ·· 50
  d) 中间结论 ··· 51
2. 以行为实施进行侮辱，《德国刑法典》第 185 条第二种情形（对 B）·· 52

案例 8：律师的呵斥　169

3. 结论 ·· 55

（四）最终结论·································· 56

三、案情分析

（一）A 的刑事可罚性

1.恶言中伤罪，《德国刑法典》第186条（断言R"诽谤"B）

1　　A断言R在庭审中"诽谤"他的女儿，涉嫌触犯《德国刑法典》第186条的规定，可能构成恶言中伤罪。

a) 作为事实陈述的表达

2　　这里存在争议的表达内容必须是事实陈述。事实陈述的对立概念是价值判断。事实陈述与价值判断的界定自古以来就极具争议。事实陈述传递的是信息，价值判断则主要表达观点。事实陈述可以有真假，而价值判断体现主观态度，无法验真。①依照通说，要对某个有争议的表达进行界定，区分的关键在于其中是否具有事实内核（Tatsachenkern）②。

3　　A断言R在庭审中"诽谤"他的女儿B，可以理解为R当时作出的表达足以损害B的名誉。是否做出了这种陈述，明显是一个可以证明的事实问题。因此该表达的内容是事实陈述。

b) 断言或者散布

4　　A必须断言或者散布了这个事实。对此《德国刑法典》第186条的规定要求断言"针对第三人"。由此可以得出，表示的

---

① *Lackner/Kühl*, § 186 Rn. 3; 参见 MünchKomm/*Regge*, § 186 Rn. 4 f.
② *Wessels/Hettinger*, BT 1, Rn. 504附有进一步的明证。

接收方和当事人不能是同一个人。① 本案中，信件的接收方同时也是该断言的当事人。因此，A 不构成《德国刑法典》第 186 条规定的恶言中伤罪。

2. 侮辱罪，《德国刑法典》第 185 条（断言 R"诽谤"B）

本案可以考虑适用《德国刑法典》第 185 条规定的侮辱罪。 **5**

a) 客观构成要件

aa) 蔑视或无视

侮辱意味着对当事人或者其他人蔑视或无视。② 至于究竟 **6**
通过表达价值判断或是事实陈述的方式，在所不问。争议表达
（R"诽谤"B）属于事实陈述，并不会影响本案中侮辱的成立。

bb) 名誉损害

问题在于，R 的名誉是否因此受到损害。名誉的概念极具争 **7**
议。③ 主要可分为两种，第一种是所谓事实的名誉概念，体现为
个人的名誉感情或者好的声望（名声）④；另一种是广为流传的所
谓规范的名誉概念⑤，即源于人类个人尊严的尊重请求。通说将
这两种概念整合为所谓"规范—事实"的名誉概念。⑥ 在本案中
适用此观点，便得出以下几点：

① R 的名声

首先，断言 R"诽谤"B 未必能够有损 R 的名声。众所周知， **8**

---

① 参见 *Haft*, BT II, S. 78, I cc.。
② *Haft*, BT II, S. 74.
③ 概览参见 *Wessels/Hettinger*, BT 1, Rn. 464 ff.
④ 详见 LK/*Hilgendorf*, Vor § 185 Rn. 6 附有的进一步明证。
⑤ *Fischer*, Vor § 185 Rn. 3; SK/ *Rudolphi/Rogall*, Vor § 185 Rn. 3; *Tenckhoff*, JuS 1988, 199, 201 ff.
⑥ 详见 Schönke/Schröder/*Lenckner/Eisele*, Vor §§ 185 ff. Rn. 1 附有的进一步明证；LK/ *Hilgendorf*, Vor § 185 Rn. 7 ff.

当律师维护本方当事人权益的时候，对于自己论证的选择不能太过于瞻前顾后。庭审诉讼的性质也决定了另一方一般不会毫发无损。一个特别粗暴的律师的名声，甚至在某些情况下对R可能利大于弊。

②R的"内在名誉"

9　　"诽谤"的谴责也不能给R的"内在名誉"（innere Ehre）即名誉感情造成严重损害。虽然律师的名誉并不会比普通大众低下，也不得对其任意侮辱。然而可以认为，R已经听过很多次像A这样的断言了。[①]因此可以认定，A的表达已经不能再对R的名誉感情造成损害了，甚至如上所述，完全可以提升R的名誉感情。

③名誉概念的规范要素

10　　名誉概念的规范要素（Normative Komponente）源于尊重请求（Achtungsanspruch），每个人基于人类特质（Menschsein）都享有这样的请求。这是一个具有极高位阶同时又极为概括的原则，除了一些特殊情况，比如不能通过"事实的名誉概念"得到保护的儿童以及精神病人，可以直接通过该原则得出结论。由以上所述几点可以看出，R个人合法的尊重请求并没有明显受到损害。

b) 中间结论

11　　综上所述，A具有争议的断言并没有损害R的名誉。因此A不构成《德国刑法典》第185条规定的侮辱罪。

[①] 此处甚至可主张存在社会相当性（Sozialadäquanz）。关于社会相当性详见 *Lackner/Kühl*, Vor § 32 Rn. 29 附有的进一步明证。

3. 侮辱罪，《德国刑法典》第185条（断言R是"一个性格槽糕、毫无教养的讼棍"）

提示：单个有疑问的侮辱行为或表达也可以放在一起合并检验。然而在排除违法性的检验中需要将两个断言进行区分。为使结构清晰，这里分别检验两个侮辱行为。 12

A断言R是"一个性格槽糕、毫无教养的讼棍"，涉嫌触犯《德国刑法典》第185条的规定，可能构成侮辱罪。 13

a) 构成要件

aa) 客观构成要件

① 断言R"性格槽糕"

关于R"性格槽糕"的断言并不能得到证明，这是一个价值判断。它体现了蔑视和无视，已经越过了损害名誉构成要件的界限。因此符合侮辱罪的构成要件。 14

提示：请注意，文法形式在这里会造成误导，因为A在信中的表达可以理解为A对R看法（"您就是一个……"）的告知，即一个事实陈述。然而，这个表达依其意义等同于"您性格真槽糕"。 15

② 断言R是"一个讼棍"

A在2009年6月1日的信中所表达的声明，即R是一个讼棍，他需要继续接受教育。这个断言的事实内核在于，R根本就没有资格作为法律专业人士并且故意扭曲正义。这是一个事实断言。对R职业能力的贬低可被视为无视和蔑视。[1]因此符合 16

---

[1] Schönek/Schröder/*Lenckner/Eisele*, § 185 Rn. 2.

《德国刑法典》第185条规定的构成要件。

17 **提示**：是否可以将"讼棍"的措辞单独视为侮辱是有争议的。这个词汇经常被毫无恶意地用来随意称呼法律专业人士，就如同用"药丸工人"（Pillendreher）的谑称称呼药剂师一样。这里显然必须在检验侮辱行为时注意社会背景。基于本案的应用情境，可以认为该称呼对名誉造成损害。

bb）主观构成要件

18 就A损害R名誉的行为而言，他对所有的客观构成要件要素具有故意（《德国刑法典》第15条）。

b）违法性

19 针对以上两种情况可以考虑依据《德国刑法典》第193条规定的正当权益的使用排除违法性。

aa）A的正当权益

20 首先，对于A而言必须存在正当权益。《德国刑法典》第193条意义上的正当权益意味着被法秩序认可的，值得保护的公共或者个人的精神或者物质目的。[①] 而与法律以及善良风俗背道而驰的目的自始不能排除违法性。[②] 其次，原则上必须涉及行为人的自身权益，即行为人对其个人利益的维护在客观上是可接受的。[③]

bb）正确适用法律的权益

21 问题在于，A可以依据哪些正当权益。从A写给R的信的

[①] Schönek/Schröder/*Lenckner/Eisele*, § 193 Rn. 9.
[②] RGSt 15, 15, 17; Schönke/Schröder/*Lenckner/Eisele*, § 193 Rn. 9.
[③] RGSt 63, 229, 231; Schönke/Schröder/*Lenckner/Eisele*, § 193 Rn. 13; SK/*Rudolphi/Rogall*, § 193 Rn. 14 f.

内容可以得知他主要是反对女儿B在庭审中受到不公正的对待。正确适用法律的权益以具体案件为基础,即必须以合理方式涵盖最初的当事人,即女儿,还有她的父亲。而A并不是法律意义上的诉讼当事人,因此并不存在利益。

cc)正当权益使用的适宜手段

若要排除A损害名誉行为的违法性,只谋求正当目的是不够的。损害名誉的行为还必须在考虑个案整体的情况下作为一种正当权益使用的适宜手段。[①]这就意味着表达对于正当权益的使用而言是适当和必要的。[②]在案情中并不能明显看出A的信件是用于抵制R在庭审中对其女儿的冒犯。司法救济可以弥补法律缺陷,R在庭审中不得体的行为会受到主审法官的申斥。如果A想提醒R的个人过失,他可以在信中以客观分析的方式来表述。而他写给R的信中的内容与在正常诉讼程序中正当权益的使用无关。 **22**

dd)中间结论

信中的侮辱表述不能依据《德国刑法典》第193条的规定排除违法性。 **23**

c)罪责与中间结论

案情中并没有提到A缺乏不法意识,因此他的行为有责。可以肯定以上两个断言构成侮辱罪。 **24**

4.侮辱罪,《德国刑法典》第185条(断言R是"一个典型的德国法律专业人士")

此外,A在信中关于R是"一个典型的德国法律专业人士" **25**

[①] *Wessels/Hettinger*, BT 1, Rn. 518.
[②] 侮辱德国联邦国防军士兵的正当权益的使用也可参见 *BayObLG* NJW 1991, 1493, 1495。

的品质表述涉嫌触犯《德国刑法典》第185条的规定，可能构成侮辱罪。

a) 客观构成要件

aa) 被侮辱的主体

26　　问题首先在于，谁被这个表述侮辱了。R个人首当其冲。然而R不能作为被侮辱的主体，因为"典型的德国法律专业人士"的称谓与信中之前的表述相比不具有独立的意义。

27　　然而这个争议的表述却含蓄地意指所有德国法律专业人士都"性格糟糕"，并且是"需要继续接受教育的讼棍"。由此看来，这个表述针对所有德国法律专业人士。

bb) 侮辱的适格性

28　　由此产生了一个问题，即作为人员群体的德国法律专业人士能否成为侮辱的对象？

①人员群体的可侮辱性

29　　判例以及学说都认为，只有在人员群体具备公认的社会职能，能够形成统一的意志，并且不依赖会员更替时，才可以成为侮辱的对象。① 虽然德国法律专业人士符合第一个前提，但是其明显不能形成统一意志。所以德国法律专业人士作为人员群体并不能成为侮辱的对象。②

②通过集体性称谓进行侮辱

30　　然而可以将所有德国法律专业人士作为个人（Einzelpersonen）进行侮辱。这种通过集体性称谓进行的侮辱需满足以下三

---

① BGHSt 6, 186; BGHSt 36, 83, 88; *OLG Frankfurt a.M.* NJW 1989, 1367.
② 拉文斯堡地方法院在其判决中认为"德国律师"可以成为侮辱的对象，*LG Ravensburg*, JW 1937, 181。

个条件：

(a) 界定性

第一个条件是存在争议的人员群体必须可以明显从大众中剥离出来，即相关人员的范围较为明确。①而德国法律专业人士指的是那些有资格担任法官职务，或者至少是通过联邦州第一次司法考试的人。所以界定性（Abgrenzbarkeit）的条件得以满足。

(b) 数量上可检验

此外，这个被称谓的人员群体必须在数量上可检验。②问题在于，何时能真正符合这个标准。鉴于德国联邦最高法院在"士兵案"的判决（Soldatenurteil）中③认定德国联邦国防军的所有现役士兵可以成为侮辱的对象，那么本案中的德国法律专业人士也可以成为侮辱的对象。反对意见则认为，侮辱罪的特质是针对特定目标的名誉损害，如果贬损的表达指向茫茫大众，不具针对性还被认为是侮辱，那么就会失去侮辱特质。针对个人的侮辱不能等同于针对一个几乎不能概观的人员群体的侮辱。因此，集体性侮辱的形态必须受到限制。④由此德国法律专业人士不能成为侮辱的对象。

---

① Schönke/Schröder/*Lenckner/Eisele,* Vor §§ 185 ff. Rn. 7附有进一步的明证。
② *Bay ObLG* NJW 1990, 1742; *OLG Frankfurt a.M.* NJW 1989, 1367. 也可参见 Schönke/Schröder/*Lenckner/Eisele,* Vor §§ 185 ff. Rn. 7b.
③ BGHSt, 36, 83, 附有 *Arzt* 的注释，JZ 1989, 647 以及 *Dau,* NStZ 1989, 361; *Maiwald,* JR 1989, 485; 还可参见 *Bay ObLG* NJW 1991, 1493（对于联邦国防军所有现役士兵的侮辱）。德国联邦宪法法院在其"士兵案"的判决中（NJW 1994, 2943; 1995, 3303）将言论自由整体置于名誉保护之上。对此的批判详见 *Stark,* JuS 1995, 689; *Kriele,* NJW 1994, 1897.
④ 详见 Schönke/Schröder/*Lenckner/Eisele,* Vor § 185 ff. Rn. 7b中对于判决令人信服的批判。

(c) 延伸至该人员群体

33 如果要认定某个表述对集体中的每一个成员都进行了侮辱,那么这个侮辱性表达必须能根据其含义延伸至这个人员群体的所有成员。①本案中不能作这样的延伸:因为"一个典型的德国法律专业人士"的特征主要针对的还是R个人。如果要将侮辱内容延伸至所有德国法律专业人士,就需要对该信件作另一种解释,而这种解释并不是直接明了的。因此,此处的表达缺乏将其视为对所有德国法律专业人士的侮辱的必要强度。

b) 中间结论

34 A对德国法律专业人士并不构成《德国刑法典》第185条规定的侮辱罪。

5. 恐吓罪,《德国刑法典》第241条第1款(宣称R对其行为必将承担后果)

35 A宣称R对其行为必将承担后果,涉嫌触犯《德国刑法典》第241条第1款的规定,可能构成恐吓罪(Bedrohung)。对此,A必须威胁对R本人或与其关系密切的人实施重罪。"威胁"意味着以恐吓者可以决定某一恶害是否发生的形式向被害人宣示将来的恶害。②这个恶害必须体现《德国刑法典》第12条第1款规定之"重罪"的特性。然而在本案中缺乏这样的特性,A只是宣称R对其行为必将承担后果,并没有指出是怎样的具体后果,欠缺威胁行为所必要的明确性。因为并不存在以犯重罪相威胁,所以A不构成《德国刑法典》第241条规定的恐吓罪。

---

① Schönke/Schröder/*Lenckner/Eisele*, Vor §§ 185 ff. Rn. 7c.
② *Haft*, BT II, S. 177; *Rengier*, BT II, § 23 Rn. 39 ff; 批 判 见 MünchKomm/*Sinn*, § 240 Rn. 69 f.

6. 竞合与结论

依据《德国刑法典》第185条的规定，A以两个表述侮辱了R。虽然这两个侮辱表达都在同一封信中，但是缺乏自然意义的一个行为属性，不能将所有表述①以行为单数的意义衔接。然而这两个侮辱行为迅速实现了后果。它们依统一的行为决意触及相同的法益。就这一点而言，可以认为成立自然的行为单数。所以，在侮辱行为之间成立《德国刑法典》第52条规定的犯罪单数。②

（二）B的刑事可罚性

1. 诽谤罪，《德国刑法典》第187条

B到处散布不真实且不利于R的事实，涉嫌触犯《德国刑法典》第187条的规定，可能构成诽谤罪（Verleumdung）。

a)《德国刑法典》第187条第一种情形规定的构成要件

前提为断言或散布有损他人名誉的虚假事实。B做出的，因为拒绝R与她发生关系的要求，所以R才在法庭上报复她的表述，是虚假的事实断言。该断言足以使R的名声严重受损，并且受到蔑视。因为B明确知道自己的断言涉及虚假事实，所以她违心地实施了行为。《德国刑法典》第187条第一种情形规定的构成要件得以符合。

b)公开进行诽谤，《德国刑法典》第187条第二种情形

B的行为还可能构成《德国刑法典》第187条第二种情形规定的公开进行诽谤。B广为传播编造的故事。问题在于，这能否

---

① 也可主张，针对投信的行为可成立自然意义的一个行为。
② *Kühl*, AT, § 21 Rn. 18 ff.

被认定为"公开",从而加重处罚。与《德国刑法典》第187条第二种情形明文提到的在集会上或以散发文书的方式公开诽谤相比较可知,公开性主要表现为以下两点:接收方的数量完全不确定;或者接收方的数量虽然确定,但无法预知其人员构成。如果向某个数量和身份都不确定的人群或者某个数量虽然确定但内部之间不通过个人关系联结的较大群体直接进行表述,就能认定公开性。① 由案情事实可以看出,B在每一个场合都重复着诽谤表述,所以接收方的数量并不确定。然而问题在于,这个人员群体并不是一次形成,而是逐次形成,所以这属于重复但非公开的行为。依照通说,这里并不将B的行为视为公开进行诽谤。②

c) 违法性与罪责

40　　B的行为违法且有责。

d) 中间结论

41　　所以B只构成《德国刑法典》第187条第一种情形规定的诽谤罪。依据《德国刑法典》第194条第1款第1句的规定,该罪告诉才处理。

2. 诽谤罪,《德国刑法典》第187条(对R的妻子)

42　　需要进一步检验,B断言R厌倦了他的妻子是否对R的妻子也构成诽谤罪?这里涉及虚假的事实陈述。问题在于,这个陈述是否足以使R的妻子受到蔑视或者在公众观念中受到贬低?蔑视以及贬低都是名誉概念的组成部分,因此并不需要对这两

---

① LK/*Hilgendorf*, § 186 Rn. 13; Schönke/Schröder/*Lenckner/Eisele*, § 186 Rn. 19.
② Schönke/Schröder/*Lenckner/Eisele*, § 186 Rn. 19.

个行为方式做准确的界定。① 然而需要检验的是，B的表述是否触及了R的妻子的名誉？这个问题的答案是否定的，因为B并没有表述R厌倦其妻子的原因。B的表述并没有达到损害R的妻子名誉的程度。② B对R的妻子不构成《德国刑法典》第187条规定的诽谤罪。

3. 结论

B对R构成《德国刑法典》第187条第一种情形规定的诽谤罪。 **43**

（三）R的刑事可罚性

1. 伤害罪，《德国刑法典》第223条第1款

R扇了B耳光，涉嫌触犯《德国刑法典》第223条第1款第一种情形的规定，可能构成伤害罪。 **44**

a) 构成要件

R可能乱待了B的身体（第一种情形）从而符合构成要件。扇耳光是一个险恶、失当地给B的身体安宁或身体完整性造成明显损害的行为③，符合《德国刑法典》第223条第1款第一种情形规定的乱待身体。相反，并没有线索显示存在损害健康的行为。 **45**

此外依据《德国刑法典》第15条的规定，R在行为时具有故意。

---

① *Fischer*, § 186 Rn. 4.
② 与此关联也可参见关于性侮辱（Sexualbeleidigung）判例的发展，详见BGHSt 36, 145, 综述见 *Sick*, JZ 1991, 330。
③ 参见 *Haft*, BT II, S. 145。

b) 违法性

aa) 正当防卫，《德国刑法典》第32条

46 然而，R扇B耳光的行为可能依据违法阻却事由排除违法性。这里需要考虑《德国刑法典》第32条规定的正当防卫。

①防卫情势

47 正当防卫以现时的违法攻击为前提，即《德国刑法典》第32条第2款（防卫情势）的规定。此处可以考虑的是B对R名誉的违法攻击。问题在于，这个攻击在行为发生的时间点上是否是现时的？一个现时的攻击意味着攻击即将发生、已经开始或是仍在持续。① 此处就该问题可以对案情作如下解释，即当R扇B耳光的时候，B还没有讲完其编造的故事，故B针对R名誉的攻击是现时的。因此存在防卫情势。

②防卫行为

48 进一步需要检验R的防卫行为是否遵循了《德国刑法典》第32条规定的要求。防卫行为必须是必要且适当的（"需要"）。可以认为，B之所以没有继续到处散布其编造的故事，是因为R的耳光阻止了她。但是必须质疑的是，R为了阻止B对其名誉的损害而乱待B的身体是否必要？R明明可以用严厉的口头警告使B保持沉默。因此，依据《德国刑法典》第32条第2款的规定，扇耳光的行为并不必要。②

bb) 中间结论

49 此处R不成立《德国刑法典》第32条规定的正当防卫，也不具有其他违法阻却事由。

---

① *Haft*, AT, S. 87; *Lackner/Kühl*, § 32 Rn. 4.
② 这里也可主张另外一个结论。

c) 罪责

50 在检验罪责时需要考虑《德国刑法典》第 33 条规定的防卫过当,通说认为防卫过当排除罪责。① 不过,只有当防卫人由于慌乱、恐惧、惊吓,即所谓出于虚弱性激动(asthenischer Affekt)而超出防卫界限,才能适用该条规定。② 而本案中并不存在这样的情况。R 主要出于恼怒而实施了行为,即出于强健性激动(sthenischer Affekt)。因此不能适用《德国刑法典》第 33 条。

d) 中间结论

51 R 构成《德国刑法典》第 223 条第 1 款第一种情形规定的伤害罪。依据《德国刑法典》第 230 条第 1 款的规定,该罪告诉才处理。

2. 以行为实施进行侮辱,《德国刑法典》第 185 条第二种情形(对 B)

52 R 扇了 B 耳光,涉嫌触犯《德国刑法典》第 185 条第二种情形的规定,可能构成侮辱罪。扇耳光,即《德国刑法典》第 185 条第二种情形规定的行为实施,在本案中可被视为无视和蔑视。③

53 问题在于是否存在名誉损害。可以论说,B 之前到处散布其所编造的故事的行为已经使自己的名誉受到部分程度的损害。不过,如果仔细检验名誉概念的事实要素和规范要素,就会显示 B

---

① *Lackner/Kühl*, § 33 Rn. 1.
② *Schönke/Schröder/Perron*, § 33 Rn. 3.防卫过当的综述见 *Müller-Christmann*, JuS 1989, 717 附有的进一步明证。
③ *Schönke/Schröder/Lenckner/Eisele*, § 185 Rn. 18.必须注意,并不是每一个耳光都具有侮辱性质。

无论是名誉感情还是其个人合法的尊重请求都不会因为她先前的行为而受到限制。即使B的名声已经受损，但是鉴于前述名誉概念的两个要素，也不能否定扇耳光行为对B名誉的损害。

54 因为R故意、违法且有责地实施了行为，所以构成《德国刑法典》第185条第二种情形规定的加重的侮辱罪。

3. 结论

55 伤害罪和侮辱罪通过同一个行为实现（自然意义的行为[①]），所以依据《德国刑法典》第223条第1款第一种情形、第185条第二种情形、第52条的规定，R构成伤害罪和侮辱罪，二者成立犯罪单数（想象竞合，从一重处罚）。

（四）最终结论

56 依据《德国刑法典》第185条第一种情形（两个表述）、第52条的规定对A进行处罚。依据《德国刑法典》第187条第一种情形的规定对B进行处罚。依据《德国刑法典》第223条第1款第一种情形、第185条第二种情形、第52条的规定对R进行处罚。还需考虑《德国刑法典》第194条第1款、第230条第1款的规定，侮辱罪、伤害罪告诉才处理。

四、案例评价

本案偏难，涵盖侮辱犯罪的基本情形。学生必须掌握《德国刑法典》第185条及以下诸条的体系。出题人可将相应问题轻易地放入一个案例中，通过各种各样的情形与总论结合来进行考查。

[①] *Haft*, AT, S. 279.

特别要注意的是行为集合的划分，亦即检验顺序。由于本案中A写给R的信中已经同时涵括了大量需从刑法上进行鉴定的表述，原则上学生需对文本中的每一个表述分别进行检验，以便分别作出评价。也可将这些表述放在一个单一的犯罪中合并检验。为了保证选取的便利性以及整体结构的清晰，通常还是会分别检验。对于像故意、违法性和罪责这样的要素，无论如何需要单独就每个表述进行分析。

必须掌握事实陈述、名誉概念和表示的定义以及依据《德国刑法典》第193条的规定排除违法性和通过集体性称谓进行侮辱的前提条件。还必须考虑对法益"名誉"的攻击也能产生防卫情势。

其他延伸阅读：*BVerfG* NJW 1994, 2943–2944; NJW 1995, 3303–3310 („Soldatenurteile"); NJW 2000, 3196–3198 (Wahrnehmung berechtigter Interesse im Strafverfahren); *Eppner/Hahn*, Allgemeine Fragen der Beleidigungsdelikte, JA 2006, 702–706; *Eppner/Hahn*, Die Tatbestände der Beleidigungsdelikte, JA 2006, 860–864; *Fahl*, Üble Nachrede durch Beweisantragstellung, JA 2003, 452–454 (Besprechung von *LG Düsseldorf* StV 2002, 660); *Geppert*, Zur passiven Beleidigungsfähigkeit von Personengemeinschaften und von Einzelpersonen unter einer Kollektivbezeichnung, Jura 2005, 244–247; *Kriele*, Ehrenschutz und Meinungsfreiheit, NJW 1994, 1897–1905; *Stark*, Die Rechtsprechung des BVerfG zum Spannungsverhältnis von Meinungsfreiheit und Ehrenschutz (zu *BVerfG* NJW 1994, 2943), JuS 1995, 689–692.

案例9：醉驾

> **关键词**：危害道路交通罪；昏醉罪；过失杀人罪；原因自由行为；容许构成要件错误
> **难　度**：偏难

一、案情

A是瑞士公民，他驾驶一辆四轮小卡车从其居住地克罗伊茨林根（瑞士）开往康斯坦茨。在开车前他喝了大量的酒。一进入德国境内他便加大油门，由于没有看见一辆停靠在马路右侧的汽车，他从侧面猛撞向该车并导致车内两名乘客死亡。因为处于醉态，A并不清楚他干了什么。

当身着制服的边检员G来到A的车前，拔出武器要求A下车时，A以为遇到了抢劫。为了从假想的抢劫犯手中逃脱，A开足马力，驾车撞向边检员G。A知道这样可能会撞伤G，然而他对此毫不在意。面对这种情况，G赶紧跳向了路边。事后A的血样显示其血液中酒精含量达到了3.5‰。

试问A的刑事可罚性？

二、分析提纲

（一）第一组行为：驾车从侧面猛撞向停靠在路边的汽车 …… 1

1. 过失杀人罪，《德国刑法典》第222条 ………………… 1
   - a) 德国刑法的适用 ……………………………………… 2
   - b) 构成要件 ……………………………………………… 3
   - c) 违法性 ………………………………………………… 5
   - d) 罪责 …………………………………………………… 6

   问题：这里是否涉及原因自由行为？
   - e) 结论 …………………………………………………… 7

2. 危害道路交通罪，《德国刑法典》第315c条第1款第1项a和第3款 …………………………………………… 8
   - a) 构成要件 ……………………………………………… 9
      - aa) 客观构成要件 …………………………………… 9
      - bb) 主观构成要件 …………………………………… 11
   - b) 违法性 ………………………………………………… 12
   - c) 罪责 …………………………………………………… 13

   问题：如何处理原因自由行为？
   - d) 结论 …………………………………………………… 17

3. 昏醉罪，《德国刑法典》第323a条 …………………… 18
   - a) 德国刑法的适用 ……………………………………… 19

   问题：昏醉状态下的犯罪行为是否属于《德国刑法典》第9条第1款第三种情形意义上的符合构成要件的结果？
   - b) 构成要件 ……………………………………………… 21

        c) 客观处罚条件 ··· 22
        d) 违法性与罪责 ··· 24
    4. 对第一组行为的结论与竞合 ·· 25

  （二）第二组行为：假想的抢劫 ·· 26
    1. 故意杀人罪未遂，《德国刑法典》第212条第1款、
      第22条、第23条第1款 ·· 26
    2. 危险伤害罪未遂，《德国刑法典》第223条第1款、
      第224条第1款、第22条、第23条第1款 ···················· 28
        a) 预先检验 ·· 29
        b) 行为决意 ·· 30
        c) 直接着手 ·· 33
        d) 违法性 ·· 34
        e) 罪责 ·· 35
    3. 昏醉罪，《德国刑法典》第323a条 ······························· 37
        a) 构成要件 ·· 38
        b) 客观处罚条件 ··· 39
      问题：在《德国刑法典》第323a条的范围内需要考
      虑A的容许构成要件错误吗？
        c) 结论 ·· 42
    4. 侵害道路交通罪，《德国刑法典》第315b条第1款
      第3项和第5款 ·· 43
        a) 构成要件 ·· 44
        b) 违法性 ·· 48
        c) 罪责 ·· 49

5. 昏醉罪，《德国刑法典》第 323a 条 ·················· 52
6. 酒后驾驶罪，《德国刑法典》第 323a 条和第 316 条
   第 1 款 ·· 53
7. 抗拒执行公务之官员罪，《德国刑法典》第 113 条
   第 1 款 ·· 55
8. 擅自逃离肇事现场罪，《德国刑法典》第 142 条第 1
   款第 1 项 ·· 56
9. 对第二组行为的结论 ··· 57

（三）竞合与最终结论 ··· 58

三、案情分析

（一）第一组行为：驾车从侧面猛撞向停靠在路边的汽车

1. 过失杀人罪，《德国刑法典》第 222 条

A 驾车从侧面猛撞向停靠在路边的汽车，导致车内两名乘客死亡，涉嫌触犯《德国刑法典》第 222 条的规定，可能构成过失杀人罪。

a) 德国刑法的适用

问题首先在于该案情能否适用德国刑法。依据《德国刑法典》第 3 条的规定，德国刑法适用于本国内的一切犯罪行为。《德国刑法典》第 9 条规定了何为本国内的一切犯罪行为。本案涉及《德国刑法典》第 9 条第 1 款规定的第三种情形，即构成要件结果发生地也为犯罪地。由于 A 在德国境内驾车撞向了停靠在路边的汽车，所以构成要件结果发生在德国境内，可以适用

1

2

德国刑法。

b) 构成要件

3　　车内两名乘客的死亡必须由 A 违反注意义务（sorgfaltswidrig）的行为所致。这里可以考虑以下两点：一是在事故发生前错误的驾驶，二是喝醉酒后明知道危险仍然醉酒驾驶。依照等值理论（Äquivalenztheorie），两种行为方式中任意一种都与构成要件结果的发生存在因果关系。由于 A 完全无视在交通驾驶中必要的注意义务，醉酒驾驶并撞向停靠在路边的汽车，其行为违反注意义务。

4　　对于这两种违反注意义务的行为方式而言，A 都可以在客观上预见到车内乘客的死亡。因为事件进程并没有超出日常生活经验，所以不存在非典型的因果进程。过失杀人罪的构成要件得以符合。

c) 违法性

5　　A 的行为违法。

d) 罪责

6　　然而，由于 A 血液中酒精浓度很高——血样显示其血液中酒精含量达到了 3.5‰，他在撞车的时间点处于无罪责能力的状态。[1] A 在事故直接发生前的这一情况使得刑事可罚性无法证立。上文提到，A 在瑞士境内的饮酒行为已经被视为（对事故因果性的）在客观上违反注意义务的行为。出于这种理由，当若干行为都被视为注意义务之违反时（如一是喝醉酒明知危险仍醉酒驾驶，二是错误驾驶本身），就可将过失非难提前，与

---

[1]　由酒精造成的无罪责能力符合《德国刑法典》第 20 条的规定，不能以必要的安全为由排除该条的适用。

更早的行为相连接。A在饮酒的时间点具有无障碍的罪责能力,所以可以对饮酒行为进行有责地非难。① 由此,行为人的行为符合构成要件、违法且完全有责。此处并不需要诉诸原因自由行为(actio libera in causa,缩写:alic)这一法律制度。②

e) 结论

依据《德国刑法典》第222条的规定,A构成过失杀人罪。

2. 危害道路交通罪,《德国刑法典》第315c条第1款第1项a和第3款

A的行为也涉嫌触犯《德国刑法典》第315c条第1款第1项a和第3款的规定,可能构成危害道路交通罪。

a) 构成要件

aa) 客观构成要件

A必须由于饮酒不能安全驾驶汽车,但依然驾驶,也就是说须得存在不适合驾驶(fahruntauglich)的情形。判例将不适合驾驶分为相对不适合驾驶和绝对不适合驾驶。后者指的是驾驶员血液中酒精含量达到1.1‰的情形,其相比于相对不适合驾驶不需要再提出其他具体的证据。A在事发后血液中酒精含量达到3.5‰,因此他属于绝对不适合驾驶。

此外,A必须具体地危及他人身体、生命或贵重物品。停靠在路边汽车上的乘客死亡,因此具体危险已然存在。同时,碰撞汽车也属于危及他人的贵重物品,因为可以认定一辆汽车的价值至少为1 300欧元。③

---

① 详见BGHSt 42, 235, 236; 参见 *Horn*, GA 1969, 289。
② 也可参见 *Neumann*, StV 1997, 23; 参见 *Otto*, Jura 1986, 426, 433。
③ 参见 *Fischer*, § 315 Rn. 16 a。

bb) 主观构成要件

11　　A在行为时必须具有故意。从A血液中酒精含量严重超标的事实可以认定他明知自己不适合驾驶，仍然故意地在绝对不适合驾驶的状态下驾驶汽车。只有在A对所造成的具体危险至少认可接受的情况下，才能肯定他具有（附条件的）故意，然而这里缺乏进一步的线索。但是A对两名乘客造成了具体危险，可以对他进行过失非难，依据《德国刑法典》第315c条第3款第1项的规定，过失即可构成本罪。A的行为违反了注意义务，而危险在客观上也是可预见的。

b) 违法性

12　　A的行为违法。

c) 罪责

13　　但是问题在于，A的行为是否有责。当A实行构成要件行为时，血液中酒精含量已经达到3.5‰，因此他无罪责能力。

14　　这里可以借助原因自由行为的制度来实现罪责非难的前置。原因自由行为旨在填补行为人故意使自己置于无罪责能力的状态，之后以可预见的方式实施犯罪而造成的刑罚漏洞。除了故意形式的原因自由行为之外，还存在过失形式的原因自由行为，即过失使自己陷入昏醉状态以及在无罪责能力状态下过失实施犯罪的情形。[1]本案只存在过失的原因自由行为：A虽然故意地醉酒，但是在这种状态下仅仅实施了过失犯罪行为（《德国刑法典》第315c条第1款和第3款第1项）。

15　　然而允许罪责非难前置极具争议。依据《德国刑法典》第20

---

[1] 原因自由行为的不同形式详见 *Wessels/Beulke/Satzger*, AT, Rn. 420 f.

条的规定，罪责必须存在于"行为时"[同时原则（Koinzidenzprinzip）]。根据该原则，自然就不能将罪责非难前置。所谓的构成要件方案（Tatbestandslösung）希望将相关前行为（Vorverhalten）（本案中的饮酒行为）视为相应犯罪的构成要件行为，这至少在只是（无论如何也都）要求因果性引起构成要件结果的纯粹结果犯中是可行的。但如果涉及行为犯或者像本案中的行为定式犯，即除了引起结果（Erfolgsverursachung）外还要求引起结果的行为具有特定的属性，就不能适用构成要件方案加以解决。[1]将 A 的醉酒行为评定为在道路上驾驶汽车并认为其符合《德国刑法典》第315c条第1款和第3款规定的构成要件，有违语言习惯。

其他在教义学框架内为原因自由行为提供依据的尝试也同样饱受质疑：有的尝试将其解释为间接正犯的特殊情况（昏醉状态下的行为人是自身的工具）[2]，但这也与构成要件方案一样，无法同《德国刑法典》第20条的字面含义保持一致。还有的尝试将"行为时"的概念延伸至有责地设置引发结果之原因[3]（Erfolgsursache）的时间点，这又与对《德国刑法典》第16条、第17条规定中该术语毫无争议的解释相矛盾，并且与《德国刑法典》第8条的规定也不甚协调。看上去较为可行的解决方案是，将故意并有犯罪意向地（dolos）招致损害的行为（Defektherbeiführung）视为同时原则的例外。[4]然而这样的例外必须由立法者来规定，但目前立法者还未对此作出规定。综上

16

---

[1] *Neumann*, StV 1997, 23, 24.
[2] 比如RGSt, 22, 413, 415。
[3] *Roxin*, AT I, § 20 Rn. 67.
[4] *Jescheck/Weigend*, AT, S. 445; *Otto*, Jura 1986, 426, 430.

所述，原因自由行为在纯粹结果犯以外的适用是违反法律的。因此不能在本案中适用原因自由行为。[①]

d) 结论

17　由于缺乏罪责，A不构成《德国刑法典》第315c条第1款第1项a和第3款第1项规定的危害道路交通罪。

3. 昏醉罪，《德国刑法典》第323a条

18　A的行为涉嫌触犯《德国刑法典》第323条a的规定，可能构成昏醉罪（Vollrausch）。

a) 德国刑法的适用

19　《德国刑法典》第3条、第9条的规定在此能否适用，再次存在疑问。这里不能依据《德国刑法典》第323a条规定的构成要件行为，即"自醉"来确定犯罪地，因为如果这样，依据《德国刑法典》第9条第1款第一种情形的规定，犯罪地就不在德国境内。这里能否适用德国刑法，取决于《德国刑法典》第9条第1款第三种情形是否涵括昏醉状态下实施犯罪行为的结果发生地。这就须存在《德国刑法典》第9条第1款第三种情形意义上的"符合构成要件的结果"。然而从严格意义上讲，昏醉状态下的犯罪行为更多是纯粹的处罚条件，并不一定为故意所涵括。

20　然而值得怀疑的是，教义学上对符合构成要件的结果以及纯粹处罚条件[②]的区分是否符合《德国刑法典》第9条第1款第三种情形规定的意义和目的？该规范使得在德国土地上发生的侵害构成要件所保护的法益的犯罪结果，都可以适用德国刑法。

---

① BGHSt 42, 235, 238 ff., 以较模糊的方式确定了原因自由行为在道路交通犯罪中的不适用性；另可参见 *BGH* NStZ 1997, 230。

② 区分的背景详见 Schönke/Schröder/*Lenckner/Eisele*, Vor § 13 ff. Rn. 124 ff.

本案中这样的结果体现为两名乘客遭受的具体危险,并且已经实现为法益毁灭。因此在本案中,可以依据《德国刑法典》第9条第1款第三种情形的规定,将昏醉状态下犯罪行为的结果发生地作为犯罪地。①

b) 构成要件

A对自己陷入昏醉状态至少具有间接故意。 21

c) 客观处罚条件

A实施了《德国刑法典》第315c条第1款第1项a和第3款意义上的危害道路交通的违法行为。然而A由于醉酒无罪责能力,无罪(详见上文)。但存在作为客观处罚条件的昏醉状态下的犯罪行为。 22

提示:至于应对昏醉状态下的犯罪行为进行过失非难还是故意非难(以醉酒的时间点),在此可搁置不议,因为《德国刑法典》第323a条明确规定将昏醉状态下的犯罪行为作为客观处罚条件。② 23

d) 违法性与罪责

A的行为违法且有责,所以A构成《德国刑法典》第323a条规定的昏醉罪。 24

4. 对第一组行为的结论与竞合

依据《德国刑法典》第222条(过失杀死两人),第323a条,第315c条第1款、第3款第1项和第53条的规定③,A构成 25

---

① BGHSt, 42, 235, 242; 也可参见 *Hilgendorf*, NJW 1997, 1873, 1874。
② 出于罪责原则所表达的反对顾虑参见 *Kaufmann*, JZ 1963, 425, 431; *Fahl*, JuS 2005, 1076, 1078; NK/*Paeffgen*, § 323a Rn. 7附有进一步的明证。
③ *Lackner/Kühl*, § 323a Rn. 18.

过失杀人罪和昏醉罪，二者成立犯罪复数（实质竞合，数罪并罚）。

（二）第二组行为：假想的抢劫

1. 故意杀人罪未遂，《德国刑法典》第212条第1款、第22条、第23条第1款

26　　可以排除《德国刑法典》第212条第1款、第22条、第23条第1款规定的故意杀人罪未遂的刑事可罚性，因为并不能认定A在驾车撞向边检员时具有杀人故意。

27　　**提示：** 在此可以省略详细的检验，因为A显然不具有杀人故意。

2. 危险伤害罪未遂，《德国刑法典》第223条第1款、第224条第1款、第22条、第23条第1款

28　　A的行为涉嫌触犯《德国刑法典》第223条第1款、第224条第1款第2项和第5项、第22条、第23条第1款的规定，可能构成危险伤害罪未遂。

a) 预先检验

29　　行为没有既遂，因为G未受伤。依据《德国刑法典》第224条第2款、第23条第1款第二种情形、第12条第2款的规定，危险伤害罪未遂可罚。

b) 行为决意

30　　A必须具有乱待边检员身体或者损害其健康的行为决意。发动汽车是一个险恶、失当的行为，也可能引起他人偏离于身体正常状态的病理状态。A明知如此，却抱有毫不在意的态度。

因此，他对乱待身体和损害健康至少是认可接受的。A在行为时具有附条件的故意，因而具有行为决意。

依据《德国刑法典》第224条第1款第2项第二种情形的规定，危险工具意味着就其客观属性及其具体的使用方式而言，能够造成严重身体伤害的物体。① A启动汽车，想从边检员的检查下逃出。这样很可能造成边检员严重的身体伤害。因此，可将汽车视为危险工具。而A在行为时也具有故意。此外，A的行为也给边检员带来了具体的生命危险，因为他差一点就驾车撞到边检员。对于《德国刑法典》第224条第1款第5项而言，究竟是以具体的生命危险为必要条件还是只需要抽象的生命危险可以搁置不议。② A对危害边检员的生命具有故意。 **31**

A存在行为决意。 **32**

c) 直接着手

A已经实施了构成要件的实行行为，依据《德国刑法典》第22条的规定，A已经直接着手实现构成要件。 **33**

d) 违法性

A的行为违法。 **34**

e) 罪责

然而罪责层面可能存在问题。鉴于A血液中的酒精含量，依据《德国刑法典》第20条的规定，其在行为时间点上无罪责能力。根据上文对原因自由行为的论述，这里至少可以考虑将作为结果犯的《德国刑法典》第223条第1款和第2款规定的伤害罪的罪责非难前置到饮酒的时间点上。但《德国刑法 **35**

---

① BGHSt, 3, 105, 109.
② 只有少数派观点要求出现具体的生命危险。详见 *Lackner/Kühl*, § 224 Rn. 8。

典》第224条第1款第2项和第5项涉及行为定式的犯罪描述（verhaltensgebundene Tatbeschreibungen），所以不适用原因自由行为。但是如果对A在饮酒的时间点进行罪责非难，则他后来给边检员带来危险的行为就仅具有过失，而非《德国刑法典》第223条第1款和第2款要求的故意。因此，此处排除A的刑事可罚性。

36　　**提示**：这里不需要探讨当A驾车撞向边检员时，是否陷入容许构成要件错误的问题。因为（无）罪责能力的问题位于容许构成要件错误的检验之前（至少依照通说，陷于这种错误时要排除罪责故意）。

3. 昏醉罪，《德国刑法典》第323a条

37　　这里也要对《德国刑法典》第323a条规定的昏醉罪进行检验。

a) 构成要件

38　　A故意使其处于昏醉状态，因此符合《德国刑法典》第323a条规定的客观与主观构成要件。

b) 客观处罚条件

39　　然而问题在于，是否可将危险伤害未遂视为《德国刑法典》第323a条意义上的昏醉状态下的犯罪行为。第323a条规定，如果昏醉状态下实施犯罪行为的人无罪责能力或者不能完全排除其无罪责能力，其就不因在昏醉状态下实施的犯罪行为而具有刑事可罚性。在此，故意犯罪行为完全刑事可罚性的落空不仅因为A无罪责能力，同时也因为存在容许构成要件错误，因为A在行为的时间点认定自己遭到了抢劫。A的反应在《德国刑法

典》第32条规定的范围内是被允许的,尤其是符合正当防卫的必要性标准。

接下来的问题是,可否在《德国刑法典》第323a条规定的范围内考虑A的认识错误。反对意见认为,对于一个喝醉到无罪责能力的人查明认识错误必定建立在假定的基础上,在教义学塑造的各种认识错误的类型中选择出一种更是如此。①依照通说,《德国刑法典》第323a条意义上的昏醉状态下的犯罪行为的认识错误仍然值得注意。这应是指与昏醉状态相关的认识错误。②因为《德国刑法典》第323a条的字面含义几乎没有说明在昏醉罪构成要件的适用范围内不考虑所有的认识错误或是特定的认识错误;而对于与昏醉状态相关的认识错误而言,《德国刑法典》第323a条第1款自身甚至都要求对主观犯罪层面(subjektive Tatseite)的认定,所以要遵循这种观点。③在本案中必须要考虑A的容许构成要件错误。

40

依照通说,陷入容许构成要件错误就排除了罪责故意(Schuldvorsatz),即所谓的指向法律后果的限制罪责说(eingeschränkte rechtsfolgenverweisende Schuldtheorie)。而判例则认为陷入容许构成要件错误就不具有构成要件故意(Tatbestandsvorsatz),于是就排除了构成要件符合性。④应优先选择第一种观点,因为它避免了共犯情形的处罚漏洞。但是这个问题最终可以不作定论,因为无

41

---

① LK/*Spendel*,§323a Rn. 185 ff.,198,202.
② *Arzt/Weber/Heinrich/Hilgendorf*,BT,§40 Rn. 21;*Lackner/Kühl*,§323a Rn. 9二者附有进一步的明证。
③ 希望对法律条文进行修改,参见NK/*Paeffgen*,§323a Rn. 4。
④ 不同的解决方案详见*Wessels/Beulke/Satzger*,AT,Rn. 467 ff.

论如何都缺乏（整体）故意。①因此，本案中并不存在《德国刑法典》第323a条意义上昏醉状态下的犯罪行为。②

c) 结论

42 总体上看，不能依据《德国刑法典》第323a条，第223条，第224条第1款第2项和第5项、第2款，第22条，第23条第1款的规定对A进行处罚。

4. 侵害道路交通罪，《德国刑法典》第315b条第1款第3项和第5款

43 A涉嫌触犯《德国刑法典》第315b条第1款第3项和第5款的规定，可能构成侵害道路交通罪。

a) 构成要件

44 A必须以《德国刑法典》第315b条第1款第1项、第2项规定的或者其他类似的危险侵害行为侵害道路交通安全。与《德国刑法典》第315c条的区别在于，第315b条主要针对来自外部的交通侵害（verkehrsfremde Eingriffe）。这对驾车行为而言就有些棘手，因为驾车行为原则上已经参与了交通事件（Verkehrsgeschehen）。因此判例要求行为人至少具有造成损害的间接故意而实施行为，并且有意违反用途以及交通规则地滥用汽车。③如果行为人只是持引发危险的故意实施行为，并且主要目的是为了自己继续前行，就不存在对道路交通的侵害。

---

① 通说对《德国刑法典》第323a条的解读是只有在无罪责能力的情况下才可排除昏醉状态下犯罪行为的刑事可罚性，参见NK/*Paeffgen*, § 323a Rn. 78。
② 在处理容许构成要件错误时如果遵循严格罪责说（《德国刑法典》第17条），并视缺乏不法意识对于《德国刑法典》第323a条而言无足轻重，就可主张另外一种结论，详见NK/*Paeffgen*, § 323a Rn. 75。
③ BGHSt 48, 233, 237 f.

A驾车撞向G是为了使其把路让开，以便自己能够逃走。由此A认可接受了对G的伤害。A实施行为时具有损害故意，并且将滥用汽车作为强制手段（Nötigungsmittel）。因此，A的行为存在《德国刑法典》第315b条第1款第3项意义上的侵害。 **45**

这种侵害给G的身体以及生命带来了具体危险。 **46**

由于A陷入容许构成要件错误，这里可以依据《德国刑法典》第16条、第315b条第1款和第5款的规定仅对其考虑过失行为的刑事可罚性。然而问题在于，可否将A的行为认定为过失行为。这里可以很容易地认定A在客观上违反了注意义务，原因在于，一个清醒谨慎之人绝对不会将身着制服的边检员错认为劫匪。 **47**

b)违法性

A的行为违法。 **48**

c)罪责

然而，问题在于主观注意义务之违反。一种观点认为，A由于醉酒并不能认出边检员的身份。而反对意见则认为，A虽然醉酒但是仍然可以做出移动汽车所必要的动作，而且他也可以将汽车停在路边。尽管A大醉，但其还是具有最低限度的反应以及驾驶能力。在这种状态下仍然可以期待A不将一个身着制服的边检员误认为劫匪。A依然驾车向G撞去，原则上可以对其依据《德国刑法典》第315b条第1款第3项和第5款的规定进行违反注意义务的非难。① **49**

提示：由于A因无罪责能力而排除罪责，所以不一定要检 **50**

---

① 也可主张另一种结论。

验他的主观注意义务之违反。

51 然而由于A无罪责能力,所以不能对其依据《德国刑法典》第315b条第1款第3项和第5款的规定进行处罚。

5. 昏醉罪,《德国刑法典》第323a条

52 《德国刑法典》第315b条第1款第3项和第5款意义上的行为仍然有可能属于《德国刑法典》第323a条意义上的昏醉状态下的犯罪行为。与《德国刑法典》第223条、第224条、第22条、第23条规定的危险伤害罪未遂不同的是,容许性构成要件错误在此对刑事可罚性不起决定作用。更为准确地说,A仅因其不具有罪责能力而不具有《德国刑法典》第315b条第1款第3项和第5款规定的侵害道路交通罪的刑事可罚性。但A的行为符合《德国刑法典》第323a条规定的其他前提(参见第二组行为第3点的昏醉罪),依据《德国刑法典》第323a条会同第315b条第1款第3项和第5款的规定,A构成昏醉罪。

6. 酒后驾驶罪,《德国刑法典》第323a条和第316条第1款

53 此外A还存在符合《德国刑法典》第316条规定的酒后驾驶罪的行为。然而由于A因醉酒而无罪责能力,该行为只被视为《德国刑法典》第323a条意义上的昏醉状态下的犯罪行为。

54 提示:对《德国刑法典》第316条的认定没有任何问题。《德国刑法典》第323a条规定的前提已被多次检验。鉴于闭卷考试的篇幅允许对该构成要件进行简略论述。

7. 抗拒执行公务之官员罪,《德国刑法典》第113条第1款

由于缺乏主观构成要件不能认定A的行为符合《德国刑法典》第113条规定的抗拒执行公务之官员罪的构成要件。 **55**

8. 擅自逃离肇事现场罪,《德国刑法典》第142条第1款第1项

A没有注意到事故的发生,所以他在行为时不具有故意,不符合主观构成要件。 **56**

9. 对第二组行为的结论

依据《德国刑法典》第323a条,第315b条第1款第3项、第5款以及第316条的规定,A构成昏醉罪。 **57**

(三)竞合与最终结论

因为A所有的行为都在同一个昏醉状态下实施,所以只构成《德国刑法典》第323a条规定的昏醉罪。①该罪和此外构成的《德国刑法典》第222条规定的过失杀人罪(两起)成立实质竞合②(Realkonkurrenz),数罪并罚。 **58**

四、案例评价

本案是刑法进阶练习中很难的案例,不仅要处理基本问题,而且涉及一些并不为学生所熟知的问题,给了学生独立进行论证的空间。

---

① Schönke/Schröder/*Sternberg-Lieben/Hecker*, § 323a Rn. 28.
② MünchKomm/*Geisler*, § 323a Rn. 74; *Lackner/Kühl*, § 323a Rn. 18.

第一组行为的重点在于检验罪责，或者更为准确地说，在于原因自由行为的适用。学生在分析案例时，应展示自己能正确找出重点，准确识别问题，并对问题进行定位。对毫无疑问的问题进行简略分析，对具有争议的问题进行详尽论述。学生必须要熟悉适用原因自由行为的不同论证。另外要求学生具备论证能力的特别问题是本案能否适用德国刑法，主要针对《德国刑法典》第323a条。

第二组行为首先涉及危险伤害罪。必须区分《德国刑法典》第224条第1款规定的各种情形。检验原因自由行为在此处的适用依然是个难点。另外一个难点在于，在检验《德国刑法典》第323a条时，应在何种程度上考虑认识错误。这不仅仅涉及基本问题，应要求学生认识到存在的主要问题并通过自己的论证得出一个合理的结论。学生在检验《德国刑法典》第315b条时必须要熟悉其与第315c条的界定问题。

因为在第二组行为中要检验很多犯罪行为，所以正确地设置重点极为重要。一些毫无疑问的构成要件，诸如《德国刑法典》第113条、第142条之规定，经过检验后也会得出不符合构成要件的结论，则适当简述即可。

其他延伸阅读: *Beck*, Fahrlässiger Umgang mit der Fahrlässigkeit, JA 2009, 111–115 und JA 2009, 268–270; *Brüning*, Das unerlaubte Entfernen vom Unfallort gem. § 142 StGB, ZJS 2008, 148–154; *Eisele*, Der Tatbestand der Gefährdung des Straßenverkehrs (§ 315c StGB), JA 2007, 168–173; *Swobada*, Grundwissen – Strafrecht: Der Gewaltbegriff, JuS 2008, 862–863.

案例10：过于热心的牙医

> **关键词**：伤害罪；同意；医生的解释说明义务；病患的判断能力；违背善良风俗
>
> **难　度**：偏难

一、案情

P是牙医Z的病人，患有长期的偏头痛，P认为其位于上颌骨的牙齿是偏头痛的原因，所以请求Z将其全部拔掉。虽然Z对P指出，这种关联在医学上并无可能，但是P坚持要拔掉牙齿。最后，Z对P说明了医疗措施的过程，然后便用拔牙钳拔光了P上颌骨处的所有牙齿。之后Z为P制作了相应的假牙。

此外P还主诉右下颌骨牙齿剧烈疼痛，然而他错误地说成牙疼来自左下颌骨。虽然Z本来应该认识到那里的牙齿并无问题，但他还是对健康的牙齿进行了钻孔治疗。Z之后意识到自己的错误，按照诊疗规范对牙齿进行了填料修复，但是他并没有将这件事告诉P。由于时间紧迫，Z也没有对P原本引起疼痛的牙齿进行治疗。

R也因饱受牙疼折磨请求Z为其治疗。Z认为疼痛是由一颗坏掉的智齿引起的。在没有向R提供其他可行性治疗措施的情况下，Z直接将这颗智齿拔掉。这颗智齿也许可以通过（补牙）填料来进行挽救。

试问牙医Z的刑事可罚性？已经提起了必要的告诉。

变体案情：在对R进行治疗期间，Z的医辅人员，也是他的妻子A同时在场。A明知其丈夫拔掉智齿的行为并不存在明确的治疗指征，但由于不想揭穿她的丈夫，她并没有说出来。

试问Z、A的刑事可罚性？已经提起了必要的告诉。

二、分析提纲

（一）第一组行为：拔掉P上颌骨所有的牙齿 ………… 1

1. 危险伤害罪，《德国刑法典》第223条第1款、第224条第1款 ………………………………… 1
   - a) 构成要件 ………………………………………… 2
     - aa) 客观构成要件 ………………………………… 2
       - ① 基本构成要件的客观构成要件，《德国刑法典》第223条第1款 …………………… 2
   - 问题：医生的侵入性治疗符合构成要件吗？
       - ② 加重构成要件的客观构成要件，《德国刑法典》第224条第1款第2项第二种情形 ………… 7
     - bb) 主观构成要件 ………………………………… 9
   - b) 违法性 …………………………………………… 10
   - 问题：P在同意时存在意思瑕疵吗？
   - c) 罪责 ……………………………………………… 16
   - d) 结论 ……………………………………………… 17

2. 严重伤害罪，《德国刑法典》第226条第1款第3项 …… 18
   - a) 基本构成要件 …………………………………… 19

      b) 出现严重结果,《德国刑法典》第226条第1款第3项 20
      c) 结论 ································· 23
  3. 对第一组行为的结论 ················· 24

(二) **第二组行为：混淆** ················· 25
  1. 伤害罪,《德国刑法典》第223条第1款 ············ 25
    a) 构成要件 ····························· 26
      aa) 客观构成要件 ······················ 26
      bb) 主观构成要件 ······················ 28
    b) 违法性 ······························· 29
    c) 罪责 ································· 32
  问题：如何处理容许构成要件错误？
    d) 结论 ································· 36
  2. 过失伤害罪,《德国刑法典》第229条 ············· 37
    a) 构成要件 ····························· 38
    b) 违法性与罪责 ························· 42
    c) 结论 ································· 43
  3. 不作为的伤害罪,《德国刑法典》第223条第1款、
     第13条 ································· 44
    a) 构成要件 ····························· 45
      aa) 客观构成要件 ······················ 45
      bb) 主观构成要件 ······················ 50
    b) 违法性 ······························· 51
    c) 罪责 ································· 52
    d) 结论 ································· 53

4.不进行救助罪,《德国刑法典》第323c条 ·················· 54
   a)构成要件 ··· 55
   b)结论 ··· 56
5.对第二组行为的结论 ··· 57

（三）第三组行为：智齿 ·· 58

1.危险伤害罪,《德国刑法典》第223条第1款、第
224条第1款 ·· 58
   a)构成要件 ··· 59
      aa)客观构成要件 ··· 59
         ①基本构成要件的客观构成要件,《德国刑法典》
           第223条第1款 ·· 59
         ②加重构成要件的客观构成要件,《德国刑法典》
           第224条第1款第2项第二种情形 ················· 61
      bb)主观构成要件 ··· 63
   b)违法性 ·· 64
   c)罪责 ··· 67
   d)结论 ··· 68
2.对第三组行为的结论 ··· 69

（四）对Z刑事可罚性的最终结论与竞合 ························· 70

（五）变体案情 ·· 71

1.伤害罪的共同正犯,《德国刑法典》第223条第1款、
第25条第2款 ·· 72
   a)构成要件 ··· 73

        b) 结论 ·· 74
    2. 伤害罪不作为的帮助犯，《德国刑法典》第223条
       第1款、第27条第1款、第13条 ······················ 75
        a) 构成要件 ·· 76
            aa) 客观构成要件 ································· 76
                ① 可参与的主行为 ······················· 76
                ② 提供帮助 ································ 77
            bb) 主观构成要件 ································· 79
        b) 违法性与罪责 ······································ 80
        c) 结论 ·· 81
    3. 阻挠刑罚罪，《德国刑法典》第258条第1款 ········ 82
        a) 客观构成要件 ······································ 83
        b) 结论 ·· 84
    4. 对A刑事可罚性的最终结论 ···························· 85

三、案情分析

（一）第一组行为：拔掉P上颌骨所有的牙齿

1. 危险伤害罪，《德国刑法典》第223条第1款、第224条第1款

Z拔掉P上颌骨全部牙齿，涉嫌触犯《德国刑法典》第223条第1款、第224条第1款的规定，可能构成危险伤害罪。

1

a）构成要件

aa）客观构成要件

①基本构成要件的客观构成要件，《德国刑法典》第223条第1款

2　　首先Z拔掉P上颌骨所有牙齿的行为必须符合基本构成要件，也就是《德国刑法典》第223条第1款规定的乱待身体或者损害健康。

3　　《德国刑法典》第223条第1款第一种情形规定的乱待身体意味着所有险恶、失当地给他人的身体安宁或身体完整性造成明显损害的行为[①]；《德国刑法典》第223条第1款第二种情形规定的损害健康意味着引起或加剧他人偏离于身体正常状态的病理状态。[②]

4　　Z的医疗措施导致P上颌骨的所有牙齿被拔掉，并且损害了P的身体安宁，因此符合《德国刑法典》第223条第1款第一种情形规定的乱待身体。由于P上颌骨不存在任何牙齿，他已经处于病理状态，因此Z的行为也符合《德国刑法典》第223条第1款第二种情形规定的损害健康。

5　　然而根本问题在于，医生的医疗行为能否符合伤害罪的构成要件。文献观点主张医生的医疗行为根本就不符合伤害罪的构成要件，因为其目的是维持身体健康而不是损害身体健康。[③]

6　　相反，判例的一贯立场则认为即便符合诊疗规范（lege artis）而实施的侵入性治疗（Heileingriff）也符合伤害罪的构成

---

① *Fischer*, § 223 Rn. 4.
② *Fischer*, § 223 Rn. 8.
③ 详见 Schönke/Schröder/*Eser/Sternberg-Lieben*, § 223 Rn. 30 ff.; *Lackner/Kühl*, § 223 Rn. 8 ff.

要件。①医疗行为并不会因为它"良好的意愿"就不符合《德国刑法典》第223条规定的构成要件。相反,为避免专断的医疗行为,这里需要病患明示或者默示的同意作为医疗行为的违法阻却事由。②这种意见的可取之处在于,它保证了医生不会违背病患意思而实施医疗行为,否则医生就会陷入被刑事追诉的麻烦之中。本案中的医疗行为甚至不存在医学上的指征(medizinische Indikation),所以无论如何都可以肯定Z的医疗行为符合伤害罪的客观构成要件。

②加重构成要件的客观构成要件,《德国刑法典》第224条第1款第2项第二种情形

Z在拔掉P的牙齿时可能使用了《德国刑法典》第224条第1款第2项第二种情形意义上的危险工具。危险工具是指就其客观属性及其具体使用方式而言,能够造成严重身体伤害的物体。③在此可将拔牙钳视为危险工具。

然而拔牙钳还需符合另一条件,即用于攻击或者防卫。④Z只将拔牙钳用于牙科治疗,因此不属于《德国刑法典》第224条第1款第2项第二种情形意义上的危险工具。

bb) 主观构成要件

依据《德国刑法典》第15条的规定,Z在行为时必须具有故意。故意是指对所有的客观行为情状存在认识,实现构成要件的意欲。⑤Z对所有的情状存在认识,并蓄意地拔掉了P的牙

---

① 始于RGSt 25, 375; 参见*Fischer*, § 223 Rn. 16 f.的明证。
② *Fischer*, § 223 Rn. 17.
③ *Fischer*, § 224 Rn. 9.
④ *BGH* NJW 1978, 1206.
⑤ BGHSt 19, 295, 298.

齿。因此Z具有故意。

b) 违法性

10　　然而Z的行为可能通过违法阻却事由排除违法性。在此可以考虑P的同意。因为身体完整性并不是超个人法益（Rechtsgut der Allgemeinheit），P对此有权支配。此外，P还需具有同意能力并且其同意必须郑重且无意思瑕疵（Willensmängel）地做出。如果同意人智力以及道德足够成熟，能够认识放弃法益的本质、意义以及影响并对此做出符合实际情况的判断，同意人就具有同意能力。① 本案中可以确认P具有这样的智力以及道德成熟度。

11　　此外，只有在医生向病患做出解释说明后，病患才能表示同意。医生解释说明义务的范围存在争议②，但对此可以搁置不议，因为已经存在相应的解释说明：Z明确地对P指出偏头痛与他的牙齿在医学上不存在任何关联。

12　　P长期忍受偏头痛的痛苦，这可能会导致其做出的同意存在意思瑕疵，因为其判断能力受限。文献认为病患在此应该自我答责（Selbstverantwortung）③并且认为只有在疾病造成精神缺陷时，才能肯定存在意思瑕疵。然而本案中并不存在这种缺陷。

13　　另一种意见认为如果被害人是出于无知（Unkenntnis）而做出同意，或者无法对相关因素进行理性衡量，其同意情绪表达（seelische Verfassung）就存在判断能力上的缺陷。④ P并不是出

---

① Schönke/Schröder/*Lenckner/Sternberg-Lieben*, Vor §§ 32 ff. Rn. 40.
② 对此详见 *Rohde*, Regelwidrige und eigenmächtige zahnärztlich-prothetische Behandlung, 1999。
③ *Amelung*, ZStW 104 (1992), 525, 546 ff.
④ *BGH* NJW 1978, 1206.

于无知而做出决定,因为Z已经向P告知了牙齿与偏头痛不存在任何关联。

但持久的疼痛以及从一开始就不可能达到治愈目的的极端治疗愿望表明P极度绝望,导致P无法对相关情况做出理性衡量。而Z作为医生,在这种情况下进行此类不可逆转的治疗是极不恰当的。因此,并不存在P的有效同意。Z的行为违法。

提示:以上方案符合德国联邦最高法院的判例意见。在此学生也可通过相应论证主张另一结论。可将《德国刑法典》第228条的规定作为标准来衡量同意的效力,这一条也可以在公民不理性时为其提供保护。当Z的行为违背公平正义的观念时(这在本案中是获得肯定的),可适用《德国刑法典》第228条的规定。①

c) 罪责

Z的行为有责。

d) 结论

Z构成《德国刑法典》第223条第1款规定的伤害罪。依据《德国刑法典》第230条第1款的规定,已经提起了必要的告诉。

2. 严重伤害罪,《德国刑法典》第226条第1款第3项

Z的行为还涉嫌触犯《德国刑法典》第226条第1款第3项的规定,可能构成严重伤害罪。

a) 基本构成要件

Z的行为已然符合《德国刑法典》第223条第1款规定的伤害罪的客观构成要件和主观构成要件。

---

① MünchKomm/*Hardtung*, § 228 Rn. 31 ff., 45.

b)出现严重结果,《德国刑法典》第226条第1款第3项

20 依据《德国刑法典》第226条第1款第3项的规定,行为须给被害人造成持续的明显毁容,或使其陷于长期疾病、残疾、精神疾病或精神障碍之中。Z拔光了P上颌骨的所有牙齿可能造成其持续的明显毁容。

21 毁容意味着对他人整体形象的毁坏。[①]明显毁容就意味着其对被害人的影响与《德国刑法典》第226条所列举的其他严重后果相当。[②]拔掉上颌骨所有牙齿严重损害了P的视觉形象。因为P无法掩饰脸上的毁容,并且每个人都可看见,这会对P造成与《德国刑法典》第226条规定的其他情形相当的心理损害。P明显毁容。

22 当外貌受到永久性或者持久性的损害时,这种毁容就是持续的。[③]如果可通过普遍可行的医疗措施人工去除外观毁容,并且被害人对此可期待,那么这种毁容就不是持续的。[④]本案中Z给P安装了假牙,这在牙科治疗中是一个普遍的医疗步骤。这虽然不能帮助P恢复其原始状态,但是可以消除外观损害,P也可以期待假牙的安装。这样一种相对轻微的侵入性治疗可以全面去除外观损害,因此P的毁容不是持续的。

c)结论

23 Z的行为并不符合《德国刑法典》第226条第1款第3项规定的客观构成要件,因此Z不构成严重伤害罪。

---

① *Fischer*, § 226 Rn. 9.
② *Fischer*, § 226 Rn. 9.
③ Schönke/Schröder/*Stree/Sternberg-Lieben*, § 226 Rn. 4/5.
④ *Wessels/Hettinger*, BT 1, Rn. 293.

3. 对第一组行为的结论

Z构成《德国刑法典》第223条第1款规定的伤害罪。 24

（二）第二组行为：混淆

1. 伤害罪，《德国刑法典》第223条第1款

Z对健康的牙齿进行钻孔治疗，涉嫌触犯《德国刑法典》第223条第1款的规定，可能构成伤害罪。 25

a) 构成要件

aa) 客观构成要件

对牙齿钻孔是一个险恶、失当地给他人的身体安宁造成明显损害的行为，因此其符合《德国刑法典》第223条第1款第一种情形规定的乱待身体。一个被钻开的牙齿明显偏离了健康的状态，需要进行治疗。原则上这也引起了偏离于身体正常状态的病理状态。 26

从整个过程来看，由于进行了专业填料修复，Z的行为未能符合《德国刑法典》第223条第1款第二种情形规定的构成要件，填料修复消除了病理状态。然而这里的关键在于单个行为，而不是整个医疗行为。病理状态在客观上已经出现，即便只持续了很短的时间。事后的填料修复对于《德国刑法典》第223条第1款规定的构成要件符合性不产生任何影响。 27

bb) 主观构成要件

Z在行为时具有对客观行为情状（Tatumstände）的故意。 28

b) 违法性

这里可能存在的违法阻却事由是P的同意。 29

P对其身体完整性具有处分权，他能够做出针对身体伤害的 30

同意。因此P对其可支配的法益进行了处分。此外，P也具有同意能力。

31　　还须检验P是否在无意思瑕疵的情况下做出同意。这里需要同意与同意人P在做出表示那一刻的价值观念保持一致。只有P做出的表示与其真实意思相符时，同意才有排除违法性的效力。① P做出的同意本是针对其右下颌骨的牙齿，而不是因口误表达的左下颌骨的牙齿。因此，这个同意表示并不符合P的观念，此时只存在针对右下颌骨牙齿的有效同意。② P对于左下颌骨牙齿做出的同意存在意思瑕疵，因而无效。Z的行为违法。

c) 罪责

32　　不过Z的行为可能具有罪责阻却事由。Z可能陷入了容许构成要件错误。容许构成要件错误是指，行为人误以为存在特定的事实情状，如果这些事实情状"真实存在"，他的行为就可排除违法性。

33　　这里必须重新考虑P的同意，依据Z的认识，P已然同意对其病牙进行医学治疗。因为P做出同意表示，该同意涉及对原则上可自由支配的法益，即身体完整性的处分，且不违背善良风俗，因此P的同意依据Z的认识是有效的。如果P没有口误的话，Z的行为可以依据P的同意排除违法性。因此存在一个容许构成要件错误。

34　　依照主流观点，即所谓的指向法律后果的限制罪责说，在对《德国刑法典》第16条第1款第1句进行类推适用后就可以排

---

① Schönke/Schröder/*Eser/Sternberg-Lieben*, § 223 Rn. 39.
② 依照另外一种观点，同意不一定要表示出来。对此详见 *Zieschang*, AT, Rn. 289。这种观点在本案中不会导致产生其他结论。

除Z的罪责故意。①

提示：指向法律后果的限制罪责说是在罪责层面排除对故意的罪责非难，而非在主观构成要件层面。这就仍有可能对共犯进行处罚，因为存在故意且违法的主行为。②

d) 结论

Z不构成《德国刑法典》第223条第1款规定的伤害罪。

2. 过失伤害罪，《德国刑法典》第229条

Z的行为涉嫌触犯《德国刑法典》第229条的规定，可能构成过失伤害罪。

a) 构成要件

Z给P牙齿钻孔的行为虐待了P的身体并损害了他的健康（详见上文）。

需要检验的是，一个谨慎的第三人从事前角度出发在行为人所处的情况下会怎样行为。谨慎行为的牙医会认识到，所要钻孔的牙齿并不是导致疼痛的那颗，并且P做出的同意无效。因而Z的行为在客观上违反了注意义务。

进一步要检验的是，出现的结果是否在客观上可预见。当主要的因果进程以及所出现的结果没有完全脱离日常生活经验，以至于对此可以预见时，就存在客观预见可能性。③ Z对健康的牙齿进行钻孔时，可以预见会出现符合伤害罪构成要件的结果。所以结果在客观上也是可预见的。

---

① Schönke/Schröder/*Sternberg-Lieben*, § 16 Rn. 17附有进一步的明证。
② 对于容许构成要件的处理详见本卷案例2"警惕的邻居"、案例9"醉驾"以及新生卷案例7"自动射击装置"。
③ *Baumann/Weber/Mitsch*, § 22 Rn. 43.

41　　存在义务违反之关联，因为如果Z符合注意义务地实施了行为，就不会出现这种结果。

　　b)违法性与罪责

42　　对健康牙齿进行钻孔的行为可能具有违法阻却事由，这当然是在P做出有效同意的情况下。然而如上文所述，P的同意是无效的。Z的行为有责，并且他的行为也违反了个人注意义务并且结果对个人而言是可预见的。

　　c)结论

43　　Z构成《德国刑法典》第229条规定的过失伤害罪。

　　3.不作为的伤害罪，《德国刑法典》第223条第1款、第13条

44　　Z不治疗P真正疼痛的牙齿的行为可能会损害该牙齿的健康，涉嫌触犯《德国刑法典》第223条第1款、第13条的规定，可能构成不作为的伤害罪。

　　a)构成要件

　　aa)客观构成要件

45　　Z的不作为可能构成对P身体的乱待。维持牙齿疼痛的状态体现了对身体安宁的损害。因此，Z的行为出现了符合构成要件的结果，即乱待身体。

46　　此外，Z对于得当治疗的不作为也损害了P的健康。不予治疗虽然没有引起P偏离于身体正常状态的病理状态，但对这一状态的维持足以符合构成要件。

47　　Z没有进行必要的手术，因此未采取客观上需要且物理—现实上（physisch-real）可能的措施。

48　　该不作为必须是造成伤害结果的原因。这里可以考虑假定

的因果关系（hypothetische Kausalität），即设想若存在某个行为，则结果以几近确定的概率不会发生。[①]如果牙医进行了治疗，那么就不会构成维持疼痛状态的乱待身体。因而未实施手术是构成乱待身体的原因。

医疗合同（Behandlungsvertrag）是保证人地位的来源。[②]此外依据《德国刑法典》第13条第1款的规定，还要检验由不作为实现的法定构成要件是否与由作为实现该构成要件具有等价性。纯粹结果犯中的等价性（Gleichwertigkeit）已经通过保证人地位得以成立。

bb) 主观构成要件

依据《德国刑法典》第15条的规定，Z必须对所有客观构成要件要素具有故意。Z明知自己犯了错误，仍然蓄意地放弃基于保证人地位而须实行的可以避免结果发生的行为。因此，Z对所有构成要件要素具有故意。

b) 违法性

这里可能会存在阻却违法的义务冲突（rechtfertigende Pflichtenkollision），即行为人身负多重排他性的作为义务而无法兼顾，为了履行客观上更高位阶的作为义务而违反较低位阶的作为义务的情形。[③]单纯的时间紧迫并不能排除Z不予治疗的违法性，此外也不存在另一个更高位阶的作为义务。Z的行为违法。

c) 罪责

Z的行为有责。

---

① *Fischer*, Vor § 13 Rn. 39; *Hilgendorf/Valerius*, AT, § 11 Rn. 28 ff.
② 参见 Schönke/Schröder/*Stree/Bosch*, § 13 Rn. 28 a。
③ *Fischer*, Vor § 32 Rn. 11.

d) 结论

53 Z构成《德国刑法典》第223条第1款、第13条规定的不作为的伤害罪。依据《德国刑法典》第230条第1款的规定,已经提起了必要的告诉。

4. 不进行救助罪,《德国刑法典》第323c条

54 Z对医疗行为的不作为还涉嫌触犯《德国刑法典》第323c条的规定,可能构成不进行救助罪。

a) 构成要件

55 首先必须存在意外事故、共同危险或者公共困境。意外事故是指会给人或有价值的财物带来巨大危险的突发事件。[①]在病情后续发展中,只有当病情突然或急剧恶化时才能称得上意外事故。因此Z的行为不符合《德国刑法典》第323c条规定的构成要件。

b) 结论

56 Z不构成《德国刑法典》第323c条规定的不进行救助罪。

5. 对第二组行为的结论

57 Z构成《德国刑法典》第229条规定的过失伤害罪,第223条第1款、第13条规定的不作为的伤害罪,二者成立《德国刑法典》第52条规定的犯罪单数(想象竞合,从一重处罚)。

(三)第三组行为:智齿

1. 危险伤害罪,《德国刑法典》第223条第1款、第224条第1款

58 Z拔掉R的智齿,涉嫌触犯《德国刑法典》第223条第1款、

---

① Schönke/Schröder/*Sternberg-Lieben/Hecker*, § 323c Rn. 5.

第224条第1款的规定,可能构成危险伤害罪。

a) 构成要件

aa) 客观构成要件

①基本构成要件的客观构成要件,《德国刑法典》第223条第1款

拔掉R智齿的手术,一般都会带来疼痛,因此符合《德国刑法典》第223条第1款第一种情形规定的乱待身体。第223条第1款第二种情形规定的损害健康则意味着引起或加剧他人偏离于身体正常状态的病理状态。① R的牙齿被拔掉了,因而存在病理状态。因此Z损害了R的健康。

提示:医生侵入性治疗是否符合伤害罪构成要件的问题已经在第一组行为中充分讨论,在此处简单提及即可。

②加重构成要件的客观构成要件,《德国刑法典》第224条第1款第2项第二种情形

Z使用的拔牙钳可能属于《德国刑法典》第224条第1款第2项第二种情形意义上的危险工具。

然而拔牙钳并没有被用于攻击或防卫,而是用于牙科治疗。因此,拔牙钳不属于《德国刑法典》第224条第1款第2项第二种情形意义上的危险工具。

bb) 主观构成要件

依据《德国刑法典》第15条的规定,Z在行为时必须具有故意。Z在行为时对所有情状存在认识,并且蓄意地拔掉了R的智齿。因此Z具有故意。

---

① *Fischer*, § 223 Rn. 8.

b) 违法性

64　　Z的行为可能通过R的同意排除违法性。R是其身体完整性法益的持有者，因而可以对该法益进行处分。R也确实对这个自己可支配的法益进行了处分。

65　　此外R还须具有同意能力。如果同意人在智力以及道德上成熟，能够认识到放弃法益的本质、意义以及影响，并对此做出符合实际情况的判断，那么他就具有同意能力。① R完全可以判断其决定的风险和后果，因此具有同意能力。

66　　还需检验R是否在无意思瑕疵的情况下做出同意。R不能出于无知而做出决定，Z必须对R做出充分的解释说明，如此同意方能有效。然而Z并没有告诉R其他可行性治疗措施。

因此不存在阻却违法的同意，Z的行为违法。

c) 罪责

67　　Z的行为有责。

d) 结论

68　　Z构成《德国刑法典》第223条第1款规定的伤害罪，依据《德国刑法典》第230条第1款的规定，已经提起了必要的告诉。

2. 对第三组行为的结论

69　　Z构成《德国刑法典》第223条第1款规定的伤害罪。

（四）对Z刑事可罚性的最终结论与竞合

70　　Z在每组行为中实现的犯罪都是按时间先后发生的，所以它们之间成立《德国刑法典》第53条规定的犯罪复数（实质竞合，数罪并罚）。在第一组行为中，Z构成《德国刑法典》第223条

---

① Schönke/Schröder/*Lenckner/Sternberg-Lieben*, Vor §§ 32 ff. Rn. 40.

第1款规定的伤害罪。在第二组行为中，Z构成《德国刑法典》第229条规定的过失伤害罪，第223条第1款、第13条规定的不作为的伤害罪。二者由同一治疗过程实现，成立《德国刑法典》第52条规定的想象竞合。① 在第三组行为中，Z构成《德国刑法典》第223条第1款规定的伤害罪。

（五）变体案情

Z的刑事可罚性未发生变化。需要检验A的刑事可罚性。

1. 伤害罪的共同正犯，《德国刑法典》第223条第1款、第25条第2款

在Z治疗R期间，A作为在场的医辅人员涉嫌触犯《德国刑法典》第223条第1款、第25条第2款的规定，可能构成伤害罪的共同正犯。

a) 构成要件

A必须对R实施了身体的乱待或者损害了其健康，但是A并没有亲自实施行为。问题在于，A能否构成共同正犯，从而将Z的行为贡献归责于她。这就需要Z和A共同制订了犯罪行为计划。尽管A认识到治疗中的错误，但因不想揭穿其丈夫而没有说出。但作为共同正犯，不仅要单纯认可或者帮助他人行为，更要将自己的贡献作为他人行为的一部分，并且同时将他人贡献作为自己行为部分的补充。② 本案中并没有出现这样的情形，因此不存在共同的犯罪行为计划，不符合共同正犯的前提条件。

---

① 此处也可主张成立《德国刑法典》第53条规定的实质竞合（Realkonkurrenz）。
② BGH NStZ 1982, 243; NStZ 1990, 130; NStZ 1997, 336.

b) 结论

74 依据《德国刑法典》第223条第1款、第25条第2款的规定，A不构成伤害罪的共同正犯。

2. 伤害罪不作为的帮助犯，《德国刑法典》第223条第1款、第27条第1款、第13条

75 A的行为涉嫌触犯《德国刑法典》第223条第1款、第27条第1款、第13条的规定，可能构成伤害罪不作为的帮助犯。

a) 构成要件

aa) 客观构成要件

①可参与的主行为

76 Z拔掉R的智齿，对R而言实施了故意且违法的伤害行为（详见上文），因此存在可帮助的主行为。

②提供帮助

77 此外依据《德国刑法典》第27条的规定，A必须提供了帮助。任何一个实现主行为，给予主行为以便利或者强化主行为所造成的法益侵害的行为都是帮助行为。[①] A并没有实施任何作为，而是保持了缄默。此处应受谴责性的重点不在于积极的作为，而在于不作为。可以考虑不作为的精神性帮助。因为A没有提醒Z——尽管在物理—现实上可能——拔掉智齿的行为并不存在明确的治疗指征，所以A为伤害行为提供了支持。

78 然而问题在于，A对于R是否具有《德国刑法典》第13条规定的保证人地位。这里可以考虑源自医疗合同的保证人地位。医生和病患订立的医疗合同同时也涵括医辅人员，因此A具有

---

① *Wessels/Beulke/Satzger*, AT Rn. 582.

保证人地位。

bb) 主观构成要件

A不想揭穿她的丈夫，因此她对主行为以及不作为的帮助行为都具有故意。 **79**

b) 违法性与罪责

由于R并不是在无意思瑕疵的情况下做出了同意，所以A的行为违法。A的行为有责。 **80**

c) 结论

依据《德国刑法典》第223条第1款、第27条第1款、第13条的规定，A构成伤害罪不作为的帮助犯。依据《德国刑法典》第27条第2款的规定，可依据第49条第1款的规定减轻对A的处罚。 **81**

3. 阻挠刑罚罪，《德国刑法典》第258条第1款

A没有揭穿Z，涉嫌触犯《德国刑法典》第258条第1款的规定，可能构成阻挠刑罚罪。 **82**

a) 客观构成要件

需要检验的是，A是否阻挠了Z因违法行为应受的刑罚。拔掉智齿的行为是一个违法行为（详见上文）。A必须阻挠了Z应受的刑罚。可以相信，如果A当着R的面劝告Z，R就会意识到治疗的缺陷，就会要求并得到合规的解释说明。因此A在本案中并没有阻挠刑罚，而是使得刑事可罚性变为可能。A只是没有揭穿自己的丈夫。 **83**

b) 结论

依据《德国刑法典》第258条第1款的规定，A不构成阻挠刑罚罪。 **84**

4. 对A刑事可罚性的最终结论

A构成《德国刑法典》第223条第1款、第27条第1款、第13条规定的伤害罪不作为的帮助犯。

四、案例评价

本案偏难。要处理的是对医生治疗的合意（Einverständnis）及医生对病患的解释说明义务。这样的问题属于常规知识，要求处于中段学期的学生务必掌握。

第一组行为首先涉及医生医疗行为的构成要件符合性。推荐采纳主流观点，即将符合诊疗规范的侵入性治疗行为视为符合构成要件的行为。

接下来以拔牙为例揭示医事行为中同意的典型问题，特别是要检验意思瑕疵的情况。这里通常需要进一步检验的问题是医生解释说明义务的范围以及可能违背善良风俗的医疗行为。

然后需要阐述《德国刑法典》第226条第1款第3项的持续的明显毁容。在对本案例的分析中可以对此独立提出论证：毁容的持续性会到何种程度以及假牙的安装作为补救措施受到何种程度的期待。

在第二组行为中要再次分析同意，但这里涉及意思表示错误。由于不是重点，可以简单陈述由此构成的容许构成要件错误。

第三组行为的重点在于医生的解释说明义务。

随后的变体案情涉及共同正犯和帮助犯，尤其要阐述A的不作为的帮助行为。接下来的阻挠刑罚罪可以借由构成要件或者《德国刑法典》第258条第6款的规定排除,并不需要对此进行详细检验,否则就会出现重点错位。

其他延伸阅读: *Bollacher/Stockburger*, Der ärztliche Heileingriff in der strafrechtlichen Fallbearbeitung, Jura 2006, 908–914; *Otto*, Einwilligung, mutmaßliche, gemutmaßte und hypothetische Einwilligung, Jura 2004, 679–683; *Rönnau*, Grundwissen Strafrecht: Einwilligung und Einverständnis, JuS 2007, 18–20.

案例11：周到的邻居

> **关键词**：安乐死；伤害罪；医生的侵入性治疗；合意；推定同意；侵犯居住安宁罪
>
> **难　度**：偏难

一、案情

A身患癌症，十分严重，无法治愈。为了避免痛苦地死去，他意识清楚地决心自杀。在向父亲V陈述了自杀计划后，A就撰写了一份声明。在声明中他禁止第三人的干预。想到自杀可能失败，他又撰写了一份无论形式上还是实质上都符合《德国民法典》第1901a条及以下诸条要求的病患预嘱（Patientenverfügung）。之后他便服用了过量的可致死的安眠药。无论V还是其他人都不在事发现场。

邻居B突然发现，A并没有在往常的时间从邮箱里取邮件。在多次按了A家的门铃没人回应后，他隔着窗户看到A倒在地板上。B撞开门并赶紧给医生C打电话。C对A进行检查后断定其脑组织很有可能已经受到了严重且不能复原的损害。之后C找到并阅读了A撰写的声明。在短暂的犹豫之后C对A进行了洗胃并给他服下了强效药，随后他将A送往了一家医院。为了维系A的生命，在C的指示下医院对其插入了贯穿腹壁（外侧）的胃管。A并没有就此苏醒，而是陷入了昏迷状态。

虽然昂贵的医疗设备可以维持A身体的日常循环，但是两年后A并没有重新获得意识。而插入的胃管引起了A腹壁的化脓感染。最终，V要求结束这种状态，拔掉胃管以及关掉呼吸机，以便让他的儿子平静地死去。医院和C对此表示拒绝。于是V在一天晚上潜入医院，关掉了维系A呼吸的呼吸机。几秒钟之后A便逝去。

试问B、C、V的刑事可罚性？

二、分析提纲

（一）B的刑事可罚性 ························ 1
 1.侵犯居住安宁罪，《德国刑法典》第123条第1款 ······· 1
  a)构成要件 ····························· 2
   aa)客观构成要件 ······················· 2
   bb)主观构成要件 ······················· 3
  b)结论 ······························· 4
 2.损坏财物罪，《德国刑法典》第303条第1款 ········ 5
  a)构成要件 ····························· 6
   aa)客观构成要件 ······················· 6
   bb)主观构成要件 ······················· 7
 问题：法益持有人认可的效力究竟排除构成要件还是
 排除违法性？
  b)违法性与罪责 ·························· 12
  c)结论 ······························ 15

（二）C 的刑事可罚性······16
  1.危险伤害罪，《德国刑法典》第223条第1款、第224条第1款······16
    a)构成要件······17
      aa)客观构成要件······17
        ①基本构成要件，《德国刑法典》第223条第1款··17
问题：医生的侵入性治疗符合构成要件吗？
        ②加重构成要件，《德国刑法典》第224条第1款··23
问题：符合诊疗规范使用的医疗器具是一个"危险工具"吗？
      bb)主观构成要件······26
    b)违法性······27
      aa)同意······27
      bb)阻却违法的紧急避险，《德国刑法典》第34条····28
    c)罪责······34
    d)结论······36
  2.不作为的伤害罪，《德国刑法典》第223条第1款、第13条······39
    a)构成要件······40
      aa)客观构成要件······40
问题：医生在没有医疗合同的情况下也是一个保证人吗？
      bb)主观构成要件······45
    b)违法性······46
    c)罪责······47

- d) 结论 ································· 48

（三）V 的刑事可罚性 ························· 49

- 1. 受嘱托杀人罪，《德国刑法典》第216条第1款 ······· 49
  - a) 客观构成要件 ························· 50
  - b) 结论 ······························· 53
- 2. 故意杀人罪，《德国刑法典》第212条第1款 ········· 54
  - a) 构成要件 ···························· 55
    - aa) 客观构成要件 ······················ 55

问题：存在作为还是不作为？可在个案中对《德国刑法典》第212条第1款进行目的性限缩吗？

  - bb) 主观构成要件 ······················ 63
  - b) 违法性与罪责 ························· 64
  - c) 结论 ······························· 65
- 3. 危险伤害罪，《德国刑法典》第223条第1款、第224条第1款 ······························· 66
- 4. 侵犯居住安宁罪，《德国刑法典》第123条第1款 ······ 67
  - a) 构成要件 ···························· 68
  - b) 违法性与罪责 ························· 69
  - c) 结论 ······························· 70

（四）最终结论 ································ 71

三、案情分析

（一）B 的刑事可罚性

1. 侵犯居住安宁罪，《德国刑法典》第 123 条第 1 款

   B 撞开门的行为涉嫌触犯《德国刑法典》第 123 条第 1 款的规定，可能构成侵犯居住安宁罪。

   a) 构成要件

   aa) 客观构成要件

2 首先B必须侵入了他人的住宅。住宅是指供人持续使用，主要用途不是工作场所的空间整体。① 因此A的房屋是一个住宅。侵入意味着未经权利人同意或违背权利人意志踏入其受保护的空间。② 由于A在声明中禁止第三人干预其自杀，B违背A的意志进入了他的房屋。所以B的行为符合客观构成要件。

   bb) 主观构成要件

3 依据《德国刑法典》第15条的规定，B在行为时必须具有故意。故意是指对所有的客观行为情状存在认识，实现构成要件的意欲。B不知道A想要自杀。按照B的观念，他被允许进入A的房屋对其进行抢救。B认为存在排除构成要件的合意。由此A就陷入了构成要件错误，而依据《德国刑法典》第16条第1款第1句的规定，构成要件错误排除故意。虽然《德国刑法典》第16条第1款第2句规定，相应过失行为的刑事可罚性不受影响，但对此可以不作考虑，因为《德国刑法典》第123条并没有规定过失行为的刑事可罚性。

---

① *Fischer*, § 123 Rn. 6.
② *Wessels/Hettinger*, BT 1, Rn. 584.

b)结论

B不构成《德国刑法典》第123条第1款规定的侵犯居住安宁罪。 4

2. 损坏财物罪，《德国刑法典》第303条第1款

B撞开门的行为涉嫌触犯《德国刑法典》第303条第1款的规定，可能构成损坏财物罪。 5

a)构成要件

aa)客观构成要件

B必须损坏了他人财物。财物指的是任何有体的标的。[1] 如果财物不是行为人自己所有或是无主物，那么它就属于他人财物。[2] 损坏意味着通过显著的身体作用改变物的成分或影响物的完整性，以致其常规用途受损或完全丧失。[3] 由于门是紧锁着的，据此可以认定，如果无外力作用是不能将其打开的。B撞开门的行为是一个损坏他人财物的行为。 6

bb)主观构成要件

依据《德国刑法典》第15条的规定，B在行为时必须具有故意。这里的问题在于，B是否认为其损坏财物的行为取得了A的合意。不过，在损害财物罪这里同样存在疑问，即法益持有人认可（Zustimmung）的效力究竟排除构成要件还是排除违法性。[4] 7

提示：这里需要注意术语使用上的区别，即排除构成要件 8

---

[1] *Wessels/Hillenkamp*, BT 2, Rn. 18.
[2] *Wessels/Hillenkamp*, BT 2, Rn. 20.
[3] *Lackner/Kühl*, §303 Rn. 3附有进一步的明证。
[4] 对此参见*Fischer*, §303 Rn. 16。

的合意或阻却违法的同意。当构成要件与受害人意志有联系时，总是要先考虑是否存在合意（例如《德国刑法典》第239条规定的剥夺他人自由罪以及第123条规定的侵犯居住安宁罪）。

9 　　一种观点认为，损坏财物的核心不在于实体损害，而是意志损害（Willensverletzung），因此受害人对法益侵害的许可就排除了构成要件。①对于合意存在的错误就是构成要件错误（详见上文对《德国刑法典》第123条的论述）。

10 　　更有说服力的观点则认为，关于损坏财物的合意并不能排除构成要件，而是排除违法性。损坏财物罪所保护的法益是财产而不是任意一种意志。②因为缺乏合意并不是损坏财物罪的构成要件要素，所以行为人对合意存在的错误并不能依据《德国刑法典》第16条第1款的规定排除主观构成要件。

11 　　B为了帮助A，具有认知和意欲地撞开了门，所以他在行为时具有《德国刑法典》第15条意义上的故意。

　　b)违法性与罪责

12 　　B的行为可能通过同意排除违法性。就此必须事前取得受害人明示或者默示的同意。③本案中并没有这样的情况，因此B的行为不能通过同意排除违法性。

13 　　然而还可能存在推定同意（mutmaßliche Einwilligung）。这里需要考查被害人的假定意思（hypothetische Wille）。有必要在考虑A个人愿望、利益以及价值观的情况下，对其真实意思做出可能性判断（Wahrscheinlichkeitsurteil）。④此处要从行为人的

---

① *Roxin*, Strafrecht AT I, § 13 Rn. 2.
② Schönke/Schröder/*Stree*/*Hecker*, § 303 Rn. 1.
③ *Kühl*, AT, § 9 Rn. 31; 其他观点参见 *Zieschang*, AT, Rn. 289。
④ *Kühl*, AT, § 9 Rn. 47.

事前角度（ex-ante-Sicht）出发。①

通常可以认为，当某人失去知觉倒在自家房屋的地上时，得到他人的帮助是符合其利益的。B并不知道A的自杀意图以及撰写的声明，因此他错误地理解了A的推定同意。这就存在容许构成要件错误，可以排除（罪责）故意。

c) 结论

B不构成《德国刑法典》第303条第1款规定的损坏财物罪。

（二）C的刑事可罚性

1. 危险伤害罪，《德国刑法典》第223条第1款、第224条第1款

C对A实施的医疗行为涉嫌触犯《德国刑法典》第223条第1款的规定，可能构成伤害罪。

a) 构成要件

aa) 客观构成要件

① 基本构成要件，《德国刑法典》第223条第1款

C必须对A实施了乱待身体或者损害健康的行为。

所谓乱待身体是指所有险恶、失当地给他人的身体安宁或身体完整性造成明显损害的行为。② 所谓损害健康是指引起或加剧他人偏离于身体正常状态的病理状态。③

这里的问题在于，医生的医疗行为究竟能否被视为符合构成要件的伤害行为。文献中的主流观点对此持怀疑态度，原因在于，这些行为最终的目的是恢复身体健康，从总体来看改善

---

① *Jescheck/Weigend*, AT, § 34 VII Rn. 3; *Wessels/Beulke/Satzger*, AT, Rn. 382.
② BGHSt 14, 269, 271.
③ *Rengier*, BT II, § 13 Rn. 11.

了身体安宁和身体完整性，并没有使其恶化。①依据行为的社会意义，如果医疗行为具有治疗目的并且取得成功，就不能将其视为伤害行为。一些观点则认为还要取决于医疗行为的实施是否符合诊疗规范。②

20　　判例观点③与此对立，但更令人信服，其认为无论医疗行为持何种目的，均符合伤害罪的构成要件，因此需要取得（阻却违法的）病患同意。只有这样，才能保障病患的自主决定权。而如果赞同文献观点，由于医疗行为并不符合伤害罪的构成要件，就会导致允许医生违背病患的意思实施医疗行为。

21　　**提示**：因此文献观点尝试适用《德国刑法典》第185条规定的侮辱罪、第239条规定的剥夺他人自由罪、第240条规定的强制罪来填补由此产生的处罚漏洞。④

22　　洗胃、插入胃管以及服用强效药对于身体完整性而言都是严重损害，并且引起了一种与身体正常功能相偏离的不利状态，由此符合《德国刑法典》第223条第1款规定的两种情形。因此C的行为符合伤害罪的构成要件。

②加重构成要件，《德国刑法典》第224条第1款

23　　问题在于，插入胃管时所使用的工具是否属于《德国刑法典》第224条第1款第2项第二种情形意义上的危险工具。

24　　就物体的客观属性及其具体的使用方式而言，如果能够造成严重的身体伤害，那么该物体就是危险工具。此外行为人还

---

① 如 Schönke/Schröder/*Eser/Stern-Lieben*, § 223 Rn. 30 ff.; *Lackner/Kühl*, § 223 Rn. 8 ff.
② LK/*Lilie*, Vor § 223 Rn. 5.
③ 始于RGSt 25, 375, 参见 *Fischer*, § 223 Rn. 19的明证。
④ *Joecks*, Vor § 223 Rn. 15.

需要将该物体用于攻击或者防卫。①通说并不将符合诊疗规范使用的（医疗）器具视为危险工具。它们并未被用于攻击或者防卫。因此在治疗时使用的器具并不是危险工具。

提示：很多观点认为客观属性的要求纯属多余，只须取决于具体的使用方式。在个案中，如果一个物体因其具体的使用方式造成了严重的身体伤害，那么就其客观属性而言自然能够造成如此伤害。相反，就物体的客观属性而言能够造成严重的身体伤害，然而在具体使用方式上却不能造成如此伤害，就不是危险工具。因此客观属性的要素可有可无。② **25**

bb) 主观构成要件

C在行为时具有故意。C意欲给A洗胃，让其服用强效药以及插入胃管。 **26**

b) 违法性

aa) 同意

这里不能将明示同意或者推定同意作为违法阻却事由。因为首先并不存在A的明示同意，并且C也不能推知A有接受以上治疗措施的假定意思，毕竟从A明确清楚的声明中可以确定地知道他不希望接受以上治疗措施。 **27**

bb) 阻却违法的紧急避险，《德国刑法典》第34条

然而可考虑将《德国刑法典》第34条规定的阻却违法的紧急避险作为违法阻却事由。 **28**

对此必须首先存在一个避险情势，即针对生命、身体、自 **29**

---

① *BGH* NJW 1978, 1206; *Rengier*, BT II, § 14 Rn. 35.
② 详见 *Rengier*, BT I, § 4 Rn. 24 ff.

由、荣誉、财产或其他法益现时的、无法通过其他方式避免的危险。这里的危险是指如果任由事件自然发展将极有可能出现损害结果的状态。① 现时的危险意味着该危险即将发生或者已经开始。②

30　　A在其家中服用了过量可致死的安眠药，由此存在对其生命的现时危险。之后在医院A要靠插入胃管维系生命，这也存在生命危险。因此存在避险情势。

31　　避险行为必须是必要的，即是适当的且最温和的手段。如果行为可以显著提升救助机会，就是适当的。③ 此外在相同的适当性下不允许存在更为温和的手段。所有能够避免死亡的行为都是适当的。A没有死亡，而是昏迷不醒。相比洗胃、服用强效药以及插入胃管，对于拯救A的生命而言并不存在更为温和的手段。

32　　《德国刑法典》第34条还要求对所要保护的法益和所侵害的法益进行利益衡量。当所要保护的法益的位价明显高于所侵害的法益以及满足其他前提时，行为才可排除违法性。本案中A的两个利益，即他的自主决定权和维系生命的利益，呈对立状态。自主决定权原则上涵括了决定自己死亡时间的权利，因此自主决定权占据优势地位。

33　　C的行为不能依据《德国刑法典》第34条的规定排除违法性。

---

① *Wessels/Beulke/Satzger*, AT, Rn. 303.
② 《德国刑法典》第34条的危险概念详见 *Kretschmer*, Jura 2005, 662。
③ MünchKomm/*Erb*, §34 Rn. 89 f.

c) 罪责

34 这里不能将《德国刑法典》第35条规定的阻却罪责的紧急避险作为C的罪责阻却事由,因为A既不是其亲属也不是与其关系密切者。

35 不过仍可以考虑超法规的阻却罪责的紧急避险。这就需要行为人处于完全异常的冲突情势,只有在《德国刑法典》第34条规定的违法阻却事由和第35条规定的罪责阻却事由不成立时,才可考虑超法规的阻却罪责的紧急避险。在这种情况下仍对行为人进行处罚就意味着特别的不公。因此本案需要C处于完全异常的冲突情势,在此情势下行为的不法内涵明显偏弱,并且行为人实施行为是出于主观上沉重的良知困境。① 虽然C作为医生,其职业宗旨就是救死扶伤,但是病患拒绝治疗并且随后死亡并不异常。所以这里并不存在完全异常的冲突情境。因此C的行为有责。

d) 结论

36 C对A构成《德国刑法典》第223条第1款规定的伤害罪。

37 **提示**:这里也可主张另一种结论,即这种情况下需要医生迅速的处理,因此其拯救A生命的决定不受谴责。

38 此外,若C未救助A,他并不构成《德国刑法典》第323c条规定的不进行救助罪,因为A的声明排除了不作为的违法性。②

---

① Schönke/Schröder/*Lenckner*/*Sternberg-Lieben*, Vor §§ 32 ff. Rn. 117.
② 参见 *Fischer*, § 323c Rn. 21。

2. 不作为的伤害罪，《德国刑法典》第 223 条第 1 款、第 13 条

39　　C 之后没有拔掉 A 的胃管以及关掉呼吸机，涉嫌触犯《德国刑法典》第 223 条第 1 款、第 13 条的规定，可能构成不作为的伤害罪。

a) 构成要件

aa) 客观构成要件

40　　对医生侵入性治疗的构成要件符合性的讨论详见上文。若主张文献观点，则一方面，要考虑插入胃管事实上导致了恶化，即 A 腹壁的化脓感染；但另一方面，也要考虑没有胃管 A 就不能存活下去。

41　　依照更有说服力的判例立场，插入胃管在事实上引起了病理状态①，由此就产生了《德国刑法典》第 223 条第 1 款规定的结果，即插入胃管乱待了 A 的身体并损害了他的健康。

42　　呼吸机仅仅用于维系病患的呼吸，不存在一个险恶、失当的乱待以及健康损害。

43　　C 没有给 A 拔掉胃管而导致其腹壁化脓感染。若拔掉胃管，腹壁的化脓感染以几近确定的概率不会发生。因此不作为与结果之间存在因果关系。

44　　此外依据《德国刑法典》第 13 条的规定，作为医生在法律上有义务防止结果发生，也就是说他是防止结果发生的保证人。保证人地位可以由很多方式形成，尤其可以通过合同性义务承担形成保证人地位。一般来说，医生接受治疗病患时就订立了

---

① *BGH* NJW 2003, 1588, 1590; Beck OK-StGB/*Eschelbach*, § 223 Rn. 8.

医疗合同，在此范围内医生要履行保证人义务。本案中A完全失去意识，并不能与C订立医疗合同。由此只能考虑源自事实上自愿义务承担的保证人地位。当医生承担了急诊、值班工作或者负责对特定病患的治疗时，在没有个人医疗合同的情况下他也要履行保护义务。① C负责对A的治疗，因此他是防止结果发生的保证人。

bb) 主观构成要件

C意欲维持插入胃管的状态。依据《德国刑法典》第15条的规定，他在行为时具有故意。 **45**

b) 违法性

C的行为违法。上文已对此作出说明。在考虑A的自主决定权的情况下排除作为违法阻却事由的《德国刑法典》第34条的适用。 **46**

c) 罪责

对于不作为犯罪而言，能否期待行为人做出合规范行为的问题尤其重要。② 在例外情况下要否定期待可能性，特别是救助行为对行为人而言意味着重大危险的情形。然而本案中并不存在这样的情形。在拔掉胃管后A就会死亡的情况下要考虑到他已经昏迷了两年，若在这种情况下结束维系A生命的治疗措施，对医生而言并不存在异常的冲突情势。 **47**

d) 结论

C不拔掉胃管的行为构成《德国刑法典》第223条第1款、 **48**

---

① 也可参见 Schönke/Schröder/*Stree/Bosch*, § 13 Rn. 28 a。
② SK/*Rudolphi/Stein*, Vor § 13 Rn. 31 ff. 附有进一步的明证。对此的体系地位极具争议。一些观点主张类推适用《德国刑法典》第323c条，将其视为构成要件要素，因为该条明确将期待可能性列入构成要件：*Heinrich*, AT, Rn. 904 附有进一步的明证。

第13款规定的不作为的伤害罪。

（三）V的刑事可罚性

1. 受嘱托杀人罪，《德国刑法典》第216条第1款

49 V关掉呼吸机的行为涉嫌触犯《德国刑法典》第216条第1款的规定，可能构成受嘱托杀人罪。

a) 客观构成要件

50 A已经死亡。若V不关掉呼吸机，他就不会死亡。因此V的行为和A的死亡结果之间存在因果关系。

51 此外V必须应受A明示且真诚地要求将其杀死。A两年前的声明是不希望接受进一步的治疗，但是他并没有明示且真诚地要求V将自己杀死。就这一点而言V并不符合《德国刑法典》第216条规定的"应受"（bestimmt）之意义。

52 由此并不符合《德国刑法典》第216条第1款规定的客观构成要件。

b) 结论

53 V不构成《德国刑法典》第216条第1款规定的受嘱托杀人罪。

2. 故意杀人罪，《德国刑法典》第212条第1款

54 V关掉呼吸机的行为涉嫌触犯《德国刑法典》第212条第1款的规定，可能构成故意杀人罪。

a) 构成要件

aa) 客观构成要件

55 A已死亡。符合《德国刑法典》第212条第1款规定的构成要件的结果已然出现。

56 这个死亡结果必须由V的行为造成。V关掉呼吸机后，A随即死亡。问题在于，V与刑法相关的行为方式究竟是积极作为还是不作为。依照主流观点，作为和不作为的界定应由刑法相关行为的重点来确定，即所谓的重点公式（Schwerpunktformel）。① 对此一方面可以认为，V积极地关掉了呼吸机，这是积极作为。另一方面也可以认为，关掉呼吸机的行为使得连续的治疗被中断，从总体上看这是不作为。依照主流意见，医生关掉呼吸机不是积极作为，而是不作为。②

57 **提示：** 支持这种观点的另一有力理由在于可以实现中断治疗。若将关掉呼吸机认定为积极作为，就会因《德国刑法典》第216条的评价原则上有罪。③

58 然而这里V却干预了医生采取并维持的治疗措施，在这种情形下会将其认定为积极的行为。④一般认为，第三人外部的介入积极地影响了救助且持续的治疗进程。

59 然而问题在于，在本案这种情况下是否应对《德国刑法典》第212条规定的构成要件进行目的性限缩。在病患无论如何已经确定临近死亡的情况下，如果他已经确定不想让医生再实施延长生命的维持措施，就可排除医生的刑事可罚性。⑤但这里的问题是A还没有处于临近死亡的阶段，不过他两年来一直昏迷，治愈的希望十分渺茫。依照主流意见这里仍然要注意病患的自

---

① MünchKomm/*Freund*, § 13 Rn. 5.
② BGHSt 40, 257, 265; 其他观点见LK/*Jähnke*, Vor § 211 Rn. 18。
③ 还有一些学者也认为这里医生不具有刑事可罚性，因为这种情况下不符合杀人犯罪的保护目的或排除其违法性，*Wessels/Hettinger*, BT 1, Rn. 37。
④ *Kühl*, AT, § 18 Rn. 18附有进一步的明证。
⑤ 这里参见BGHSt 40, 257。

主决定权（Selbstbestimmungsrecht）。当中断治疗符合病患的真实意思或者推定意思时，就必须对这个意思予以重视，也就是说应当允许中断治疗。本案中A甚至在声明中明确表示自己想要死去。由于不存在与此相悖的信息，可以认定这个意思依然有效。

60   由此中断治疗原则上是无罪的。然而只能允许主治医生，而不是亲属实施中断治疗。原因在于，只有医生才能对可允许的中断治疗的前提进行专业的判断，此外他也对符合事实的治疗承担责任。①

德国联邦最高法院2010年的一个判决②将相关问题的讨论推向了高潮。依据该判决，在中断治疗的情况下坚持对积极作为和不作为进行一个"自然意义"的界定已不再符合实际情况，需要对其在"规范上作新的解释"，以便通过同意排除违法性。联邦最高法院放弃了对积极作为和不作为的界定，而是将这个问题概括为关键词"中断治疗"。其前提在于，被害人身患危及生命的疾病，而行为人不作为地或者积极地结束用于维持或者延长生命的措施是适宜的。③

由此一个直接导致病患死亡的积极作为在同样前提下以及在同样范围内可像"消极不作为"那样排除违法性。④这个判决不仅适用于主治医生，同时也适用于亲属。就这一点而言现在讨论转移到了违法性层面以及与此相关的同意问题。

---

① Roxin/Schroth/*Roxin*, S. 95; LK/*Jähnke*, Vor § 211 Rn. 20; 其他观点 Schönke/Schröder/*Eser*, Vor §§ 211 ff. Rn. 32附有进一步的明证。
② BGHSt 55, 191, 198 ff.
③ BGHSt 55, 191, 198 ff.
④ *Fischer*, Vor § 211 Rn. 62.

提示：这并不意味着界定积极作为与不作为已经完全没有必要，还是继续需要这种界定，只是在中断治疗的情形下（基于病患意思，尤其是在《德国民法典》第1901a条及以下诸条规定的病患预嘱的基础上）不再人为地设计成不作为，以便达到一个免除刑罚的消极或者间接安乐死。对于那些不作为的人，只有在其具有《德国刑法典》第13条规定的保证人地位时才符合故意杀人罪的构成要件，这一点依然有效。①

如果在本案中接受上述立场，就意味着如下结论：V关掉了呼吸机，A在此后短时间内便死去。通过客观的考查方式就可以得出这是一个积极作为的结论。

由此V的行为原则上符合《德国刑法典》第212条第1款规定的客观构成要件。 **61**

早前处理安乐死案件的题外话：除像本案这样中断救治生命的措施外，安乐死还包含其他不同的情形。首先需要提到的是镇痛的情形，大多数人也称其为"间接安乐死"。医生给病患服用药物，使其死亡前极端疼痛的阶段变得更容易忍受。对此必须鉴别，服用药物是否会缩短病患的生命。在药物不会缩短生命的情况下，医生无罪。然而即便在药物会缩短生命的情况下，一般也认可这里的刑事不可罚性：有观点认为杀人犯罪的保护目的不涵括导致缩短生命的镇痛措施，进而对《德国刑法典》第212条第1款规定的构成要件的实现予以否认②，而判例则将《德国刑法典》第34条的规定作为违法阻却事由。③此 **62**

---

① *Fischer*, Vor § 211 Rn. 62 f.
② LK/*Jähnke*, Vor § 211 Rn. 17 ff.; Roxin/Schroth/*Roxin*, S. 89 ff.
③ BGHSt 42, 301, 305.

外还有直接积极的安乐死，即蓄意实施导致缩短病患生命的措施，这是可罚的。如果受他人明示且真诚的要求将其杀死，依据《德国刑法典》第216条的规定处以刑罚。①

bb) 主观构成要件

63 V意欲以关掉呼吸机来实现死亡结果。由此依据《德国刑法典》第15条的规定，他在行为时具有故意。

b) 违法性与罪责

64 V的行为必须具有违法性。本案可以考虑将A的同意作为违法阻却事由。这种对于死亡的同意详见A在自杀前所撰写的声明以及所确定的病患预嘱。然而有疑问的是，A可否就其死亡作出有效同意。《德国刑法典》第216条明确对受嘱托杀人行为处以刑罚，意味着对于自身死亡的同意原则上是不可能的，且生命是作为不可任意支配的法益而受到保护。然而这一点对于安乐死而言并非没有限制。长久以来已经认定至少消极安乐死，即通过中断治疗让病患死亡的行为，基于病患的自主决定权原则上是被允许的。

本案中存在A真诚且明示的要求，这是其病患预嘱中确定的意思。对病患预嘱的要求及其效力规定在《德国民法典》第1901a条及以下诸条②中，且基于统一法秩序的原则同时适用于刑法。

然而问题在于，病患预嘱对谁做出，也就是说对谁具有约束力。依据法律条文，病患预嘱只对照管者，即对主治医生和

---

① 详见 Roxin/Schroth/*Roxin*, S. 75 ff.
② 通过2009年7月29日颁布的《德国照管法》(Betreuungsgesetz)[《德国病患预嘱法》(Patientenverfügungsgesetz)]第三修正案引入，BGBl.I 2286。

护理人员具有约束力，亲属不在其列。然而《德国民法典》第1901a条及以下诸条规定得十分清楚，当不存在《德国民法典》第1901a条意义上的病患预嘱时，确定病患（推定的）意思时就要考虑能够体现其意愿的声明。由此在确定A的推定意思时就必须要考虑他的声明。如果V因知晓这个声明而实施了中断治疗的行为，他就是考虑到A的明示意思才实施的行为，可通过同意排除违法性。若V没有正面知晓这个声明，他的行为也与A的推定意思一致。考虑到《德国民法典》第1901a条及以下诸条和联邦最高法院在2010年的判决，本案中存在阻却违法的同意。

这里V的行为与病患的推定意思一致。V实施了中断治疗的行为，其目的在于放任一个没有治疗介入就会死亡的疾病过程自然发展下去。此外，对A生命的侵犯也是在有针对性的中断医疗措施的背景之下。

由此V的行为得以排除违法性。①

c) 结论

V不构成《德国刑法典》第212条第1款规定的故意杀人罪。

3. 危险伤害罪，《德国刑法典》第223条第1款、第224条第1款

存在一个伤害结果。V的行为符合构成要件，但是如同上文所述，行为得以排除违法性。因此V不构成《德国刑法典》第223条第1款、第224条第1款规定的危险伤害罪。

---

① *BGH*, NJW 2010, 2963.

4. 侵犯居住安宁罪，《德国刑法典》第 123 条第 1 款

67 V 晚上潜入医院，涉嫌触犯《德国刑法典》第 123 条第 1 款的规定，可能构成侵犯居住安宁罪。

a) 构成要件

68 V 必须违背医院房屋权的权利人（Hausrechtsinhaber）的意志侵入医院。V 在夜间潜入医院，所以原则上与是否存在进入医院的普遍同意无关，也不能轻易认定一个可能的入内许可在探望时间以外依然有效。由此 V 违背了医院房屋权的权利人的意志进入了医院。并且他在行为时具有故意。

b) 违法性与罪责

69 V 的行为违法且有责。

c) 结论

70 V 构成《德国刑法典》第 123 条第 1 款规定的侵犯居住安宁罪。依据《德国刑法典》第 123 条第 2 款的规定，该罪告诉才处理。

（四）最终结论

B 无罪。

71 C 构成《德国刑法典》第 223 条第 1 款规定的伤害罪，《德国刑法典》第 223 条第 1 款、第 13 条规定的不作为的伤害罪，二者成立《德国刑法典》第 53 条规定的行为复数（实质竞合，数罪并罚）。

V 构成《德国刑法典》第 123 条第 1 款规定的侵犯居住安宁罪。

四、案例评价

本案例以德国联邦最高法院的判决BGHSt 55, 191为蓝本，鉴于部分需讨论的特别问题，本案难度偏高。关于医疗行为、安乐死尤其是中断治疗以及病患预嘱的问题，因安乐死问题属于现实热点而不可忽视。对于医疗行为，需要了解对其构成要件符合性的争论以及准确否定危险工具的存在。

依据德国联邦最高法院在2010年的判决，不再必须认定不作为（以便达到所谓的消极或者间接安乐死）。此外还需认识到，一个可能做出的病患预嘱能够因病患自主决定权而排除医生的刑事可罚性。[①]但是如果不存在书面预嘱，而只有（有时候是很久以前随意作出的）表述，就会存在问题。因此需要对这种表述的效力进行准确检验。此外，学生还要讨论《德国民法典》第1901a条及以下诸条的效力以及同意对于亲属的适用。若不存在病患预嘱，也可将病患的明示或者推定意思作为违法阻却事由。

在一些情形下可通过让（企图）自杀者借助一个已为其解释操作原理的机器实现自杀来避免刑事可罚性。由于缺少可罚的主行为（自杀无罪），共犯刑事可罚性便缺少从属的依附点。对此可能需要考虑《德国刑法典》第323c条。即便将因企图自杀而引起的危险情势视为该条意义上的"意外事故"，也应排除刑事可罚性，因为如果积极地参与自杀行为无罪，那么消极地未阻止自杀的行为也不应构成犯罪。[②]可通过否定对救助行为的

---

① 对此详见 Fischer, Vor § 211 Rn. 32 ff.
② Fischer, § 323c Rn. 5 附有进一步的明证。

期待可能性来达到以上目的。

本案并不涉及V的阴险谋杀，因为A不处于毫无猜疑的境地。A已经长时间陷入昏迷，既不可能疑心，也不可能在昏迷状态中毫无猜忌。此外还缺乏敌意性或者应受谴责的失信。

其他延伸阅读：*Küpper*, Der Täter als „Werkzeug" des Opfers?, JuS 2004, 757–760 (Besprechung von BGH NJW 2003, 2326 und OLG Nürnberg, NJW 2003, 454); *Kutzer*, Strafrechtliche Rechtsprechung des BGH zur Beteiligung an einem freiverantwortlichen Suizid, ZRP 2012, 135; *Roxin*, Zur strafrechtlichen Beurteilung der Sterbehilfe, in: Roxin/Schroth (Hrsg.), Medizinstrafrecht, 4.Aufl., 2010, S.75–120; *Schreiber*, Das ungelöste Problem der Sterbehilfe.Zu den neuen Entwürfen und Vorschlägen, NStZ 2006, 473–479; *Schroth*, Sterbehilfe als strafrechtliches Problem, GA 2006, 549–572.

案例12："墓碑"

> **关键词**：侵犯居住安宁罪；剥夺他人自由罪；盗窃罪；侵占罪；（严重）纵火罪
>
> **难　度**：偏难

一、案情

"墓碑"是一个位于德国西部荒野的偏僻的驿站。其主楼被一个枯萎的灌木丛组成的低矮挡墙所环绕。主楼旁有一个有两个房间的老仓库可供过路游客歇脚。还有一个马厩可供游客的马歇息。驿站的主人是已经上了年纪的P，P与他漂亮的侄女N共同生活。由于平日没有什么别的消遣，P非常欢迎路过的游客在此歇脚。

一天晚上，P迎来了一伙不速之客。逃亡的A领着同伙骑着马带着左轮手枪怪声怪气地闯入了驿马站。P知道对付这么一伙人毫无胜算，就让他们进了屋。A将P反锁在卧室后，就和同伙在驿站里喝起P所储存的酒来。他们威胁N，如果她不继续把酒端上桌来，就把她关起来。N只得照着他们的要求上酒斟酒。

A越来越有兴致。他认为一个真正的狂欢绝对不能缺少火光，于是就点燃了仓库。而他在点燃前已经查验并没有同伙由于酒醉在仓库里沉睡。仓库很快烧成灰烬。为了使得众人高兴，他用榫凿砸开马厩并将里面唯一的一匹马送给了他的一个同伙。P在卧室里隔着窗户无能为力地目睹了一切。

试问A的刑事可罚性？已经提起了必要的告诉。

二、分析提纲

（一）第一组行为：骑马闯进驿站并进入房屋 …… 2

1. 侵犯居住安宁罪，《德国刑法典》第123条第1款 …… 2
   - a) 客观构成要件 …… 3
     - aa) 住宅、经营场所和安宁的地产 …… 4
     - bb) 侵入 …… 7
   - 问题：存在一个排除构成要件的合意吗？
   - b) 主观构成要件 …… 10
   - c) 违法性与罪责 …… 11
2. 对第一组行为的结论 …… 12

（二）第二组行为：将P反锁在卧室里 …… 13

1. 剥夺他人自由罪，《德国刑法典》第239条第1款 …… 13
   - a) 客观构成要件 …… 15
   - b) 主观构成要件 …… 15
   - c) 违法性与罪责 …… 16
   - d) 结论 …… 17
2. 强制罪，《德国刑法典》第240条 …… 18
3. 对第二组行为的结论 …… 19

（三）第三组行为：掠夺存酒 …… 20

1. 抢劫罪，《德国刑法典》第249条第1款 …… 20
2. 携带武器盗窃罪、团伙盗窃罪，《德国刑法典》第242条第1款、第244条第1款第1项a和第2项 …… 21

a)《德国刑法典》第242条第1款规定的客观构成要件… 22
问题：是否存在一个拿走行为？
　　b)《德国刑法典》第244条第1款第1项a和第2项规定
　　　的客观构成要件……………………………………… 26
　　c)主观构成要件……………………………………… 27
　　d)违法性与罪责……………………………………… 28
　　e)结论………………………………………………… 29
3.强制罪，《德国刑法典》第240条……………………… 30
　　a)客观构成要件……………………………………… 31
　　b)主观构成要件……………………………………… 32
　　c)违法性与罪责……………………………………… 33
　　d)结论………………………………………………… 34
4.对第三组行为的结论…………………………………… 35

（四）第四组行为：点燃仓库……………………………… 36
1.纵火罪，《德国刑法典》第306条第1款……………… 36
　　a)客观构成要件……………………………………… 37
　　b)主观构成要件……………………………………… 39
　　c)违法性与罪责……………………………………… 40
　　d)结论………………………………………………… 41
2.严重纵火罪，《德国刑法典》第306a条第1款………… 42
　　a)客观构成要件……………………………………… 43
问题：仓库在纵火时作为住宅使用吗？要对《德国刑
法典》第306a条第1款第3项进行目的性限缩吗？
　　b)主观构成要件……………………………………… 46

案例12："墓碑"　253

　　c) 违法性与罪责 ·················· 47
　　d) 结论 ······························ 48
3. 损坏财物罪,《德国刑法典》第303条第1款 ········ 49
4. 对第四组行为的结论 ························· 50

(五) 第五组行为: 砸开马厩并将一匹马送与同伙 ········ 51
1. 盗窃罪,《德国刑法典》第242条第1款和第243条
第1款第2句第1项 ······························ 51
　　a) 客观构成要件 ·················· 52
　　b) 主观构成要件 ·················· 53
　　c) 违法性与罪责 ·················· 54
　　d) 量刑,《德国刑法典》第243条第1款第2句第1项 ··· 55
　　e) 结论 ······························ 56
2. 携带武器盗窃罪,《德国刑法典》第242条、第244条
第1款第1项a ····································· 57
　　a) 客观构成要件 ·················· 58
　　b) 主观构成要件 ·················· 59
　　c) 违法性与罪责 ·················· 60
　　d) 结论 ······························ 61
3. 损坏财物罪,《德国刑法典》第303条第1款 ········ 62
4. 侵犯居住安宁罪,《德国刑法典》第123条第1款 ······· 63
　　a) 客观构成要件 ·················· 64
　　b) 主观构成要件 ·················· 66
　　c) 违法性与罪责 ·················· 67
　　d) 结论 ······························ 68

5.对第五组行为的结论与竞合 ························ 69

三、案情分析

提示：由于要检验多个犯罪，为了防止遗漏任一构成要件，推荐学生按时间顺序分析案例。

（一）第一组行为：骑马闯进驿站并进入房屋

1.侵犯居住安宁罪，《德国刑法典》第123条第1款

A骑马闯进驿站并进入房屋，涉嫌触犯《德国刑法典》第123条第1款的规定，可能构成侵犯居住安宁罪。

a)客观构成要件

首先必须符合客观构成要件要素。

aa)住宅、经营场所和安宁的地产

A可能踏入了一个住宅。住宅是指供人持续使用，主要用途不是工作场所的空间整体。① 土地（Grundstück）不是住宅，而P的房屋属于住宅。

同时可能存在经营场所。经营场所是指暂时或持续性用于工商业的封闭的运营和销售场所。② 可供过路游客留宿的老仓库符合这样的特征。而房屋是P自己住的，不属于经营场所。

土地可能符合安宁的地产的要素。如果土地通过外在可见的方式，借助彼此相连但不一定完全密闭的保护措施，譬如墙、

---

① *Fischer*, § 123 Rn. 6.
② *Fischer*, § 123 Rn. 7.

栅栏、篱笆等，防止他人随意进入，就是安宁的地产。① 这块土地被一个枯萎的灌木丛组成的低矮挡墙所环绕，因此符合安宁的地产的要素。

bb) 侵入

7　　A必须侵入房屋或者土地。侵入意味着行为人违背权利人的意志踏入其受保护的空间。② 意志被明确表示还是可在情景下产生，在此并不重要。

P让A进了房屋。因此至少存在一个默示合意。只要P的合意并非受迫做出，即便内心保留（innerer Vorbehalt），即实际上不想让A进入房屋，在此也无关紧要。③ 从案情中并不能看出P是在受胁迫的情况下给予了许可。由此就存在排除构成要件的合意。

8　　**提示**：这里也可主张另外一种意见，理由如下：P从A的出现明显可以知道，其会对自己使用暴力。这就存在默示地以显著的恶害（empfindliches Übel）胁迫他人，P由此受胁迫做出了合意。这就构成侵入房屋。对此还需要检验《德国刑法典》第240条的规定。

9　　A还可能违背了P的意志侵入了他的安宁的地产。然而反对意见认为，这块土地基本上是对公众开放的，并且大门为此也一直是敞开的。基于违法目的而踏入这里并不会直接符合侵入的构成要件，反之，只有踏入的外观形态与被允许入内的一般

---

① *Fischer*, § 123 Rn. 8.
② *Fischer*, § 123 Rn. 14.
③ LK/*Lilie*, § 123 Rn. 55.

行为相背离时，才会被视为侵入。① 本案中因为左轮手枪和怪声怪气，可以认定存在这种背离。P只想给安静和无危险的人提供住宿，而A不属于这类人，因此构成侵入。

b) 主观构成要件

依据《德国刑法典》第15条的规定，A在行为时必须具有故意。对A来说，他是否违背了P的意志而侵入，无关紧要。他无论如何都要踏入这块土地，并且也已经预计到他不受P欢迎的可能性。因此他至少认可接受了对房屋权的侵害。他在行为时至少具有间接故意。

c) 违法性与罪责

A的行为违法且有责。

2. 对第一组行为的结论

A构成《德国刑法典》第123条第1款规定的侵犯居住安宁罪。依据《德国刑法典》第123条第2款的规定，已经提起了必要的告诉。

（二）第二组行为：将P反锁在卧室里

1. 剥夺他人自由罪，《德国刑法典》第239条第1款

A将P反锁在卧室里，涉嫌触犯《德国刑法典》第239条第1款第一种情形的规定，可能构成剥夺他人自由罪。

a) 客观构成要件

A必须将P拘禁了起来。拘禁（第一种情形）意味着利用外部设施将他人扣留在封闭的空间，以致他人离开该空间存在客

---

① Schönke/Schröder/*Lenckner/Sternberg-Lieben*, § 123 Rn. 26.

观障碍。[①] P被反锁在卧室里并且无法离开。因此构成拘禁。

b) 主观构成要件

15　A在行为时具有故意。

c) 违法性与罪责

16　A的行为违法且有责。

d) 结论

17　A构成《德国刑法典》第239条第1款第一种情形规定的剥夺他人自由罪。

2. 强制罪，《德国刑法典》第240条

18　A的行为同时构成《德国刑法典》第240条第1款规定的强制罪。原因在于，A以暴力强制P必须容忍被拘禁。不过因为剥夺他人自由罪里必然涵括了强制，所以强制罪相对于剥夺他人自由罪具有补充性，退居次位，排除适用。

3. 对第二组行为的结论

19　A构成《德国刑法典》第239条第1款第一种情形规定的剥夺他人自由罪。

（三）第三组行为：掠夺存酒

1. 抢劫罪，《德国刑法典》第249条第1款

20　A的行为涉嫌触犯《德国刑法典》第249条第1款的规定，可能构成抢劫罪。这里要求存在加重的强制。A并没有使用暴力。虽然他以显著的恶害即以拘禁胁迫N，但该恶害不涉及对身体或生命的现时危险。因此A不构成《德国刑法典》第249条第1款规定的抢劫罪。

[①] *Fischer*, §239 Rn. 7.

2. 携带武器盗窃罪、团伙盗窃罪，《德国刑法典》第242条第1款、第244条第1款第1项a和第2项

A掠夺存酒，涉嫌触犯《德国刑法典》第242条第1款、第244条第1款第1项a和第2项的规定，可能构成携带武器盗窃罪、团伙盗窃罪。

a)《德国刑法典》第242条第1款规定的客观构成要件

A必须拿走了他人动产。存酒是动产。但问题在于，存酒对于A而言是否属于他人动产，因为N将酒端上桌，已经将存酒的物权转移给了A。这里的棘手之处在于，存酒并不归N所有，而是归P所有。依据《德国民法典》第929条第1句的规定，一个有效的物权转移除交付外还必须存在合意，即转让双方必须针对物权转移做出意思表示。N和P都不同意A一伙人的吃喝行为，因为明眼人都知道A绝对不会付账。所以并没有发生物权转移。存酒对于A而言属于他人财物。

此外A还必须拿走了存酒。拿走意味着破坏他人的占有从而建立新的占有。[1] N将存酒端上桌，可能是出于自愿交出存酒。然而恰恰相反，她是受到胁迫才端上存酒，否则她也会被关起来。判例认为在这种情况下，如果从外观形态上存在"取"（nehmen）而不是"交"（geben）的行为，则可构成拿走。[2] 本案中N将存酒端上桌是一个"交"的行为，因此依照判例观点不构成拿走。相反，通说则认为被害人视角具有决定意义。[3] 如果被害人从自身的视角出发认为他自己对财产做出处分，而行

---

[1] *Wessels/Hillenkamp*, BT 2, Rn. 82.
[2] *BGH* NStZ 1999, 350.
[3] *Wessels/Hillenkamp*, BT 2, Rn. 714附有进一步的明证。

为人只是依赖被害人的参与作用，那么此处只存在财产处分，依据通说的意见只能适用《德国刑法典》第253条规定的敲诈勒索罪。如果被害人从自身的视角出发，认为行为人终归要取走财产，即便被害人自己不参与，行为人自己也会取走，则会得出与上述不同的结论，即构成拿走。N如果拒绝端上存酒，A和其同伙同样会自己将酒端上。N的参与作用在这里就不能被视为财产处分，而是构成拿走。

24 提示：这种观点冲突主要针对界定抢劫罪和抢劫性敲诈勒索罪。[1]由于这里并不存在加重的强制，所以既不考虑适用《德国刑法典》第249条也不考虑适用《德国刑法典》第255条。

25 反对判例立场的意见认为，抢劫罪并不是（抢劫性）敲诈勒索罪的次级类型（Unterfall）。敲诈勒索罪是自我损害型犯罪，需要存在在意志支配下转移占有的财产处分，这一点不同于抢劫罪。因此被害人的意思指向（Willensrichtung）是决定性的。

盗窃罪的客观构成要件得以符合。

提示：如果遵循判例观点，则要排除拿走以及盗窃罪的构成。那么就应检验《德国刑法典》第253条规定的敲诈勒索罪。

b)《德国刑法典》第244条第1款第1项a和第2项规定的客观构成要件

26 A和其同伙随身带着左轮手枪，即携带《德国刑法典》第244条第1款第1项a意义上的武器。依据《德国刑法典》第244条第1款第2项的规定，团伙意味着三人或者三人以上为继续

---

[1] 详见 *Rengier*, BT I, § 11 Rn. 33 ff.

实施具体个案细节尚不确定的抢劫或盗窃行为而共同成立的联合体。① 在案情中，A和他的同伴虽然看起来是一个团伙，但并不清楚他们是否因继续实施相应的盗窃或抢劫犯罪而共同联结。因此这里不存在《德国刑法典》第244条第2项意义上的团伙。

c) 主观构成要件

A以违法据为己有的目的故意实施行为，因为他意欲喝光P的存酒。此外他还故意携带武器。　　**27**

d) 违法性与罪责

A的行为违法且有责。　　**28**

e) 结论

A构成《德国刑法典》第244条第1款第1项a规定的携带武器盗窃罪。　　**29**

3. 强制罪，《德国刑法典》第240条

A威胁要将N关起来，涉嫌触犯《德国刑法典》第240条第1款的规定，可能构成强制罪。　　**30**

a) 客观构成要件

可以考虑构成以显著的恶害相胁迫。胁迫意味着宣示将来的恶害，并且能够对恶害的出现施加影响。② 如果行为人宣示的对被害人的不利，足以让被害人在理性驱使下可能按照行为人的要求实施行为，该恶害就是显著的。③ A威胁N要将其关起来并剥夺其自由（详见上文），这里就存在以显著的恶害相胁迫。A追求的强制结果是N端上酒，N照做了。由此强制罪的客观构　　**31**

---

① BGHSt (GS)46, 321.
② BGHSt 16, 386; *Wessels/Hettinger*, BT 1, Rn. 402.
③ *BGH* NStZ 1987, 222, 223; Fischer, § 240 Rn. 32 a.

成要件得以符合。

b) 主观构成要件

32　　A在行为时具有故意。

c) 违法性与罪责

33　　并不存在违法阻却事由。威胁将N关起来所追求的目的,即让N端上酒具有《德国刑法典》第240条第2款意义上的应受谴责性。A的行为违法且有责。

d) 结论

34　　A构成《德国刑法典》第240条第1款和第2款规定的强制罪。

4. 对第三组行为的结论

35　　依据《德国刑法典》第242条第1款、第244条第1款第1项a、第240条第1款和第2款的规定,A构成携带武器盗窃罪、强制罪。二者成立《德国刑法典》第52条规定的犯罪单数(想象竞合,从一重处罚)。

(四)第四组行为:点燃仓库

1. 纵火罪,《德国刑法典》第306条第1款

36　　A点燃仓库,涉嫌触犯《德国刑法典》第306条第1款第1项第一种情形的规定,可能构成纵火罪。

a) 客观构成要件

37　　A必须对他人的建筑物纵火,或因纵火将其全部或部分毁坏。

38　　《德国刑法典》第306条第1款第1项第一种情形意义上的建

筑物意味着可让人逗留（Aufenthalt）的封闭空间。① 仓库可供过路游客歇脚，即人可在里面逗留，因此属于建筑物。对建筑物纵火意味着在移除引燃物后它还在继续燃烧。② 这在本案中已然实现。仓库由于遭受火烧已完全丧失常规用途，这就意味着仓库已被毁坏。

b) 主观构成要件

A在行为时具有故意。 **39**

c) 违法性与罪责

A的行为违法且有责。 **40**

d) 结论

A构成《德国刑法典》第306条第1款第1项第一种情形规定的纵火罪。 **41**

2. 严重纵火罪，《德国刑法典》第306a条第1款

A的行为还涉嫌触犯《德国刑法典》第306a条第1款的规定，可能构成严重纵火罪。 **42**

a) 客观构成要件

依据《德国刑法典》第306a条第1款第1项的规定，A必须对作为住宅使用的建筑物纵火。仓库属于建筑物，如果它被暂时当作生活中心而使用，则它就是作为住宅使用的建筑物。③ 在宾馆里有客人过夜逗留的情况下，可将宾馆视为住宅。④ 然而问题在于，仓库里当时没有人，P只是偶尔让过路游客在此歇脚。虽然并不一定需要在点火的时间点上有一个人在建筑物里逗留， **43**

---

① *Fischer*, § 306 Rn. 3.
② *Fischer*, § 306 Rn. 14.
③ Schönke/Schröder/*Heine*, § 306 Rn. 5.
④ *Fischer*, § 306a Rn. 4.

但是一个无人住的，比如处于休假状态不对外营业的宾馆，就不属于住宅。①本案在纵火时没有人把这个建筑物作为生活中心而使用，即没有人居住。因此排除适用《德国刑法典》第306a条第1款第1项的规定。

44 然而仓库可能是《德国刑法典》第306a条第1款第3项意义上的有时让人逗留的场所。由于偶尔有过路游客在仓库歇脚，所以仓库有时让人逗留。此外须得在A纵火时，仓库恰好让人逗留。由于至少夜间会有过路游客在此歇脚，仓库在这期间被纵火烧毁，原则上符合《德国刑法典》第306a条第1款第3项规定的客观构成要件。

45 不过，A在纵火前已经查验并没有人在仓库里，由此可以得出另一种结论。当确定排除使人陷入危险的可能，就要对该条文进行目的性限缩（teleologische Reduktion），因为可能已经不再符合该规范的保护目的了。依据主流意见，这只适用于对一览无余的小棚屋或小房屋纵火的场合。其他情况下，行为人并不能排除抽象危险的存在。②本案中虽然只是一个小仓库，但它包括两个房间，并不是看一眼就能确定里面是否有人。因此《德国刑法典》第306a条第1款第3项规定的客观构成要件得以符合。

b) 主观构成要件

46 A明知仓库有时让人逗留，并且会有游客夜间在此歇脚。他在行为时具有故意。

---

① *BGH* NStZ 1984, 455; NStZ 1999, 32, 34; Schönke/Schröder/*Heine*, § 306a Rn. 5 ff.
② BT-Drs.13/8587, 47; BGHSt 26, 121, 124 f.; *BGH* NStZ 1999, 32, 34.

c)违法性与罪责

A的行为违法且有责。

d)结论

A构成《德国刑法典》第306a条第1款第3项规定的严重纵火罪。

3. 损坏财物罪,《德国刑法典》第303条第1款

A通过纵火故意违法且有责地使得仓库遭到毁坏,其行为也构成《德国刑法典》第303条第1款规定的损坏财物罪。损坏财物罪基于特殊关系(Spezialität)相对于《德国刑法典》第306a条规定的严重纵火罪退居次位,排除适用。

4. 对第四组行为的结论

A构成《德国刑法典》第306a条第1款第3项规定的严重纵火罪。此外构成的《德国刑法典》第306条第1款第1项第一种情形规定的纵火罪退居次位,排除适用。[①]

(五)第五组行为:砸开马厩并将一匹马送与同伙

1. 盗窃罪,《德国刑法典》第242条第1款和第243条第1款第2句第1项

A砸开马厩并将一匹马送与同伙,涉嫌触犯《德国刑法典》第242条第1款和第243条第1款第2句第1项的规定,可能构成盗窃罪之特别严重情形。

a)客观构成要件

马是他人动产。虽然依据《德国民法典》第90a条的规定,动物不是物,但可以准用关于物的规定,但这只涉及民法上的

---

① BGH NStZ 2001, 196.

规定，与马在本案中属于动产并不会发生矛盾。[①] A必须将马拿走，即A破坏了P对马的占有而建立了新的占有。占有意味着由支配意志驱使的对物的事实支配。当P被拘禁的时候，他仍然占有马厩里的马。A破坏了这种占有，并且对马建立了新的占有。客观构成要件得以符合。

b) 主观构成要件

53 A在行为时具有故意。他必须还具有据为己有的目的。他希望持续排除P对马的占有，并将马据为己有或者为其同伙所有。这种据为己有是违法的，而A也明知这一点。因此存在违法据为己有的目的。

c) 违法性与罪责

54 A的行为违法且有责。

d) 量刑，《德国刑法典》第243条第1款第2句第1项

55 此外A的行为还可能构成《德国刑法典》第243条第1款第2句第1项规定的盗窃罪之特别严重情形。为此A必须为实施盗窃行为而闯入建筑物。马厩属于建筑物。闯入意味着使用显著的身体力量打破封闭空间。[②] 用榫凿砸开马厩需要一定的力量消耗。这也正是为了实施犯罪行为，A以这种方式取得了对马的占有。因此构成闯入。

e) 结论

56 A构成《德国刑法典》第242条第1款、第243条第1款第2句第1项规定的盗窃罪之特别严重情形。

---

① 参见 *Wessels/Hillenkamp*, BT 2, Rn. 18。
② *Fischer*, § 243 Rn. 5.

2. 携带武器盗窃罪，《德国刑法典》第242条、第244条第1款第1项a

此外A的行为还涉嫌触犯《德国刑法典》第242条、第244条第1款第1项a的规定，可能构成携带武器盗窃罪。

a) 客观构成要件

A必须在盗窃时携带武器。可以认定的是，A一直携带着左轮手枪，由此就符合加重构成要件；尤其这里携带（bei sich führen）仅意味着可在实施犯罪行为的任一时间点对武器进行支配。①

b) 主观构成要件

A在行为时具有故意。

c) 违法性与罪责

A的行为违法且有责。

d) 结论

A构成《德国刑法典》第242条、第244条第1款第1项a规定的携带武器盗窃罪。此罪相对于盗窃罪之特别严重情形优先适用。

3. 损坏财物罪，《德国刑法典》第303条第1款

从案情中并不能明显看出A是否在闯入时损坏了马厩的门。由于缺乏细节描述，所以并不能认定A构成《德国刑法典》第303条第1款规定的损坏财物罪。

4. 侵犯居住安宁罪，《德国刑法典》第123条第1款

此外，A的行为还涉嫌触犯《德国刑法典》第123条第1款

---

① *Fischer*, § 244 Rn. 27.

的规定，可能构成侵犯居住安宁罪。

a) 客观构成要件

64 马厩可能是一个经营场所。经营场所是指暂时或持续性用于工商业（不一定在经济上营利）的封闭的运营和销售场所。① 由于马厩用于给过路游客歇马，所以它是一个经营场所。

65 A必须违背P的意志侵入马厩。对踏入这块土地的一般性许可并不涵括踏入马厩。而且马厩的门是关闭的，表明未经允许不得擅入。A的行为构成侵入。

b) 主观构成要件

66 A在行为时具有故意。

c) 违法性与罪责

67 A的行为违法且有责。

d) 结论

68 A构成《德国刑法典》第123条第1款规定的侵犯居住安宁罪。依据《德国刑法典》第123条第2款的规定，已经提起了必要的告诉。

提示：还可考虑A构成《德国刑法典》第127条规定的组织武装集团罪。由于案情对于A的行为缺乏细节描述，所以不能就该罪对A的行为进行检验。

5. 对第五组行为的结论与竞合

69 A构成《德国刑法典》第242条、第244条第1款第1项a规定的携带武器盗窃罪。该罪相对于《德国刑法典》第242条第1款和第243条第1款第2句第1项规定的盗窃罪之特别严重情

---

① *Fischer*, § 123 Rn. 7.

形(闯入)优先适用。携带武器盗窃罪与侵犯居住安宁罪成立《德国刑法典》第52条规定的犯罪单数(想象竞合,从一重处罚)。[1]因为闯入型盗窃吸收了侵犯居住安宁行为,可以认为侵犯居住安宁罪相对于盗窃罪之特别严重情形退居次位,然而这里没必要如此适用。

因为行为人的各个行为集合是彼此独立的事件进程且有着独立的行为决意,所以A在各行为集合所实现的构成要件依据《德国刑法典》第53条的规定成立犯罪复数(实质竞合,数罪并罚)。

四、案例评价

尽管需要解决的是常规问题,本案仍然偏难。其难度在于需要检验大量的行为集合以及构成要件。

在第一组行为中需要检验侵犯居住安宁罪。需要界定房屋和土地。重点在于检验"侵入"要素。

第二组行为涉及对P的拘禁。这里对于《德国刑法典》第239条、第240条规定的检验并不会存在问题。需要注意的是构建清晰的结构以及得当的涵摄。只进行宽泛的描述并不可取。

第三组行为则有些棘手。在此框架内首先要检验盗窃罪,存酒的物权是否已经转移给A。但是该行为集合的重点在于,对存酒究竟构成拿走,还是构成自愿交出。

在第四组行为中要检验纵火罪。在检验简单的纵火罪时并不会存在什么问题,但在检验《德国刑法典》第306a条之规定

---

[1] Schönke/Schröder/*Eser/Bosch*, § 244 Rn. 35.

时会面临很多问题。首先需要解释仓库是作为住宅使用，还是作为《德国刑法典》第306a条第1款第3项意义上的让人逗留的场所使用。接下来就需要分析A在纵火前已经查验过仓库的行为是否可以排除构成要件。

第五组行为再一次涉及常规问题。这里学生在分析时应该展现自己的构建和涵摄能力。

由于案情涉及非常多的构成要件，所以合理的时间分配和正确的重点设置十分必要。只有对单个构成要件进行清晰的检验以及至少理解第三组行为和第四组行为的问题所在，才能获得理想的分数。鉴于案情分析的篇幅以及时间原因，学生需集中精力解决重点问题。在没有特别问题的情况下也可以使用简述甚至判决式的分析方法。

其他延伸阅读：*Fehling/Faust/Rönnau*, Durchblick: Grund und Grenzen des Eigentums- und Vermögensschutzes, JuS 2006, 18–25; *Geppert*, Die Nötigung (§ 240 StGB), Jura 2006, 31–41; *Knauth*, Neuralgische Punkte des neuen Brandstrafrechts, Jura 2005, 230–234; *Schramm*, Grundfälle zum Diebstahl, JuS 2008, 678–682, 773–779; *Zopfs*, Der besonders schwere Fall des Diebstahls (§ 243 StGB), Jura 2007, 421–426; *ders*., Examinatorium zu den Qualifikationstatbeständen des Diebstahls (§ 244, 244a StGB), Jura 2007, 510–521.

案例 13：产品责任

> **关键词**：危险伤害罪；过失伤害罪；因果关系与归责；注意标准；源自先行行为的保证人地位；共同正犯
> **难　度**：极高

一、案情

X公司生产并大量销售"美丽之星"牌身体护理液。一段时间之后用户反馈该身体护理液使用后会刺激皮肤并导致呼吸急促。部分用户甚至因严重的呼吸困难被送进重症监护病房。尽管如此，X公司还是继续生产"美丽之星"。公司在2013年9月1日召开了执行董事会议。执行董事A、B、C参加了会议。A负责公司的产品研发，B负责产品生产，C负责产品销售。此外还邀请D作为专家出席会议。他们详细讨论了损害情况。D向公司执行董事表示，根据目前的认知情况（D依据最佳科学知识以及目前的技术水平做出了一份鉴定报告）并不能确信是身体护理液造成了用户的健康损害。因此，他认为并不需要召回产品。

于是公司执行董事一致决定继续生产"美丽之星"，同时将在产品包装上附上"过度使用该产品可能会刺激皮肤并导致呼吸急促"的安全提示。但是公司并没有召回那些包装上未附有相应安全提示的产品，这就导致出现了越来越多的关于使用该产品损害健康的负面报道。患病的用户都有过同样的症状，然而在产品成分中却找不出致使健康损害的物质。X公司极力否认"美丽之星"与用户的健康损害有关。在X公司召开了通报产品意外事故的记者招待会后,"美丽之星"被停止生产。

试问A、B、C、D的刑事可罚性?

二、分析提纲

(一)第一组行为:召开公司执行董事会议前 ·················· 1
1. C的刑事可罚性 ··· 1
a)过失伤害罪,《德国刑法典》第229条 ·············· 2
aa)《德国刑法典》第223条第1款的情形 ········ 3
bb)作为还是不作为 ···································· 5
cc)因果关系 ·· 6
问题:这里如何确定因果关系?
dd)客观注意义务之违反和预见可能性 ············ 8
问题:存在一个"被允许的风险"吗?
ee)客观归责 ··· 12
ff)违法性与罪责 ···································· 13
b)中间结论 ·· 14
2. A的刑事可罚性 ··· 15
a)过失伤害罪的共同正犯,《德国刑法典》第229条、第25条第2款 ·· 15
aa)构成要件符合性 ································· 16
问题:存在一个过失共同正犯吗?

    bb) 违法性与罪责 ······················· 19
  b) 中间结论 ·························· 20
 3. B的刑事可罚性 ························ 21

（二）第二组行为：召开公司执行董事会议后 ·········· 23
 1. A、B、C的刑事可罚性 ····················· 23
  a) 危险伤害罪的共同正犯，《德国刑法典》第223条
    第1款、第224条第1款、第25条第2款 ········ 23
   aa) 客观构成要件 ···················· 24
    ①投放毒物或其他危险物质，《德国刑法典》
     第224条第1款第1项 ················ 25
    ②与他人共同实施伤害行为，《德国刑法典》
     第224条第1款第4项 ················ 26
    ③以危害生命的方式伤害他人，《德国刑法典》
     第224条第1款第5项 ················ 27
   bb) 主观构成要件 ···················· 28
   cc) 违法性与罪责 ···················· 29
   dd) 中间结论 ······················ 30
  b) 不作为的危险伤害罪的共同正犯，《德国刑法典》第
    223条第1款、第224条第1款、第13条、第25条第
    2款 ························· 31
   aa) 客观构成要件 ···················· 32
    ①结果的出现 ···················· 32
    ②不作为和因果关系 ················· 33
    ③保证人地位 ···················· 34

案例13：产品责任 **273**

问题：保证人地位从何而来并达到何种程度？
    ④等价条款 ·················· 41
    ⑤共同正犯 ·················· 42
  bb)主观构成要件、违法性与罪责 ·············· 43
  cc)中间结论 ······················ 44
 c)危害公共安全的投毒罪，《德国刑法典》第314条
  第1款第2项 ······················ 45
  aa)行为对象以及行为手段 ··············· 46
  bb)投毒或掺入损害健康的有毒物质 ·········· 47
  cc)中间结论 ······················ 49
 d)释放毒物造成严重危害罪，《德国刑法典》第330a条
  第1款 ·························· 50
2. D的刑事可罚性 ·························· 51
 a)危险伤害罪的共同正犯，《德国刑法典》第223条
  第1款、第224条第1款、第25条第2款 ········ 51
 b)危险伤害罪的教唆犯，《德国刑法典》第223条第
  1款、第224条第1款、第26条；或者不作为的危
  险伤害罪的教唆犯，《德国刑法典》第223条第1
  款、第224条第1款、第13条、第26条 ········ 52
  aa)客观构成要件 ··················· 53
  bb)双重教唆故意 ··················· 55
 c)过失伤害罪，《德国刑法典》第229条 ·········· 56
3. 最终结论 ···························· 58

三、案情分析

（一）第一组行为：召开公司执行董事会议前

1. C 的刑事可罚性

提示：C 作为公司负责产品销售的执行董事与用户损害联系最密切。也可以首先对 A、B、C 进行共同正犯的检验。过失共同正犯的问题详见下文。

a) 过失伤害罪，《德国刑法典》第 229 条

C 销售"美丽之星"牌身体护理液，涉嫌触犯《德国刑法典》第 229 条的规定，可能构成过失伤害罪。

aa)《德国刑法典》第 223 条第 1 款的情形

"美丽之星"牌身体护理液所造成的皮肤刺激以及部分用户严重的呼吸困难体现了对消费者身体险恶、失当的明显损害。[①] 因此《德国刑法典》第 223 条第 1 款第一种情形规定的乱待身体得以符合。此外皮肤刺激以及呼吸困难还意味着引起了用户偏离于身体正常状态的病理状态[②]，因此构成《德国刑法典》第 223 条第 1 款第二种情形规定的损害健康。同时符合《德国刑法典》第 223 条第 1 款规定的两种情形。

提示：因为在《德国刑法典》第 229 条规定的范围内不会出现构成《德国刑法典》第 224 条第 1 款规定的危险伤害罪的情况，所以此处就不再检验《德国刑法典》第 224 条第 1 款第 1 项、第 4 项和第 5 项。

---

① 参见 *Wessels/Hettinger*, BT 1, Rn. 255。
② 损害健康的概念详见 *Otto*, BT, § 15 Rn. 5。

bb) 作为还是不作为

5　　问题在于，C究竟是以作为还是不作为实施伤害行为。关于作为和不作为的界定极具争议。① 通说采用"规范的"考查方式，认为关键在于事件的重点。② 首先在过失犯中，作为与不作为一般来说并立存在。过失意味着"忽视了必要的注意"，这本身就是一种不作为的定义方式。③ 在本案中，C销售造成损害的产品（作为）并且没有重视一定的注意事项（不作为）。然而问题在于应受谴责性的重点位于何处。在这类案件中大多会认定作为具有优先性，因为实际上的危险在于积极地将商品投放市场，如果没有这种积极作为，忽视了必要的注意就显得无关紧要。④ 本案也是这种情况，因此可以认定这里存在C的作为。

cc) 因果关系

6　　这个作为必须是造成健康损害的原因。对于因果关系的质疑主要在于，并不能找出"美丽之星"中导致健康损害的成分。依据等值理论，设想一个作为若不存在，则某个具体形态的结果不会发生，那么该作为与结果之间就存在因果关系（条件公式）。⑤ 因此需要检验，如果设想不销售"美丽之星"，健康损害的结果还会不会发生。很显然，要回答这个问题，首先必须知道使用"美丽之星"与出现健康损害之间是否存在自然法则

---

① *Heinrich*, AT, Rn. 863 ff., 866; *Kühl*, AT, § 18 Rn. 13 ff.
② *Haft*, AT, S. 177; 批判详见 *Jescheck/Weigend*, AT, S. 604 f., 此处正确地指出，通说的措辞与诉诸法感情并无多少区别。
③ *Haft*, AT, S. 163 f.
④ 一个指导性判例是"Ziegenhaar案"，RGSt 63, 211, 对此参见 *Engisch*, FS Gallas, 1973, S. 163, 184 ff.
⑤ 该理论也是通说，尽管在个别论述中有不同措辞，参见 *Jescheck/Weigend*, AT, S. 279 ff.附有的进一步明证。

意义上的关联。这是一个需要实践研究的问题。只有澄清自然法则的关联，才能适用条件公式。①

然而这里对自然法则的关联也可能存在疑问，因为并不能确定哪些成分造成了健康损害。②反对意见认为，毫无疑问是使用"美丽之星"导致了这样的损害。所有受到损害的用户一致宣称是使用了这个"美丽之星"才出现的健康紊乱。并且这些用户都具有相同的症状。因此可以确定，健康损害是由使用"美丽之星"造成的。同时，在纯理论上仍然存在另外一种与"美丽之星"牌身体护理液无关的因素造成健康紊乱的可能性，且与前述并不矛盾③，因为所有科学认知都具有局限性和不准确性，会导致存在这种可能性。因此，可以认为在销售"美丽之星"和健康损害之间存在因果关系。

dd) 客观注意义务之违反和预见可能性

C的作为必须在客观上④违反注意义务。违反注意义务的行为意味着忽视了日常交往中必要的注意。对于所适用的注意方式和程度的评估应从事前角度出发，以一个谨慎之人在行为人的具体处境和社会角色下的行为为标准。⑤注意义务的要求首先可从成文规范中推导出来，然而本案不是这样的情形。⑥本案需

---

① 也可参见 Haft, AT, S. 51; *Jescheck/Weigend*, AT, S. 281 f.; *Stratenwerth/Kuhlen*, AT, § 8 Rn. 18. 其复杂性已体现在了"Contergan案"中，JZ 1971, 507。
② 对此参见BGHSt 37, 106, 111 ff. "Lederspray案"，*Beulke*和*Bachmann*的评论，JuS 1992, 737 和*Samson*, StV 1991, 182, 183。
③ 详见BGHSt 37, 106, 112, 也可参见BGHSt 41, 206, 213 ff.以及 *Hilgendorf,* FS Lenckner 1998, S. 699 ff.
④ 过失在客观构成要件以及罪责中的双重地位说参见*Haft* AT, S. 162, 以及详见*Jescheck/Weigend* AT, S. 564 f.
⑤ BGHSt 7, 307; *BGH* NJW 2000, 2754, 2758; NJW 2003, 657, 658.
⑥ 这里涉及过失犯教义学的基本问题，参见*Kühl*, AT § 17 Rn. 3 ff.

要依据具体个案的情形并从中推导出具体的必要的注意。原则上可以认为，当存在对不确定多数人的身体威胁时，就要设置特别严格的注意义务要求。C在知道用户投诉的情况后，就不应该继续销售产品。

9 由于在现代化大型生产中不可避免地会出现一定程度的损害，对此可能适用被允许的风险①（erlaubtes Risiko）原则。要保证产品毫无危险性的绝对安全，常常需要不成比例的昂贵测试以及其他许多预防措施。这种保证过于苛求生产者，甚至可能导致大型生产停滞。因此一定的损害程度（Schadensspektrum）要被"被允许的风险"所涵盖。然而本案中很难容忍由"美丽之星"造成的这种"不可避免"的损害，因为依据经验，这种产品不太可能造成损害。②使用身体护理液出现的大量皮肤刺激和呼吸急促的问题已经大大超越了对生产护理液取得利益的容忍。更不能容忍的是，这个产品甚至给部分用户造成了重大的生命危险。

10 C知道存在损害情况，但他还是把产品投放市场。由此可以肯定他在客观上违反了注意义务。并且鉴于C对已经出现的损害案例的了解，结果的发生在客观上应当也是可预见的。

11 提示：依据案情并不足以肯定间接故意。这就需要C不仅知道危险的存在，还要内心"认可"这种危险。

ee) 客观归责

12 一般认为，等值理论意义上的因果关系作为唯一的归责标

---

① 这里并不将被允许的风险原则视为违法阻却事由，而是对注意义务标准要求的限制。对于"被允许的风险"在教义学上体系地位的不同建议参见 *Roxin*, AT I, §11 Rn. 65 ff.
② 身体护理液的研发却不是如此，可以想象普遍存在的动物实验的滥用。

准太过宽泛。判例对故意和过失的检验进行了必要限制，而大量文献则主张借助客观归责理论进行限制，即造成结果的行为是否创设了构成要件意义上的法所不允许的危险以及该危险是否在构成要件结果中实现。① 本案中销售"美丽之星"牌身体护理液创设了由消费者承受的身体损害的危险。这一危险事实上也得以实现。由此可以确定，健康损害在客观上可归责于C。

ff) 违法性与罪责

并不存在违法阻却事由②和罪责阻却事由。C的行为违法且有责。此外，其行为也违反个人注意义务。结果对C而言也是可预见的。 **13**

b) 中间结论

C构成多起《德国刑法典》第229条规定的过失伤害罪。依据《德国刑法典》第230条第1款第1句的规定，该罪告诉才处理。 **14**

2. A的刑事可罚性

a) 过失伤害罪的共同正犯，《德国刑法典》第229条、第25条第2款

A的行为涉嫌触犯《德国刑法典》第229条、第25条第2款的规定，可能与C构成过失伤害罪的共同正犯。 **15**

aa) 构成要件符合性

A并不负责销售，而是负责产品研发。他在知道"美丽之星"牌身体护理液给用户带来的危险性后，依然正常投放该产品并且未采取任何行动。作为公司执行董事在像本案这种特殊情况下，不仅需要对其专业领域负责，还要对整个公司，特别 **16**

---

① *Zieschang*, AT, Rn. 88; *Haft*, AT, S. 55 f.; 详见 *Jescheck/Weigend*, AT, S. 284 ff.（案例情形）。
② 被允许的风险详见上文边码9。

是对"美丽之星"的销售承担责任。①因此,他也因违反注意义务而受谴责,具体论述详见上文边码6及以下。

17　　问题在于,A是否作为C的共同正犯实施了行为,因为他具有认知和意欲地与C共同将产品投放市场。然而由于过失犯中缺乏共同的行为决意,所以通说排除了过失共同正犯的形态。如果几个行为人共同实施一个过失犯罪,依照通说只能成立同时正犯(Nebentäterschaft)。②然而这一理由在本案这样的情况下却不具有说服力,因为这里各行为人具有认知和意欲地共同创设危险,而该危险嗣后实现为法益侵害。本案中,注意义务之违反并不在于A、B、C的共同合作——否则就能轻易认定为故意——而在于生产和将"美丽之星"投放市场。在本案中认定过失共同正犯在概念上是可行的。③对这一形态的承认也具有教义学上的意义,因为这样可相对轻松地解决集体决定(Kollegialentscheidung)的归责问题。④因此可以认定A作为C的共同正犯实施了符合《德国刑法典》第229条规定的行为。

18　　过失伤害罪的构成要件得以符合。

　　bb) 违法性与罪责

19　　并不存在违法阻却事由和罪责阻却事由。A的行为违法且有责。

　　b) 中间结论

20　　A构成《德国刑法典》第229条、第25条第2款规定的过失

---

① 参见 *Schmidt/Salzer*, Produkthaftung, Bd. 1: Strafrecht, 2. Aufl., 1988, S. 119。
② 部分 *Jescheck/Weigen*d, AT, S. 676附有的进一步明证。
③ 特别参见 *Otto*, Jura 1990, 47; 此外 *Lackner/Kühl*, § 25 Rn. 13; *Beulke/Bachmann*, JuS 1992, 737, 744; 详见 *Weißer*, JZ 1998, 230。
④ 详见 *Hilgendorf*, NStZ 1994, 561。

伤害罪的共同正犯。

3. B 的刑事可罚性

出于与 A 相同的理由，B 也构成《德国刑法典》第 229 条、第 25 条第 2 款规定的过失伤害罪的共同正犯。

21

提示：如果此处排除构成共同正犯，最终还是会得到同样的结论，因为这里并不需要依据行为贡献（Tatbeiträge）才能交互归责。A、B、C 的行为同样构成过失伤害罪（同时正犯）。

22

（二）第二组行为：召开公司执行董事会议后

1. A、B、C 的刑事可罚性

a) 危险伤害罪的共同正犯，《德国刑法典》第 223 条第 1 款、第 224 条第 1 款、第 25 条第 2 款

A、B、C 在召开公司执行董事会议后决定继续生产"美丽之星"并将产品投放市场，涉嫌触犯《德国刑法典》第 223 条第 1 款、第 224 条第 1 款、第 25 条第 2 款规定，可能构成危险伤害罪的共同正犯。

23

aa) 客观构成要件

已符合伤害罪的构成要件，即《德国刑法典》第 223 条第 1 款第一种情形和第二种情形之规定（详见上文边码 3）。由于 A、B、C 具有认知和意欲地共同合作实施行为，《德国刑法典》第 25 条第 2 款规定的共同正犯的前提得以符合。

24

① 投放毒物或其他危险物质，《德国刑法典》第 224 条第 1 款第 1 项

问题在于，他们是否以投放毒物或其他危险物质的方式

25

实施了伤害行为(《德国刑法典》第224条第1款第1项)。为此,"美丽之星"必须是一种毒物或其他的危险物质,或者含有毒物或其他危险物质。毒物指的是在一定条件下能够通过化学或物理—化学作用对身体健康造成巨大损害的有机物或无机物。①"其他危险物质"这一要素包括通过热能性或机械性进行作用的物质。②这其中包括很多具有特别毒性,能够造成严重健康损害的物质。③如果给重要的身体机能造成紊乱,并且紊乱的强度或者持续时间超过平均水平,就可认定给他人健康造成严重损害④,并不需要出现《德国刑法典》第226条意义上的严重结果。⑤皮肤刺激以及呼吸急促的强度偏弱并且持续时间不长,因此并没有给他人健康造成严重损害。而"美丽之星"造成部分用户严重的、具有生命危险的呼吸困难,已经符合给他人健康造成严重损害的情形。这种适格性需要根据个案情形,基于投放物质的质量和数量来确定。⑥严重的、具有生命危险的呼吸困难虽然只是暂时的,但其体现了特殊强度的健康损害。就这一点而言,"美丽之星"能够给他人健康造成严重损害。"美丽之星"因其化学作用可被视为毒物。《德国刑法典》第224条第1款第1项第一种情形得以符合。

---

① *Lackner/Kühl*, § 224 Rn. 1a.
② *Fischer*, § 224 Rn. 4.
③ *Lackner/Kühl*, § 224 Rn. 1a.
④ MünchKomm/*Hardtung*, § 224 Rn. 7. 轻度情形(比如由于尼古丁和酒精)就不符合构成要件。
⑤ 不同见 SK/*Horn/Wolters*, § 224 Rn. 8a.
⑥ Schönke/Schröder/*Stree/Sternberg-Lieben*, § 224 Rn. 2b; 参见 MünchKomm/*Hardtung*, § 224 Rn. 8.

②与他人共同实施伤害行为,《德国刑法典》第224条第1款第4项

继续生产"美丽之星"的决定是由公司执行董事一致做出的。这可能符合《德国刑法典》第224条第1款第4项规定的情形。"与他人共同实施伤害行为"这一构成要件要素刑罚严厉性的理由在于犯罪现场有多个行为人共同实施伤害行为,增加了被害人的危险性。①不过"美丽之星"的用户总是面临相同的危险,并不取决于X公司执行董事的人数。A、B、C共同正犯的伤害行为并未造成危险性提升。因此不符合《德国刑法典》第224条第1款第4项规定的情形。

③以危害生命的方式伤害他人,《德国刑法典》第224条第1款第5项

考虑到部分用户呼吸困难而被送进重症监护病房,可以认定符合《德国刑法典》第224条第1款第5项规定的以危害生命的方式伤害他人的情形。由于重症监护病房的病患面临着具体危险,所以这里就不需要考虑是只需要存在抽象的生命危险还是必须存在具体的生命危险②的观点冲突。

bb) 主观构成要件

问题在于,他们是否至少具有间接故意。如果行为人认识到构成要件符合的可能性(所谓认知要素)并对此予以放任,或是认可接受了结果的发生(所谓意欲要素),他就具有间接故意。③在公司执行董事会议上他们详细讨论了已经出现的损害

---

① *Wessels/Hettinger*, BT 1, Rn. 280.
② 对此参见 *Frischer*, § 224 Rn. 12 附有的进一步明证。
③ 参见 BeckOk-StGB/*Kudlich*, § 15 Rn. 20。

案例 13: 产品责任

情况，还听取了专家鉴定意见并且商讨了防止损害的可能途径。这体现了所有公司执行董事都认为损害情况可能会继续出现。由此符合间接故意的认知要素。A、B、C虽然认识到危险，但是仍然决定继续生产"美丽之星"并且仅在产品包装上附上安全提示。他们对可能出现的更多损害情况予以认可接受。间接故意并不需要他们希望结果出现①，只要他们对继续出现的损害结果予以放任即可。因此他们具有间接故意。②

cc)违法性与罪责

29　他们的行为违法且有责。

dd)中间结论

30　A、B、C构成多起《德国刑法典》第223条第1款第一种情形和第二种情形、第224条第1款第1项和第5项、第25条第2款规定的危险伤害罪的共同正犯。

b)不作为的危险伤害罪的共同正犯，《德国刑法典》第223条第1款、第224条第1款、第13条、第25条第2款

31　A、B、C没有召回已经投放市场的"美丽之星"，涉嫌触犯《德国刑法典》第223条第1款、第224条第1款、第13条、第25条第2款的规定，可能构成不作为的危险伤害罪的共同正犯。

aa)客观构成要件

①结果的出现

32　存在乱待身体和损害健康的情形。也符合《德国刑法典》第224条第1款第1项和第5项规定的情形。详见上文边码25、27。

---

① BGHSt 7, 363.
② 对于间接故意定义的不同建议详见 *Wessels/Beulke/Satzger*, AT, Rn. 214 ff.

②不作为和因果关系

如果及时召回产品,就会以几近确定的概率避免大量的身体伤害结果。①召回是快速防止损害进一步发生的唯一途径。这对于X公司而言极易操作并且具有期待可能性。金钱方面的亏损并不能阻碍期待可能性。②

③保证人地位

然而问题在于,公司执行董事是否依据《德国刑法典》第13条第1款第1子句的规定负有依法保证结果不发生的义务。这样一种保证人地位以行为人负有特别的避免损失的法律义务③为前提。依照传统学说,保证人地位源自四个方面:法律明文规定、合同、密切的私人关系以及危险前行为(Ingerenz,先行行为)。④现代学说则从保证人地位的实质来源出发,将其分为监督型保证人(Sicherungsgaranten)和保护型保证人(Obhutsgaranten)。监督型保证人建立在对特定危险源的责任义务上,而保护型保证人意味着对特定法益具有保护义务。本案中A、B、C可能是监督型保证人,对此也具有不同的形成理由:源自先行行为、源自危险源的开设以及源自管理义务(Pflicht zur Beaufsichtigung)。⑤

首先可考虑先行行为。古老原则"不得侵害他人"(neminem laedere)即已表达了源自危险前行为而产生的保证人义

---

① 对不作为犯罪中因果关系的检验详见 *Baumann/Weber/Mitsch*, AT, § 15 Rn. 22 ff.
② 不真正不作为犯的结构详见 *Haft*, AT, S. 178 f.
③ 道德义务并不能满足。同样《德国刑法典》第323c条规定的一般帮助义务也不能满足。
④ *Haft*, AT, S. 185; 详见 *Lackner/Kühl*, § 13 Rn. 7 ff.
⑤ 参见 *Schönke/Schröder/Stree/Bosch*, § 13 Rn. 11 f.; 详见 *Kühl*, AT, § 18 Rn. 91 ff.

务。① 为了避免责任泛滥，必须考虑以下三个条件：

36　　第一，创设较低程度的危险不足以证立责任（轻微原则，Bagatellprinzip）。本案涉及的危险是身体伤害，其中有部分相当严重。因此不适用轻微原则。

37　　第二，前行为必须在客观上违反注意义务。② 如上所述，生产"美丽之星"在2013年9月1日召开公司执行董事会议之前就在客观上违反了注意义务，因为公司执行董事尽管已经知道存在健康损害的危险，但仍然不采取措施制止这种危险。因此A、B、C创设危险的前行为在客观上违反了注意义务。

38　　第三，导致损害结果出现的危险必须直接迫近（相当的）③，不能仅创设还未发生的损害可能性。由于本案中具有危险的产品仍在销售，如果顾客购买，损害的可能性就直接迫近。

39　　因此存在源自先行行为的保证人地位。

40　　也可由对危险源的监督义务认定具有保证人地位。X公司以及其执行董事要对其产品的质量，尤其是安全性负责（日常交往的安全义务，Verkehrssicherungspflicht）。④

④等价条款

41　　依据《德国刑法典》第13条第1款第2子句的规定，还需要检验由不作为实现的法定构成要件是否与由作为实现该构成要件具有等价性（所谓等价条款，Entsprechungsklausel）。这个条

---

① *Haft,* AT, S. 187; *Hilgendorf/Valerius,* AT, § 11 Rn. 60 ff.
② 极具争议如*Fischer,* § 13 Rn. 52; *Baumann/Weber/Mitsch,* AT, § 15 Rn. 65 ff.; *Gropp,* AT, § 11 Rn. 33, 37. 过去的判例认为每一个前行为都可满足，而后来的判例转向了通说，参见 BGHSt 25, 218. 然而模糊处见BGHSt 37, 106, 117 ff., 附有 *Kuhlen* 的评论，NStZ 1990, 566。
③ Schönke/Schröder/*Stree/Bosch,* § 13 Rn. 34; *Jescheck/Weigend,* AT, S. 625.
④ *Jescheck/Weigend,* AT, S. 626 f.

款只针对行为定式犯（verhaltensgebundene Delikte），并不针对纯粹结果犯。① 此处不作为也实现了《德国刑法典》第224条第1款第1项和第5项规定的典型不法。

⑤共同正犯

依据《德国刑法典》第25条第2款的规定，A、B、C具有明知和意欲地共同决定不召回产品。 **42**

bb) 主观构成要件、违法性与罪责

A、B、C在行为时具有故意。他们的行为违法且有责。 **43**

cc) 中间结论

A、B、C构成多起《德国刑法典》第223条第1款第一种情形和第二种情形、第224条第1款第1项和第5项、第13条、第25条第2款规定的不作为的危险伤害罪的共同正犯。 **44**

c) 危害公共安全的投毒罪，《德国刑法典》第314条第1款第2项

此外可考虑他们的行为可能构成《德国刑法典》第314条第1款第2项的危害公共安全的投毒罪。 **45**

aa) 行为对象以及行为手段

《德国刑法典》第314条第1款第2项规定的行为对象（Tatobjekt）以及行为手段（Tatmittel）涉及被用于公共销售或消费的物品。产品"美丽之星"符合以上前提。 **46**

bb) 投毒或掺入损害健康的有毒物质

A、B、C可能在产品中投毒，即第一种情形。在物品中投毒意味着犯罪行为导致物品在常规使用时通过化学或物理—化学作 **47**

---

① *Kühl*, AT, § 18 Rn. 123 f.

用长期破坏他人健康。① 不同于《德国刑法典》第224条第1款第1项，这里不能仅造成暂时的健康损害。② 虽然"美丽之星"会造成一定的健康损害，但是并不能认定它会造成健康破坏。

48 A、B、C也可能在产品中掺入损害健康的有毒物质，即第二种情形。在物品中掺入损害健康的有毒物质意味着成分发生变化的物品在常规使用时会造成严重的健康损害。③ "美丽之星"导致部分的用户皮肤刺激、呼吸急促甚至呼吸困难，它含有损害健康的物质。④ 然而《德国刑法典》第314条第1款第2项第二种情形之规定因其提升的刑罚幅度要求严重且长期的损害危险。由于受损害者已复原，这里可排除长期性。

cc) 中间结论

49 A、B、C不构成《德国刑法典》第314条第1款第2项规定的危害公共安全的投毒罪。

d) 释放毒物造成严重危害罪，《德国刑法典》第330a条第1款

50 产品"美丽之星"并不含有会严重破坏他人健康的毒物。⑤ 因此并不符合《德国刑法典》第330a条第1款的情形。

2. D 的刑事可罚性

a) 危险伤害罪的共同正犯，《德国刑法典》第223条第1款、第224条第1款、第25条第2款

51 D涉嫌触犯《德国刑法典》第223条第1款、第224条第1

---

① 参见Fischer, § 314 Rn. 3。
② Schönke/Schröder/*Heine*, § 314 Rn. 14.
③ 参见Fischer, § 314 Rn. 3, 7。
④ 旧版《德国刑法典》第319a条所要求的破坏健康依据《德国刑法典》第314条的规定不再必要。
⑤ Schönke/Schröder/*Heine*, § 326 Rn. 4.

款、第25条第2款的规定，可能与A、B、C构成危险伤害罪的共同正犯。共同正犯意味着具有认知和意欲地与其他行为人协力实施犯罪行为。① 犯罪行为支配说（Tatherrschaftslehre）认为共同正犯必须至少"掌控"部分事件进程。而主观共犯说（subjektive Teilnahmelehre „animus-Theorie"）认为共同正犯取决于行为人是否以"自任主角意思"而行为。② 依据这两种理论，D在本案中并不构成共同正犯：他既不是继续生产"美丽之星"以及不召回产品决议的表决权人，也没有以"自任主角意思"而行为或者不作为。D在会议中仅作为鉴定人。由此他与公司执行董事并不构成危险伤害罪的共同正犯。

b) 危险伤害罪的教唆犯，《德国刑法典》第223条第1款、第224条第1款、第26条；或者不作为的危险伤害罪的教唆犯，《德国刑法典》第223条第1款、第224条第1款、第13条、第26条

可考虑D构成《德国刑法典》第223条第1款、第224条第1款、第26条规定的危险伤害罪的教唆犯或者《德国刑法典》第223条第1款、第224条第1款、第13条、第26条规定的不作为的危险伤害罪的教唆犯。 **52**

aa) 客观构成要件

存在一个故意且违法的主行为。详见上文边码23及以下。

D向公司执行董事解释，他认为并不需要召回产品。可以认 **53**
定，A、B、C被这番表述所左右，即D"唆使"（bestimmt）他们不召回已销售的"美丽之星"并继续生产该产品。从案情中

---

① *Haft*, AT, S. 205; *Wessels/Beulke/Satzger*, AT, Rn. 524.
② *Baumann/Weber/Mitsch*, AT, § 29 Rn. 38 ff., 59 ff.; *Baumann*, JuS 1963, 85, 90.

并不能看出A、B、C已有具体行为决意（omnimodo facturi）。[1]
因此教唆犯的客观构成要件得以符合。

54　　提示：自然可以对案情作另一番解释。A、B、C本来就意欲继续生产"美丽之星"，D的表述更加坚定了他们的想法。对此可考虑构成《德国刑法典》第27条规定的精神性帮助犯（psychische Beihilfe）。

bb) 双重教唆故意

55　　问题在于，D是否具有必要的双重教唆故意（Doppelter Anstiftervorsatz）。教唆者不仅要对自己的教唆行为具有故意，还要对主行为的既遂具有故意。[2]他知道公司执行董事不召回产品的决定是依据他的鉴定报告。然而问题在于对主行为的故意，即对用户损害的故意。可以认定D依据最佳科学知识以及目前的技术水平做出了这份鉴定报告。由于不能明确确定产品与损害间的关联，仅考虑他可能具有间接故意。由此就需要行为人主观上认为结果发生是可能的，并对此予以放任。[3]虽然D认识到存在这样的可能性，但是他的评估是依据缺乏证明的因果关系而作出的，并不是以产品的危险性为出发点。因此D不构成伤害罪的教唆犯。

c) 过失伤害罪，《德国刑法典》第229条

56　　由于不能认定D在客观上违反了注意义务，他就不构成《德国刑法典》第229条规定的过失伤害罪。D不能因过失伤害罪而受罚。

---

[1] 参见 *Kühl*, AT, § 20 Rn. 177。
[2] *Otto*, AT, § 22 Rn. 41; *Schmidhäuser*, AT, 10/124.
[3] 所谓认可说（Billigungstheorie），参见BGHSt 36, 1, 9 f.; *Zieschang*, AT, Rn. 126。

提示：也可主张构成教唆犯的结论。可以认为D不需要召回产品的结论已经越过了一个单纯鉴定报告的界限。此外在司法实践中很少起诉鉴定人。

3. 最终结论

A、B、C构成《德国刑法典》第223条第1款、第224条第1款第1项和第5项、第25条第2款规定的危险伤害罪的共同正犯，第223条第1款、第224条第1款第1项和第5项、第13条、第25条第2款规定的不作为的危险伤害罪的共同正犯。二者成立《德国刑法典》第52条规定的犯罪单数（想象竞合，从一重处罚）。他们在公司执行董事会议前构成的《德国刑法典》第229条规定的过失伤害罪的共同正犯与前罪成立《德国刑法典》第53条规定的犯罪复数（实质竞合，数罪并罚）。

D无罪。

四、案例评价

由于要在不熟悉的范围内检验总论中熟悉的因果关系、作为与不作为的界定和保证人地位等问题，该案例的难度极高。许多学生在学习中并没有接触过产品责任问题，这就需要用已学到的方法去解决新的问题。毕竟本案中的很多问题都可以通过严密的论证来解决，尤其是其中的因果关系问题。这就要求学生具有高度的自主论证能力。

熟悉德国联邦最高法院对这些问题的判决，会给学生进行案例分析带来极大的帮助。然而需要注意的是正确定位这些问题，以及要知道判决结果和判决理由。由于木材保护剂案的判决（Holzschutzmittel-Entscheidung）具有争议，因此很多学生在分析中都支持不同的结果。本案中需要对因果关系、客观归责问题以及基础原则如"存疑时有利于被告人"（in dubio pro reo）有着基本的认识。此外还有保证人地位的问题：对此必须在教义学上清晰地讨论，不与其他可能的保证人地位相混淆。

除去以上难点，本案还包含过失责任以及正犯和共犯刑事可罚性的问题。这些是很多刑法考试中的重点问题。本案正好提供一个很好的实践机会，学生需要在不熟悉的情况下对此进行讨论。D究竟构成共同正犯还是教唆犯的问题要在这个背景下仔细讨论。

此案中的另外一个涉及加重犯的小问题很少在考试中出现的名词解释。尽管学生可能不了解这些概念，比如毒物，但是仍然希望他们能够通过法学技能得出可接受的、有理有据的结论。

其他延伸阅读：*BGHSt*, 37, 106 (NJW 1990, 2560–2569–„Lderspray"); BGHSt 41, 206 (NJW 1995, 2930–2933–„Holzschutzmittel"); *Hilgendorf*, Fragen der Kausalität bei Gremienentscheidungen am Beispiel des „Lederspray-Urteils" BGHSt 37, 106 ff., NStZ 1994, 561–566; *Kühne*, Strafrechtliche Produkthaftung in Deutschland, NJW 1997, 1951–1954; *Landrock*, Das Produkthaftungsrecht im Lichte neuerer Gesetzgebung und Rechtsprechung, JA 2003, 981–989; *Molitoris*, Produkthaftungsrecht.Produktbeobachtung und –rückruf, 2007; *Schwartz*, Strafrechtliche Produkthaftung, 1999.

案例14：卡车事故

> **关键词**：杀人犯罪；不作为犯罪；保证人地位；紧急避险；罪责阻却事由；不进行救助罪
>
> **难　度**：很高

一、案情

一辆卡车行驶在偏僻地带时不幸着火。卡车司机A被卡在驾驶室内动弹不得，并且无路人援助。随着火势逐渐接近驾驶室，A请求还在驾驶室内未受伤的副驾驶B尽快杀死他，使他免受火焚之苦。B在极度痛苦的良心折磨下最终决定满足A的愿望，用一个重型的螺帽扳手砸死了他。

试问B的刑事可罚性？

变体案情1：如果B眼睁睁地看着A烧死而无动于衷，试问B的刑事可罚性？

变体案情2：C偶然地出现在事发现场附近并且看到了全部过程。当他看到B举起螺帽扳手准备砸死A时，他猛烈地撞向B，导致B的手臂肌肉撕裂。试问C的刑事可罚性？

变体案情3：对变体案情2的事实评价做一点改变，若C这么做的原因是想看到A被残忍地烧死，试问C的刑事可罚性？

二、分析提纲

(一) 基本案情 ·· 1
  1. 受嘱托杀人罪，《德国刑法典》第216条第1款 ······· 1
    a) 构成要件 ·· 2
      aa) 客观构成要件 ·· 2
      bb) 主观构成要件 ·· 5
    b) 违法性 ·· 6
      aa) 同意 ·· 6
      bb) 正当防卫 ·· 7
      cc) 紧急避险 ·· 8
        ① 避险情势 ·· 9
        ② 避险行为 ·· 10
        ③ 利益衡量 ·· 12
        ④ 主观违法阻却要素 ···························· 16
        ⑤ 中间结论 ·· 17
      dd) 结论 ·· 18
  2. 最终结论与竞合 ·· 19

(二) 变体案情1 ·· 20
  1. 不作为的故意杀人罪，《德国刑法典》第212条第1款、第13条 ·· 20
    a) 构成要件 ·· 21
      aa) 客观构成要件 ·· 21

  bb) 中间结论 ·· 22
 b) 结论 ··· 23
2. 不进行救助罪，《德国刑法典》第 323c 条 ·········· 24
 a) 构成要件 ··· 25
 b) 结论 ··· 27
3. 遗弃罪，《德国刑法典》第 221 条第 1 款 ············ 28
4. 不作为的伤害罪，《德国刑法典》第 223 条第 1 款、第 13 条 ··· 29
5. 最终结论与竞合 ··· 30

(三) 变体案情 2 ·· 31
1. 伤害罪，《德国刑法典》第 223 条第 1 款 ············ 31
 a) 构成要件 ··· 32
  aa) 客观构成要件 ····································· 32
  bb) 主观构成要件 ····································· 33
 b) 违法性 ··· 34
  aa) 正当防卫 ·· 35
  bb) 紧急避险 ·· 36
   ① 避险情势 ··· 37
   ② 避险行为 ··· 38
   ③ 利益衡量 ··· 39
 问题：需要衡量哪些利益冲突？
   ④ 中间结论 ··· 41
 c) 罪责 ··· 42
  aa) 阻却罪责的紧急避险 ·························· 43

案例 14：卡车事故 295

bb) 容许构成要件错误 ·· 44
　　　　cc) 禁止错误 ··· 45
　　　　dd) 中间结论 ··· 48
　　d) 结论 ··· 49
　2. 最终结论与竞合 ··· 50

（四）变体案情 3 ··· 51
　1. 伤害罪，《德国刑法典》第 223 条第 1 款 ············· 51
　　a) 构成要件 ·· 52
　　b) 违法性 ··· 53
　　c) 罪责 ··· 54
　　d) 结论 ··· 55
　2. 谋杀罪，《德国刑法典》第 212 条第 1 款、第 211 条·· 56
　　a) 客观构成要件 ·· 58
　　b) 主观构成要件 ·· 60
　　c) 违法性与罪责 ·· 61
　　d) 结论 ··· 62
　3. 最终结论与竞合 ··· 63

三、案情分析

（一）基本案情

1. 受嘱托杀人罪，《德国刑法典》第 216 条第 1 款

1　　B 用螺帽扳手砸向 A 的头部，涉嫌触犯《德国刑法典》第 216 条第 1 款的规定，可能构成受嘱托杀人罪。

a) 构成要件

aa) 客观构成要件

A作为他人是《德国刑法典》第216条第1款规定的适格行为对象。行为结果，即A的死亡已然出现。由于A并不是自己杀死自己的，所以并不存在（无罪的）参与自杀行为。① 尤其B在行为时间点上具有犯罪行为支配（Tatherrschaft）。

此外还需要被害人明示且真诚的要求。要求比单纯的同意意味着更多。被害人必须真诚地渴求死亡并且明确表示这个要求。② 真诚意味着该要求基于无瑕疵的意思形成（fehlerfreie Willensbildung）。这个要求必须是在行为前就已作出。③ 本案中A明示地要求B尽快杀死他，使他免受火焚之苦。这个要求在B用螺帽扳手砸向A前就已作出，B也应该要求杀死了A。

《德国刑法典》第216条第1款规定的客观构成要件得以符合。

bb) 主观构成要件

依据《德国刑法典》第15条的规定，B在行为时必须具有故意，即实现客观构成要件的认知和意欲。④ 虽然B一开始迟疑是否应满足A的愿望，但是随后仍然用螺帽扳手将A砸死。因此他在行为时具有实现客观构成要件的认知和意欲。

---

① 界定详见 Schönke/Schröder/*Eser*, § 216 Rn. 11。
② *Fischer*, § 216 Rn. 7.
③ *Wessels/Hettinger*, BT 1, Rn. 157.
④ *Kühl*, AT, § 5 Rn. 6.

b) 违法性

aa) 同意

6 首先可以考虑将同意作为违法阻却事由。有争议的是,是否同意的效力不在于排除违法性,而在于排除构成要件,不过《德国刑法典》第228条明确的字面含义已经否定了后者成立的可能。① 然而,对于《德国刑法典》第216条之规定,一般不会自始考虑以同意排除违法性,因为法益持有人的认可已经体现在客观构成要件中,而是将其作为《德国刑法典》第212条规定的故意杀人罪的减轻构成要件优先适用。立法者不希望法益持有人自由支配生命法益。因此,同意不能作为违法阻却事由。

bb) 正当防卫

7 B 的行为可能通过《德国刑法典》第32条的规定排除违法性。正当防卫以一个现时的违法攻击为前提。攻击意味着通过人的行为给法律所保护的法益造成直接的威胁。② 本案中火焚虽然给 A 的身体完整性带来伤害的威胁,但这不是由人的行为引起的。因此不存在攻击,可排除构成正当防卫。

cc) 紧急避险

8 可考虑适用《德国刑法典》第34条规定的阻却违法的紧急避险。

① 避险情势

9 必须存在避险情势,即可以避险的法益受到了现时的危险。原则上可以将所有法益视为可以避险的法益。③ 火势不仅对 A 的

---

① *Kühl*, AT, §9 Rn. 21 ff.
② *Lackner/Kühl*, §32 Rn. 2; *Zieschang*, AT, Rn. 202.
③ *Kühl*, AT, §8 Rn. 21.

身体完整性，也对B的生命造成了危险。这个危险在B采取措施之前就已经发生，因此是现时的。存在避险情势。

②避险行为

救助行为必须对于消除避险情势而言是必要的。如果受到危险的法益可通过某个行为获得救助，且该行为适合于救助并且相对而言是最温和的手段，那么这个行为就是必要的。① 至于行为人希望使自己还是他人免受危险，则无关紧要，法律会排除避险救助行为的违法性。② **10**

用螺帽扳手砸向A对于排除他遭受火焚痛苦的危险而言是适当的。由于二人身处偏僻地带且无路人援助，就会有很多人认为用螺帽扳手砸向A的行为可以算作最温和的手段。虽然可以认为轻砸使A失去知觉已经足以使他免受痛苦，但是很难在这种情况下准确拿捏击打力度的强弱。因此存在避险行为。 **11**

③利益衡量

当对相互冲突的利益，即对所涉及法益以及受到危险的紧迫程度进行衡量后，认为所要保护的法益的位阶明显高于受到侵害的法益，那么行为就不具有违法性。本案中可以认为B砸向A的行为侵害了生命法益。那么要保护的是身体完整性还是（免受痛苦的）生命就不再重要，因为无论如何所要保护的法益不占优势。③ **12**

也可将此处的法益进行其他方式的衡量。一种方式认为，疼痛、苦楚以及痛苦折磨对于个人生命极具损害，所以如果当事人不能承受痛苦而死亡仅仅是时间问题，那么出于对人格尊 **13**

---

① *Wessels/Beulke/Satzger*, AT, Rn. 308.
② *Wessels/Beulke/Satzger*, AT, Rn. 308.
③ 通说参见LK/*Jähnke*, §216 Rn. 1, 17附有的进一步明证。

严的尊重，就应当排除缩短生命的减轻痛苦行为的违法性。①另一种方式认为，A终究会被烧死。可以在利益衡量时认为丧失求生意志的痛苦与煎熬以及自主决定权的位阶明显高于A的生命。②由这样的论证可以得出所要保护的利益明显高于受到侵害的法益的结论。③

14 **提示**：如果不遵循这样的意见而采纳通说，则要考虑《德国刑法典》第35条规定的罪责阻却事由，然而这里缺乏人身性的密切关系。虽然A和B是同事，但是他们关系并不密切，以至于A所受危险并不能使B像其亲属、伴侣、密友或者家庭常客那样感受到压力。

15 如果基于缺乏密切关系而排除《德国刑法典》第35条规定的罪责阻却事由，还可以考虑超法规的阻却罪责的紧急避险（übergesetzliche entschuldigende Notstand）。这一制度在法律上极具争议。适用这一制度就意味着，只有牺牲另一个在法律上具有同等价值的法益才能使受到危险的法益得到救助。

④主观违法阻却要素

16 行为人必须使自己或者他人免受危险而行为。如果不存在主观违法阻却要素，即救助意思，那么究竟以犯罪既遂还是犯罪未遂来处罚行为人，就会存在争议。④本案中B用螺帽扳手砸向了A，是为了使他免受火焚之苦。因此可以肯定存在主观违法阻却要素。

---

① *Otto*, BT, § 6 Rn. 32.
② *Herzberg*, NJW 1996, 3043, 3048.
③ 积极安乐死情形下阻却违法的紧急避险的基本问题见NK/*Neumann*, Vor § 211 Rn. 127 ff.
④ *Fischer*, § 34 Rn. 28附有进一步的明证。

⑤中间结论

存在避险救助形式的阻却违法的紧急避险。 **17**

dd) 结论

B的行为得以排除违法性,因此不构成《德国刑法典》第216条第1款规定的受嘱托杀人罪。 **18**

2. 最终结论与竞合

B不构成《德国刑法典》第216条第1款规定的受嘱托杀人罪。所构成的伤害犯罪依据《德国刑法典》第34条的规定排除违法性。 **19**

(二) 变体案情1

1. 不作为的故意杀人罪,《德国刑法典》第212条第1款、第13条

B眼睁睁地看着A被烧死而未采取干预措施,涉嫌触犯《德国刑法典》第212条第1款、第13条的规定,可能构成不作为的故意杀人罪。 **20**

a) 构成要件

aa) 客观构成要件

他人的死亡作为《德国刑法典》第212条第1款规定的构成要件结果已然出现。B无动于衷,并没有实施救助行为。如果设想B实施了被要求的行为,则构成要件的结果以几近确定的概率不会发生,那么该不作为与结果之间就具有因果关系。① 本案即使存在救助行为,结果(A的死亡)也依然会发生。救助A已不再可能。 **21**

---

① *Fischer*, Vor § 13 Rn. 39.

bb) 中间结论

22　由于缺乏因果关系，客观构成要件未得以实现。由于缺乏保证人地位，B 并不具有实施一定行为使 A 免受进一步痛苦的义务，此外做出相应"救助行为"的期待可能性也十分存疑。

b) 结论

23　B 并不构成《德国刑法典》第 212 条第 1 款、第 13 条规定的不作为的故意杀人罪。

2. 不进行救助罪，《德国刑法典》第 323c 条

24　B 在燃烧时无动于衷，涉嫌触犯《德国刑法典》第 323c 条的规定，可能构成不进行救助罪。

a) 构成要件

25　对此必须存在一个意外事故、共同危险或者公共困境。意外事故指的是会给人或有价值的财物带来巨大危险的突发事件。① 共同危险指的是可能对不确定多数人的身体或者生命以及有价值的财物造成重大损害的状态。② 公共困境意味着一个涉及大众的紧急状态。③ 本案中的事故以及由此产生的火灾给 A 带来了突发的巨大危险，属于意外事故。B 并没有给 A 提供帮助。

26　提供帮助必须是必要的。而这一点在本案中是存疑的。救助 A 已不再可能，依据客观的事后判断，帮助从一开始就是毫无希望的。B 能对 A 提供的唯一"帮助"，就是让其尽快死去，免受痛苦。但是并不存在提供这种帮助的法律义务，并且对此也不可期待。

---

① *Wessels/Hettinger*, BT 1, Rn. 1044.
② *Lackner/Kühl*, § 323c Rn. 3.
③ *Lackner/Kühl*, § 323c Rn. 3.

b)结论

B不构成《德国刑法典》第323c条规定的不进行救助罪。 **27**

3. 遗弃罪,《德国刑法典》第221条第1款

B在燃烧时无动于衷,涉嫌触犯《德国刑法典》第221条第1款第2项的规定,可能构成遗弃罪。对此就需要A处于B的保护之下或者B对A具有照料义务(Beistandspflicht),即具有保证人地位。① 这里可以考虑源自紧密的信赖关系的保证人地位。如果人们无论顺境逆境彼此紧密相关(例如一个登山队的全体队员),就存在紧密的信赖关系。然而这要与危险共同体区别开来,比如船难时"同坐在一条船上的人"就属于危险共同体。② 从案情中并不能看出A和B除了工作关系外,已经建立起这种紧密的信赖关系。因而未形成源自特殊信赖关系的保证人地位。B不构成《德国刑法典》第221条第1款第2项规定的遗弃罪。 **28**

4. 不作为的伤害罪,《德国刑法典》第223条第1款、第13条

由于不具有保证人地位,B也不构成《德国刑法典》第223条第1款、第13条规定的不作为的伤害罪。③ **29**

5. 最终结论与竞合

B无罪。 **30**

(三)变体案情2

1. 伤害罪,《德国刑法典》第223条第1款

C冲撞B的行为涉嫌触犯《德国刑法典》第223条第1款的 **31**

---

① *Fischer*, § 221 Rn. 4 f.
② Kühl, AT, § 18 Rn. 67.
③ 详见上文边码21。

规定，可能构成伤害罪。

a) 构成要件

aa) 客观构成要件

32 为此C必须对B的身体进行了乱待或者损害了他的健康。所谓乱待身体，指的是所有险恶、失当地给他人的身体安宁或身体完整性造成明显损害的行为。① B被C冲撞导致手臂肌肉撕裂，由此C乱待了B的身体。这同时也引起了偏离于身体正常状态的病理状态②，因此B的健康也受到了损害。《德国刑法典》第223条第1款规定的客观构成要件得以符合。

bb) 主观构成要件

33 C明知冲撞会导致客观构成要件的实现，也意欲其实现。依据《德国刑法典》第15条的规定，他在行为时具有故意。

b) 违法性

34 C的行为必须违法。当存在违法阻却事由时，其行为就可排除违法性。

aa) 正当防卫

35 C的行为可能依据《德国刑法典》第32条规定的正当防卫排除违法性。对此必须存在防卫情势。一个现时的——因为即将发生③——攻击是B拿螺帽扳手砸向A的行为。问题在于，这个攻击是否违法，即客观上是否违反法秩序。④ 然而B是在其紧急避险权的范围内实施行为（详见上文边码8及以下），所以这个攻击不是违法的。因此不存在防卫情势。

---

① *Wessels/Hettinger*, BT 1, Rn. 255.
② *Wessels/Hettinger*, BT 1, Rn. 257.
③ 参见 Schönke/Schröder/*Perron*, § 32 Rn. 14。
④ Schönke/Schröder/*Perron*, § 32 Rn. 19 f.

bb) 紧急避险

还可考虑将《德国刑法典》第34条规定的阻却违法的紧急避险作为违法阻却事由。 **36**

① 避险情势

首先必须存在避险情势，即可以避险的法益受到了现时的危险。这里A的身体和生命面临的危险是将被B的击打行为所损害，而且击打行为即将发生，因此存在避险情势。 **37**

② 避险行为

避险行为必须是客观必要的。C在B即将击打A的时候撞开了B，致使B的杀人行为没能成功，A的生命（即便只是暂时的）受到了保护。因此C的行为是适当的。在必要性的范围内还需要讨论行为是不是相对最温和手段的问题。虽然C可以先和B交谈，劝说他不要击打A，但这种替代选项不能确定地保护法益，因为B马上就要实施击打行为了。因此可以肯定避险行为的存在。 **38**

③ 利益衡量

此外还必须进行正面的利益衡量，即所要保护的法益的位阶应明显高于受到侵害的法益。本案中所要保护的法益是A的生命，受到侵害的法益是B的身体完整性。然而与基本案情一样，需要注意在受到侵害的法益方面还要考虑A的人格尊严。B的击打行为可以避免A随后痛苦万分地死去，而C的冲撞行为导致A要继续忍受火焚的折磨。此外冲撞行为也并没有拯救A的生命。出于这样的原因，所要保护的法益并没有明显高于受到侵害的法益。 **39**

40　　提示：用相应的论证也可以得出避险行为不具适当性的结论，因为法益（A的生命）终归会毁灭。C的冲撞行为并不是适当的，不能拯救A的生命。

④中间结论

41　　并不构成阻却违法的紧急避险，也不存在其他的违法阻却事由。C的行为违法。

c) 罪责

42　　C的行为必须有责。当存在罪责阻却事由时，C就可以排除罪责。

aa) 阻却罪责的紧急避险

43　　可以考虑适用《德国刑法典》第35条规定的阻却罪责的紧急避险。《德国刑法典》第35条规定的避险情势是针对生命、身体或者自由现时的危险。此外还必须存在人身性的密切关系。本案中虽然可以认定存在针对A生命现时的危险，但是却不能确定A和C之间存在人身性的密切关系。因此并不构成阻却罪责的紧急避险。

bb) 容许构成要件错误

44　　然而C可能陷入了可排除罪责的容许构成要件错误。容许构成要件错误是指，行为人对公认的违法阻却事由的事实前提产生认识错误，即误以为存在特定的事实情状，当这些事实情状"真实存在"时就可排除行为的违法性。[1]然而C对所有的情状存在准确认识。由此可以认定，他已认识到自己的行为违法。C并没有对违法阻却事由被容许所要具备的事实前提产生认识错

---

[1] *Wessels/Beulke/Satzger*, AT, Rn. 467.

误。因此并不存在容许构成要件错误。

cc) 禁止错误

此外还可能存在《德国刑法典》第17条规定的禁止错误。当行为人并不了解某个禁止性规范,认为其无效或者因错误解释而对其适用范围产生认识错误,由此认为自己的行为为法律所允许时,就存在禁止错误。①如果行为人缺乏不法认识(Unrechtseinsicht),也存在禁止错误。

提示:先前的故意说主张故意包含不法意识。C若没有不法意识,则可排除故意。然而依照这一理论,如果某些领域缺少相对应的过失犯罪,就会导致刑罚漏洞。因此这一理论已经过时。

案情中并没有线索表明C对该情况是欠缺考虑的。由于C对情势存在准确认识,而且看不出C缺乏不法认识或者对某个禁止性规范的适用范围产生认识错误,因此并不存在禁止错误。

dd) 中间结论

C的行为有责。

d) 结论

C对B构成《德国刑法典》第223条第1款规定的伤害罪。

2. 最终结论与竞合

C对B构成《德国刑法典》第223条第1款规定的伤害罪。C对A行为的刑事可罚性在此予以排除,因为案情中并没有提到C对A故意或者过失地实施了犯罪行为。

---

① *Wessels/Beulke/Satzger*, AT, Rn. 461.

（四）变体案情3

1. 伤害罪，《德国刑法典》第223条第1款

51　　C冲撞B的行为涉嫌触犯《德国刑法典》第223条第1款的规定，可能构成伤害罪。

a) 构成要件

52　　客观构成要件和主观构成要件得以符合（详见上文）。

b) 违法性

53　　C的行为违法。正当防卫、紧急救助（《德国刑法典》第32条）或者紧急避险（《德国刑法典》第34条）都不予考虑，因为C的目的恰恰是让A死去。因此并不存在救助意思。至少缺乏主观违法阻却要素。

c) 罪责

54　　C的行为有责。由于C未对违法阻却事由的事实前提产生认识错误，也缺乏救助意思，所以并不存在容许构成要件错误。C也存在不法意识。

d) 结论

55　　C构成《德国刑法典》第223条第1款规定的伤害罪。

2. 谋杀罪，《德国刑法典》第212条第1款、第211条

56　　提示：C成功阻止了B的介入，而自己没有采取任何行动，导致A事实上被火烧死。由此就产生一个问题，C的行为对此是否具有可罚性。

57　　C冲撞B，涉嫌触犯《德国刑法典》第212条第1款、第211条的规定，对A可能构成谋杀罪。

a) 客观构成要件

符合构成要件的结果已然出现,即A被火烧死。C的行为必须与这个结果存在因果关系。C意欲把要用螺帽扳手砸死A的B撞开。如果没有C的行为,A就不会被火烧死,而是被B用螺帽扳手砸死。问题在于,这里究竟应谴责C的积极作为还是谴责他的不作为。由于C破坏了他人的救助努力,并没有保持不动,所以应受谴责性的重点就在于积极作为。[①]他冲撞B的行为是A具体死亡结果的原因。

58

这里C可能符合谋杀要素。可以考虑《德国刑法典》第211条第2款第二组第二种情形规定的谋杀要素之"残暴"(grausam)。残暴地杀害意味着行为人冷酷无情地给被害人在肉体或精神上施加痛苦或折磨,这些痛苦和折磨在强度、频率以及持续性上都远远高于杀人所必要的程度。[②]A被火烧死,承受了特别巨大的身体痛苦。因为行为人冷酷无情的心态,使得杀人方式具有持续性且造成痛苦,所以是残暴的。

59

b) 主观构成要件

C在行为时必须具有故意。他明知冲撞B并不能把A从痛苦中拯救出来,并且想眼睁睁地看着A被火烧死。他甚至致力于实现这一结果,即蓄意(第一级直接故意)实施行为。故意也指向残暴性,C也意欲A被残暴地烧死。

60

c) 违法性与罪责

C的行为违法且有责。

61

---

① 参见 *Wessels/Beulke/Satzger*, AT, Rn. 701 f.
② *Wessels/Hettinger*, BT 1, Rn. 102.

d) 结论

62 C 对 A 构成《德国刑法典》第 212 条第 1 款、第 211 条第 2 款第二组第二种情形规定的谋杀罪。

3. 最终结论与竞合

63 C 对 B 构成《德国刑法典》第 223 条第 1 款规定的伤害罪，对 A 构成《德国刑法典》第 212 条第 1 款、第 211 条第 2 款第二组第二种情形规定的谋杀罪。

四、案例评价

本案难度很高。虽然案情并不复杂，但是问题并不常规且十分考究。学生必须进行法学的，而非法政策或者伦理的论证。因此，正确地设置重点具有决定作用。

问题主要来自不作为犯罪、违法性与罪责。《德国刑法典》第 34 条规定的利益衡量是一个中心点。学生必须展示其已完全掌握杀人犯罪的要点。此外还应简短提及不进行救助罪。

鉴于问题的高度争议，通过周密论证和证明得出与本案例分析不同的结论并不会得到差评。学生应该清晰地理解问题、陈述问题并令人信服地解决问题。

由于这个案例包含了并非日常问题领域的细节知识，其适合作为学生的学期作业。

其他延伸阅读： *Herzberg*, Sterbehilfe als gerechtfertigte Tötung im Notstand?, NJW 1996, 3043–3049; *ders./Scheinfeld*, Der praktische Fall.Strafrecht: Aktive Sterbehilfe, JuS 2003, 880–887; *Lüderssen*, Aktive Sterbehilfe- Rechte und Pflichten, JZ 2006, 689–695.

案例15：足球比赛

关键词：伪造文书罪；诈骗罪；危险伤害罪；侮辱罪
难　度：很难

一、案情

A国和B国的国家足球队一路过关斩将，进入了世界杯的决赛。通过体育博彩暴富的X给了决赛裁判S 10万欧元让其操纵比赛，使A国国家足球队赢球。S表示同意并收下了这笔钱。于是X放心地下了重注赌A国国家足球队决赛赢球。实际上S并不打算操纵比赛，他只想昧下这笔钱。

许多人都想现场观看这场决赛。Y用一台彩色打印机制作了两打（24张）仿真的决赛门票，并靠将其卖给他人大赚了一笔。主办方售出的正版决赛门票和Y伪造的门票都不是实名制。Z买到了其中一张票，然而他是唯一一个看穿该票系伪造的人。可是他仍然想用这张票通过体育场的安检，安检人员发现票不对劲，就扣押了Z。

教练T在球员A1不知情的情况下给他服用了兴奋剂，但是该药物有10%的概率会导致服用者出现不具生命危险的循环系统崩溃。球员A2洞悉了这一切，于是威胁T，如果不给他也服用这种药物的话，他就将此事披露出去。A2想借助药物在决赛中有好的表现，以便和所在俱乐部续约，并拿到更高的薪金。他并没有将所知道的一切告诉A1。然而T没有就范。

决赛开始了。A2带球向对方球门狂奔。对方球员B1已在他奔跑的路线上等着他。A2想带球绕过B1，B1马上倒地并大声叫喊起来。裁判马上暂停了比赛，并判给B1一个任意球。A2对此十分恼怒，马上叫来A1，认为他们有必要教训一下B1。然而A1并没有听见A2的话，而A2对此也没有意识到。在B1带球的时候，A1和A2一左一右向他包抄过来。A1快一步对B1严重犯规，将他铲倒在地。这也正是A2原来想与A1达到的目的。

观众对此大发雷霆。看台上A国球迷大喊口号："B国国家队——懦夫失败者！"其中的W兴奋地不断重复该口号。最终A国国家足球队以3比1的比分赢得了决赛。

依据《德国刑法典》的相关规定检验各当事人的刑事可罚性。

二、分析提纲

（一）第一组行为：X与S间的约定……………………………… 1
  1. X的刑事可罚性……………………………………………… 1
    a) 给予利益罪，《德国刑法典》第333条 ……………… 1
      aa) 构成要件…………………………………………… 2
      bb) 结论………………………………………………… 3
    b) 行贿罪，《德国刑法典》第299条第2款…………… 4
    c) 诈骗罪，《德国刑法典》第263条第1款（对博彩庄家）·· 5
      aa) 构成要件…………………………………………… 6
      bb) 结论………………………………………………… 12

d) 诈骗罪未遂,《德国刑法典》第263条第1款、第22条、第23条第1款（对博彩庄家）·············· 13
 aa) 预先检验·············· 14
 bb) 行为决意·············· 15
 cc) 直接着手·············· 17
 dd) 违法性、罪责与中止·············· 18
 ee) 结论·············· 19

e) 诈骗罪未遂,《德国刑法典》第263条第1款、第22条、第23条第1款（对其他博彩参与者）·············· 20
 aa) 预先检验·············· 21
 bb) 行为决意·············· 22
 cc) 结论·············· 23

2. S的刑事可罚性·············· 24
 a) 诈骗罪,《德国刑法典》第263条第1款（对X）·············· 24
  aa) 构成要件·············· 25
   ①客观构成要件·············· 25

问题：依据哪个财产概念来确定财产损失？

   ②主观构成要件·············· 30
  bb) 违法性与罪责·············· 31
  cc) 结论·············· 32
 b) 侵占罪,《德国刑法典》第246条第1款（对X）·············· 33
  aa) 构成要件·············· 34
  bb) 结论·············· 35

（二）第二组行为：门票 ………………………… 36

1. Y的刑事可罚性 ……………………………… 36
   - a) 伪造文书罪，《德国刑法典》第267条1款和第3款 … 36
     - aa) 构成要件 ……………………………… 37
       - ① 客观构成要件 …………………………… 37
         - (a) 制作不真实的文书 ………………… 38

问题：影印件是否具有文书属性？

         - (b) 使用不真实的文书 ………………… 41
       - ② 主观构成要件 …………………………… 42
     - bb) 违法性与罪责 ………………………… 43
     - cc) 量刑，《德国刑法典》第267条第3款 ……… 44
       - ① 以此为职业实施本罪，第1项 …………… 45
       - ② 致使法律事务交往受到严重危害，第3项 …… 46
     - dd) 结论 ………………………………… 48
   - b) 诈骗罪，《德国刑法典》第263条第1款（对除Z以外的买家） ……………………………… 50
     - aa) 客观构成要件 …………………………… 51
     - bb) 主观构成要件 …………………………… 53
     - cc) 违法性与罪责 …………………………… 54
     - dd) 结论 ………………………………… 55
   - c) 诈骗罪未遂，《德国刑法典》第263条第1款、第22条、第23条第1款（对Z） ……………… 56
     - aa) 预先检验 ……………………………… 57
     - bb) 行为决意 ……………………………… 58

　　　　cc) 直接着手 ··· 59
　　　　dd) 违法性、罪责与中止 ································· 60
　　　　ee) 结论 ··· 61
　2. Z的刑事可罚性 ·· 62
　　a) 诈骗罪未遂,《德国刑法典》第263条第1款、第22条、第23条第1款（对比赛主办方）··············· 62
　　　　aa) 预先检验 ·· 63
　　　　bb) 行为决意 ·· 64
问题：从哪里可以确定财产损失？
　　　　cc) 直接着手 ··· 67
　　　　dd) 违法性、罪责与中止 ································· 68
　　　　ee) 结论 ··· 69
　　b) 骗取给付罪未遂,《德国刑法典》第265a条第1款、第22条、第23条第1款（对比赛主办方）············ 70
　　c) 伪造文书罪,《德国刑法典》第267条第1款 ········ 71
　　　　aa) 客观构成要件 ·· 72
　　　　bb) 主观构成要件 ·· 73
　　　　cc) 违法性与罪责 ··· 74
　　　　dd) 结论 ·· 75

（三）第三组行为：兴奋剂 ·· 76
　1. T的刑事可罚性 ·· 76
　　a) 危险伤害罪,《德国刑法典》第223条第1款、第224条第1款（对A1）······························ 76
　　　　aa) 构成要件 ·· 77

- ①客观构成要件 ·················· 77
  - (a) 基本构成要件的客观构成要件,《德国刑法典》第223条第1款 ·················· 77
  - (b) 加重构成要件的客观构成要件,《德国刑法典》第224条第1款 ·················· 80
- ②主观构成要件 ·················· 81
- bb) 违法性 ·················· 82
- cc) 罪责 ·················· 83
- dd) 结论 ·················· 84
- b) 诈骗罪,《德国刑法典》第263条第1款(对观众)··· 85
- c) 诈骗罪,《德国刑法典》第263条第1款(对B国国家足球队)·················· 86

2. A2的刑事可罚性 ·················· 87
- a) 敲诈勒索罪未遂,《德国刑法典》第253条第1款、第22条、第23条第1款(对T) ·················· 87
  - aa) 预先检验 ·················· 88
  - bb) 行为决意 ·················· 89
  - cc) 直接着手 ·················· 92
  - dd) 违法性、罪责与中止 ·················· 93
  - ee) 结论 ·················· 94
- b) 强制罪未遂,《德国刑法典》第240条第1款、第22条、第23条第1款(对T) ·················· 95

(四)第四组行为:比赛 ·················· 96

1. A1的刑事可罚性 ·················· 96

危险伤害罪，《德国刑法典》第223条第1款、第
　　　224条第1款（对B1）·················· 96
　　　　aa)构成要件······················ 97
　　　　　①客观构成要件·················· 97
　　　　　②主观构成要件·················· 98
　　　　bb)违法性························ 99
　　　　cc)罪责························· 100
　　　　dd)结论························· 101
　2. A2的刑事可罚性······················ 102
　　a) 伤害罪的共同正犯，《德国刑法典》第223条第1
　　　款、第25条第2款（对B1）············· 102
　　b) 危险伤害罪未遂的共同正犯，《德国刑法典》第
　　　223条第1款、第224条第1款、第22条、第23
　　　条第1款、第25条第2款（对B1）········· 104
　　　　aa)预先检验····················· 105
　　　　bb)行为决意····················· 106
　　　　cc)直接着手····················· 107
问题：对于共同正犯而言什么时候是直接着手？
　　　　dd)结论························ 111
　　c) 伤害罪的教唆犯，《德国刑法典》第223条第1款、
　　　第26条（对B1）···················· 112
　　　　aa)客观构成要件·················· 113
　　　　　①故意且违法的主行为············· 113
　　　　　①教唆行为（唆使，《德国刑法典》第26条）······114
　　　　bb)结论························ 115

案例15：足球比赛　317

d) 伤害罪的教唆未遂,《德国刑法典》第223条第1款、第30条第1款（对B1）……………………116

（五）第五组行为：在看台上大喊口号——W的刑事可罚性…118

1. 恶言中伤罪,《德国刑法典》第186条……………118
   a) 构成要件……………………………………119
   问题：如何处理人员群体的情形？
   b) 结论……………………………………………121
2. 侮辱罪,《德国刑法典》第185条………………122
   a) 构成要件……………………………………123
   b) 结论……………………………………………124

（六）最终结论……………………………………………125

三、案情分析

（一）第一组行为：X 与 S 间的约定

1. X 的刑事可罚性

a) 给予利益罪,《德国刑法典》第333条

1   X 与 S 间的约定涉嫌触犯《德国刑法典》第333条的规定，X 可能构成给予利益罪。

aa) 构成要件

2   S 必须是《德国刑法典》第333条第1款意义上的公务员（Amtsträger）。《德国刑法典》第11条第1款第2项定义了公务员的概念。然而 S 只是一个足球比赛的裁判，他既未处理公共——

法律的公务关系，也未执行公共行政事务。因此S不是公务员。同时S也不是《德国民事诉讼法》第1025条及以下诸条和《德国劳工法庭法》第101条至第110条所规定的私法仲裁权意义上的仲裁员。①

bb) 结论

X不构成《德国刑法典》第333条规定的给予利益罪。 **3**

b) 行贿罪，《德国刑法典》第299条第2款

X与S间的约定涉嫌触犯《德国刑法典》第299条第2款的规定，X可能构成行贿罪。然而本案并不符合《德国刑法典》第299条规定的构成要件：裁判不是商业企业的雇员或受托人②，他在比赛中的执法也与商品或商业服务无关。③因此X不构成《德国刑法典》第299条第2款规定的行贿罪。 **4**

c) 诈骗罪，《德国刑法典》第263条第1款（对博彩庄家）

X签订博彩合同，涉嫌触犯《德国刑法典》第263条第1款的规定，对博彩庄家可能构成诈骗罪。 **5**

aa) 构成要件

首先X必须对体育博彩公司就事实进行了欺骗。本案中并不存在明示欺骗。但是可以用提交彩券进行默示欺骗（konkludente Täuschung）。提交彩券就表示赛事结果（Spielausgang）没有被事先确定。尽管X与S间存在约定，但是赛事结果仍不确定，它最终也不像X和S约定的那样。 **6**

然而提交彩券也可表示X不会对赛事结果以及博彩风险施 **7**

---

① Schönke/Schröder/*Heine*, §331 Rn. 11a, 12.
② *Frischer*, §299 Rn. 8 f.
③ 参见 Schönke/Schröder/*Heine*, §299 Rn. 21 ff.

加任何影响。对于客观的表示接收方而言，提交彩券就意味着赛事结果不会被人为操纵。①因此构成以默示行为（schlüssiges Verhalten）进行的欺骗。

8　　提示：如果排除默示欺骗，就要考虑不作为的欺骗。但是需要注意的是，要成立不作为的欺骗，至少是以缄默行为完成的欺骗，必须满足如下情形，即行为人在当时的情形下能够做出相应的说明，行为人因负有保护他人财产的保证人义务而需要做出说明，以及由不作为实现的法定构成要件要与由作为实现该构成要件具有等价性。②

9　　这里并不存在法定的保证人地位，尤其是德国足球协会（DFB）制定的《裁判准则》并不保护博彩庄家。如果博彩合同中明确约定了解释说明义务，则可能形成源自博彩合同的保证人地位。③虽然至少可以考虑将解释说明义务视为附随义务（Nebenpflicht），但是体育博彩在一般情况下并不属于这种情况。然而一般来说，也不能从诚实信用原则（《德国民法典》第242条）中推导出解释说明义务，因为这与明确性原则（Bestimmtheitsgrundsatz）不符。④只有在解释说明义务对合同相对人的意思决定（Willensentschließung）非常重要的情况下，比如可能存在一个会造成重大损失的潜在危险，才可以认定解释说明义务的存在。⑤足球博彩是否属于这种情况值得怀疑。

10　　总体而言，不作为的欺骗极为例外，如果在考试中拿不定主意，还是应认定为默示欺骗。

---

① *Wessels/Hillenkamp*, BT 2, Rn. 500; 特别参见 *BGH* NStZ 2007, 151——"足球博彩丑闻"。
② *Lackner/Kühl*, §263 Rn. 12.
③ *Fischer*, §263 Rn. 45.
④ *Wessels/Hillenkamp*, BT 2, Rn. 506.
⑤ *Wessels/Hillenkamp*, BT 2, Rn. 507.

欺骗必须使被害人产生错误认识。错误认识是指被害人主观认识与真实事实的不一致。① 本案中博彩庄家的主观认识与真实事实是一致的，赛事结果并没有被人为操纵。因此庄家没有产生错误认识。

bb) 结论

X不构成《德国刑法典》第263条第1款规定的诈骗罪。

d) 诈骗罪未遂，《德国刑法典》第263条第1款、第22条、第23条第1款（对博彩庄家）

X签订博彩合同，涉嫌触犯《德国刑法典》第263条第1款、第22条、第23条第1款的规定，对博彩庄家可能构成诈骗罪未遂。

aa) 预先检验

依据《德国刑法典》第23条第1款第二种情形、第12条第2款、第263条第2款的规定，诈骗罪未遂可罚。X的行为并没有既遂。

bb) 行为决意

X必须具有行为决意。行为决意包括对所有客观构成要件要素的故意（《德国刑法典》第15条）以及其他可能存在的主观构成要件要素。本案中X对默示欺骗具有故意，其意欲使庄家产生错误认识，使庄家认为一切如常。

此外他对财产处分也具有故意。X意欲签订博彩合同。然而问题在于，他对财产损失是否具有故意。这里可以考虑在签订博彩合同时就已构成的缔约诈骗（Eingehungsbetrug）。最终

---

① *Fischer*, § 263 Rn. 54.

在基于欺骗而处分财产的时间点上遭受终局财产损失的可能性极高,已经能够认定存在客观的财产减损,所以存在财产损失。① 在人为操纵比赛的情况下,对于博彩庄家而言风险关系已经发生翻转,因为下注者提升了自己的赢利概率,而庄家却没有得到相应的对待给付。庄家认为他出售的赔率针对的是一场不被人为操纵的比赛,然而事实上下注者的赢利概率高得非比寻常。② X对赔率损失(Quotenschaden)具有故意,但并不需要计算出赔率损失具体数额;③ 但是这里为了避免新近判例过于扩张构成要件④,还是需要计算损失的大小并进行直观的说明。这里损失存在不确定性,可以按照怀疑法则(Zweifelsatz)以一个可接受的估算来确定最小损失。⑤ 这个损失就是翻转的风险关系或赔率关系,也就是不再相符的给付义务(Leistungspflicht)。如果博彩确定了有约束力的赔率,那么就有可能确定最小损失的数额。⑥ X还具有获利目的以及对获利违法性的故意。

cc) 直接着手

17 如果X按照自身的设想,使其行为相当接近构成要件实行行为,以至于不存在实质意义的间隔行为,该行为不受干扰地继续发展下去就能顺利实现构成要件,即可认定为《德国刑法典》第22条规定的直接着手。⑦ 本案中他已与庄家签订了博彩合同,因此存在直接着手。

---

① *Fischer*, § 263 Rn. 175 ff.; Schönke/Schröder/*Cramer/Perron*, § 263 Rn. 125 ff.
② *Rengier*, BT I, § 13 Rn. 219 f.
③ *BGH* NStZ 2007, 151.
④ *Jahn*, JuS 2012, 266; *BVerfG* NStZ 2012, 496.
⑤ *BVerfG* NStZ 2012, 496; *BGH* NStZ 2013, 234.
⑥ 对此详见 *BGH* NStZ 2013, 234。
⑦ *Wessels/Beulke/Satzger*, AT, Rn. 601.

dd) 违法性、罪责与中止

X的行为违法且有责。对X也不适用《德国刑法典》第24条第1款规定的免除刑罚的中止条款。 18

ee) 结论

X对博彩庄家构成《德国刑法典》第263条第1款、第22条、第23条第1款规定的诈骗罪未遂。 19

e) 诈骗罪未遂，《德国刑法典》第263条第1款、第22条、第23条第1款（对其他博彩参与者）

X签订博彩合同，涉嫌触犯《德国刑法典》第263条第1款、第22条、第23条第1款的规定，对其他博彩参与者可能构成诈骗罪未遂。 20

aa) 预先检验

依据《德国刑法典》第23条第1款第二种情形、第12条第2款、第263条第2款的规定，诈骗罪未遂可罚。X的行为并没有既遂。 21

bb) 行为决意

对此X必须具有行为决意。X只意欲欺骗庄家，从案情中并没有看出X意欲促使其他博彩参与者基于错误认识而付出财产价值，即投注。然而问题在于，他是否并未认可接受这种可能性。原则上间接故意足以符合《德国刑法典》第263条第1款规定的构成要件。但是从案情中并不能看出X认识到欺骗他人的可能性并对此予以认可接受。因此他不具有行为决意。 22

cc) 结论

X对其他博彩参与者不构成《德国刑法典》第263条第1款、第22条、第23条第1款规定的诈骗罪未遂。 23

2. S 的刑事可罚性

a) 诈骗罪，《德国刑法典》第 263 条第 1 款（对 X）

24　　S 声称要操纵比赛，但事实上他并没有那么做，涉嫌触犯《德国刑法典》第 263 条第 1 款的规定，对 X 可能构成诈骗罪。

aa) 构成要件

①客观构成要件

25　　这里 S 明示地欺骗 X，他会操纵比赛，然而事实上他并没有那么做。因此存在就内心事实（innere Tatsachen）的欺骗。① X 认定与 S 的约定有效，因此他产生了错误认识。交付 10 万欧元构成了财产处分。

26　　问题在于，是否存在财产损失，即欺骗前的财产价值与受害人出于错误认识而进行的财产处分之间是否存在差额（negativer Saldo）。② 这里 X 的给付是 10 万欧元，对待给付则是 S 操纵比赛。是否存在一个财产损失取决于以哪一个财产概念为根据，特别是这种对待给付能否被视为具有财产价值。

27　　经济上的财产是指个人所有具有金钱价值的物质，并不考虑其法律状态。③ 根据这个概念可认定 S 造成了 X 的财产损失。

28　　法律—经济上的财产是指个人拥有的所有经济价值，但该价值须在法秩序的保护之下，或者至少未为法秩序所排除。④ 依据《德国民法典》第 138 条第 1 款的规定，X 与 S 间的约定是无效的，因此对待给付也是违法的。根据统一的法秩序原则，刑法上的财产概念至少不应超出民法的保护范围，如此就不存在

---

① 参见 Schönke/Schröder/*Cramer/Perron*, § 263 Rn. 10。
② *Fischer*, § 263 Rn. 88.
③ 参见 *Lackner/Kühl*, § 263 Rn. 35。
④ 参见 *Fischer*, § 263 Rn. 98, 101 ff.; *Rengier*, BT I, § 13 Rn. 121。

财产损失。然而反对意见认为，依据《德国民法典》第861条的规定，违法所得的占有也应被保护。此外，过于狭义地理解财产概念会使得普通财产犯罪（Ganovenkriminalität）成为刑法的法外空间。并且，损失并不在于未履行违背善良风俗的对待给付，而在于经济上无任何意义的金钱支出。[①]因此存在财产损失。

提示：法律—经济的财产概念的支持者对以上情况也没有统一的处理方法。通过相应的论证也可主张另一种结论。 **29**

②主观构成要件

S对所有客观构成要件要素具有故意，也具有违法的获利目的。S的获利直接源于X的财产损失以及财产处分，因此具有素材同一性。 **30**

bb) 违法性与罪责

S的行为违法且有责。 **31**

cc) 结论

S对X构成《德国刑法典》第263条第1款规定的诈骗罪。 **32**

b) 侵占罪，《德国刑法典》第246条第1款（对X）

S收受金钱，涉嫌触犯《德国刑法典》第246条第1款的规定，对X可能构成侵占罪。 **33**

aa) 构成要件

行为人必须为自己或第三人将他人动产据为己有。金钱属于动产。然而问题在于，对S而言金钱是否属于他人动产。如 **34**

---

① *Wessels/Hillenkamp*, BT 2, Rn. 566.

果动产为另一个人所有，就是他人动产。① 依据《德国民法典》第929条第1句的规定，X已将金钱有效交付给S。这里并不存在《德国民法典》第138条第1款意义上的瑕疵同一性（Fehleridentität），因为违背善良风俗而不被容许的结果并不在于交付金钱本身，而在于作为对待给付的操纵比赛。根据抽象原则（Abstraktionsprinzip），即无因性原则，只有负担行为（Verpflichtungsgeschäft）是无效的，处分行为（Verfügungsgeschäft）仍有效。因此交付是有效的，S是金钱的所有权人。金钱对于S而言并不属于他人动产。

bb) 结论

35 S对X不构成《德国刑法典》第246条第1款规定的侵占罪。

（二）第二组行为：门票

1. Y的刑事可罚性

a) 伪造文书罪，《德国刑法典》第267条第1款和第3款

36 Y仿制和出售门票，涉嫌触犯《德国刑法典》第267条第1款和第3款的规定，可能构成伪造文书罪之特别严重情形。

aa) 构成要件

①客观构成要件

37 对此被仿制的门票必须是文书。文书是持续存在的对思想的书面表示，可在法律事务交往中作为证据使用，并且可识别出具人。②

---

① *Fischer*, §242 Rn. 5.
② *Wessels/Hettinger*, BT 1, Rn. 790.

(a) 制作不真实的文书

Y的仿制行为可能符合《德国刑法典》第267条第1款第一种情形的规定，即制作不真实的文书。

38

问题在于，影印件是否具有文书属性。不同于公证影印件，简单的影印件仅仅是对原始思想书面表示的图示翻版。其并不具有文书的特征，尤其是不具有出具人的可识别性，以及证据功能和保证功能。[①]但行为人制作所谓虚假文书（scheinbare Urkunde）的情形则是例外。如果影印件具有原始文书的表象，则可认定为虚假文书。[②]这种表象指征可以说明其具有文书属性。Y通过彩色打印机制作了门票，几乎可以以假乱真。此外他还想将这些影印件作为原始文书使用。因此可将这些影印件视为文书。

39

不真实的文书（unechte Urkunde）意味着可从文书中识别的出具人和真实的出具人不一致。[③]这些仿真门票的思想创制者（geistiger Urheber）是Y，而门票可辨识的出具人是比赛主办方。所以这些文书是不真实的。制作意味着创制文书。Y制作了不真实的文书，即仿真门票。

40

(b) 使用不真实的文书

此外Y的行为还可能符合《德国刑法典》第267条第1款第三种情形的规定，即使用不真实的文书。这意味着行为人让人获悉不真实的文书可供使用，比如交付、出示或者提供。[④]Y向有意购买门票者出售了这些仿真门票，这意味着他使用了这些

41

[①] *Fischer*, § 267 Rn. 12; BeckOk-StGB/*Weidemann*, § 267 Rn. 15.
[②] BeckOk-StGB/*Weidemann*, § 267 Rn. 15; *OLG Stuttgart* NStZ 2007, 158.
[③] *Wessels/Hettinger*, BT 1, Rn. 821.
[④] *Fischer*, § 267 Rn. 36; *Kindhäuser*, BT I, § 55 Rn. 68.

门票。由于制作仅是使用的事前行为，因此存在一个统一的伪造文书行为。

②主观构成要件

42　Y对客观构成要件具有故意。此外他必须在法律事务交往中意图将这些文书用于欺骗。本案属于这种情形，Y意欲就门票的真实性欺骗买家并促使他们购买这些仿真门票。

bb）违法性与罪责

43　Y的行为违法且有责。

cc）量刑，《德国刑法典》第267条第3款

44　此外Y还可能符合《德国刑法典》第267条第3款规定的原则性例示。

①以此为职业实施本罪，第1项

45　首先可考虑以此为职业实施本罪，即《德国刑法典》第267条第3款第2句第1项第一种情形的规定。以此为职业实施本罪意味着行为人将反复实施犯罪作为一个长期广泛的收入来源。[①]本案中Y出售体育盛事足球世界杯决赛的门票。可以认为每张门票的价格很高，以致Y从出售24张门票中就可形成广泛的收入来源。然而决赛只是一场比赛，不构成反复实施犯罪。因此不符合以此为职业实施本罪的情形。

②致使法律事务交往受到严重危害，第3项

46　Y可能通过大量不真实的文书致使法律事务交往受到严重危害，即《德国刑法典》第267条第3款第2句第3项规定的情形。大约20份文书就可被认为是大量文书。[②]本案中Y出售了两打，即

---

① *Fischer*, Vor § 52 Rn. 61; *Rengier*, BT I, § 3 Rn. 34.
② *Fischer*, § 267 Rn. 54; *Kindhäuser*, BT I, § 55 Rn. 77.

24张仿真门票。Y的出售行为普遍动摇了人们对这些门票真实性的信赖并危害了法律事务交往的安全性。因此符合该原则性例示。

提示：对原则性例示而言，通过相应的论证也可主张另外一种结论。对分析而言仅须注意相关的法律规定。

dd) 结论

Y构成《德国刑法典》第267条第1款和第3款第2句第3项的伪造文书罪之特别严重情形。

提示：虽然Y伪造并使用了24份文书，然而这里只存在借由重复的实施犯罪所造成的一个法律侵害。《德国刑法典》第267条规定的是一个违背社会价值的犯罪，所以重复的实施犯罪侵害了这种价值，而不是侵害了不同人的法益，也并未造成多个法律侵害。

b) 诈骗罪，《德国刑法典》第263条第1款（对除Z以外的买家）

Y出售仿真门票，涉嫌触犯《德国刑法典》第263条第1款的规定，可能构成诈骗罪。

aa) 客观构成要件

Y欺骗买家，使买家以为他卖的是真的门票。他的欺骗使买家产生错误认识。在错误认识下所支付的门票款则是买家的财产处分。

问题在于，是否存在财产损失。Y和买家订立了一个关于无记名票证（Inhaberkarte）(《德国民法典》第807条）的买卖合同。Y有义务为买家创设进入球场观看比赛的请求权。然而事实上Y既不想也不能履行这种义务。买家的损失在于其财产不利不能通过一个经济上的等价得到补偿。他们只是得到了毫无价值的门票并由此蒙受损失。若在入场检查时未辨认出伪造的门票，也不会影响对客观构成要件的认定。

bb) 主观构成要件

53 　　Y在行为时具有故意，并具有违法的获利目的。主观构成要件得以符合。

cc) 违法性与罪责

54 　　Y的行为违法且有责。

dd) 结论

55 　　Y构成多起《德国刑法典》第263条第1款规定的诈骗罪。

c) 诈骗罪未遂,《德国刑法典》第263条第1款、第22条、第23条第1款（对Z）

56 　　Y向Z出售仿真门票，涉嫌触犯《德国刑法典》第263条第1款、第22条、第23条第1款的规定，可能构成诈骗罪未遂。

aa) 预先检验

57 　　依据《德国刑法典》第23条第1款第二种情形、第12条第2款、第263条第2款的规定，诈骗罪未遂可罚。由于Z没有产生错误认识，所以行为没有既遂。

bb) 行为决意

58 　　Y具有欺骗Z，使其产生错误认识而处分财产以及造成财产损失的行为决意。他也具有从Z的财产损失中违法获利的目的。

cc) 直接着手

59 　　Y已将门票出售给Z。因此依据《德国刑法典》第22条的规定，他已经直接着手实现构成要件。

dd) 违法性、罪责与中止

Y的行为违法且有责。对他也不适用《德国刑法典》第24条第1款规定的免除刑罚的中止条款。

ee) 结论

Y对Z构成《德国刑法典》第263条第1款、第22条、第23条第1款规定的诈骗罪未遂。

2. Z的刑事可罚性

a) 诈骗罪未遂，《德国刑法典》第263条第1款、第22条、第23条第1款（对比赛主办方）

Z使用仿真门票，涉嫌触犯《德国刑法典》第263条第1款、第22条、第23条第1款的规定，对比赛主办方可能构成诈骗罪未遂。

aa) 预先检验

Z在入场检查时被发现使用仿真门票。安检人员，或者更为准确地说比赛主办方并没有对门票的真实性产生错误认识。因此行为没有既遂。依据《德国刑法典》第23条第1款第二种情形、第12条第2款、第263条第2款的规定，诈骗罪未遂可罚。

bb) 行为决意

Z在入场检查时，就门票的真实性想让比赛主办方的安检人员产生错误认识。因此Z对欺骗行为具有故意。而且Z也意欲使安检人员对门票的出具人产生错误认识。

问题在于，Z对财产处分是否具有故意。财产处分意味着所有直接导致财产减损的作为，容忍或者不作为。[①]主办方不能行

---

① *Fischer*, § 263 Rn. 70; *Rengier*, BT I, § 13 Rn. 63.

使的要求Z支付门票价款的请求权可被视为一个财产处分。不过，在Z看来，比赛主办方的安检人员在检查他的门票时应认为他已经支付了门票价款。通过安检进入体育场就已存在财产处分。因此Z对财产处分具有故意。

66 此外Z必须通过财产处分故意造成财产损失。比赛终归是要举行的；Z得没得到一个观众席位，对于主办方而言付出的成本都是一样的。但是，如果Z得到了体育场的最后一个座位，导致主办方必然拒绝一个观众入场，或者门票上标有座位号，就会存在财产损失。然而在案情中并没有与此相关的线索。但是财产损失还可能存在于Z对对待给付的留置。这就意味着在一个交换关系（Austauschverhältnis）中，被害人应得的对待给付要滞后于相对人得到的对待给付。[1] Z在本案中并不想支付相应的对待给付，但仍然想进入球场观看决赛。所以存在财产损失，并且Z对该损失具有故意。同时Z也具有从主办方受损的财产中违法获利的目的。

cc) 直接着手

67 Z在入场检查时被扣押。依据《德国刑法典》第22条的规定，他按照自身的设想，直接实施了顺利实现构成要件的步骤，即已经直接着手实现构成要件。

dd) 违法性、罪责与中止

68 Z的行为违法且有责。对他也不适用《德国刑法典》第24条第1款第2句规定的免除刑罚的中止条款。

---

[1] *Fischer*, § 263 Rn. 119.

ee) 结论

Z对比赛主办方构成《德国刑法典》第263条第1款、第22 **69**
条、第23条第1款规定的诈骗罪未遂。

b) 骗取给付罪未遂,《德国刑法典》第265a条第1款、第22
条、第23条第1款(对比赛主办方)

Z使用仿真门票,涉嫌触犯《德国刑法典》第265a条第1 **70**
款、第22条、第23条第1款的规定,对比赛主办方可能构成骗
取给付罪未遂。然而《德国刑法典》第265a条第1款含有补充
性条款(Subsidiaritätsklausel)。[①] Z已构成《德国刑法典》第
263条第1款、第22条、第23条第1款规定的诈骗罪未遂。因此
成立法条竞合,第265a条排除适用。

c) 伪造文书罪,《德国刑法典》第267条第1款

Z的行为涉嫌触犯《德国刑法典》第267条第1款的规定, **71**
可能构成伪造文书罪。

aa) 客观构成要件

其行为可能构成《德国刑法典》第267条第1款第三种情形 **72**
规定的使用不真实的文书。仿真门票是不真实的文书(参见上
文)。使用意味着行为人使他人获悉不真实的文书可供使用,比
如交付、出示或者提供。[②] Z在入场时向安检人员出示了仿真门
票,因此他使用了不真实的文书。

bb) 主观构成要件

Z明知文书是不真实的。问题在于,他是否在法律事务交往 **73**
中意图将文书用于欺骗。欺骗的内容必须是在法律事务交往中

---

① *Fischer*, § 265a Rn. 30; *Eisele*, BT II, Rn. 723.
② *Fischer*, § 267 Rn. 36; *Kindhäuser*, BT I, § 55 Rn. 68.

重要的事实。[1]为了进入球场观看比赛，Z意图就门票的真实性欺骗比赛主办方的安检人员。在无记名票证（《德国民法典》第807条）的情况下首先存在一个预约（Vorvertrag），合同本身在入场时完成，所以出示仿真门票就属于一个法律上的重要行为（rechtserhebliches Verhalten）。Z具有欺骗故意。欺骗是否成功无关紧要。

cc) 违法性与罪责

74 Z的行为违法且有责。

dd) 结论

75 Z构成《德国刑法典》第267条第1款第三种情形规定的伪造文书罪。

（三）第三组行为：兴奋剂

1. T的刑事可罚性

a) 危险伤害罪，《德国刑法典》第223条第1款、第224条第1款（对A1）

76 T给A1服用兴奋剂，涉嫌触犯《德国刑法典》第223条第1款、第224条第1款的规定，对A1可能构成危险伤害罪。

aa) 构成要件

①客观构成要件

(a) 基本构成要件的客观构成要件，《德国刑法典》第223条第1款

77 首先必须存在一个《德国刑法典》第223条第1款意义上的伤害行为。T必须乱待他人身体或是损害他人健康。《德国刑法

---

[1] Schönke/Schröder/*Cramer/Heine*, § 267 Rn. 87a.

典》第223条第1款第一种情形规定的乱待身体意味着所有险恶、失当地给他人的身体安宁或身体完整性造成明显损害的行为，①而案情中并不存在这样的线索。

还可考虑《德国刑法典》第223条第1款第二种情形规定的损害健康。所谓损害健康是指引起或加剧他人偏离于身体正常状态的病理状态。②A1并没有陷入循环系统崩溃，相反兴奋剂提高了他的耐力。然而这偏离了身体的正常状态，因而引起了病理状态。服用药物也不是出于治疗目的。因此构成损害健康。 **78**

提示：医疗行为与此类似。依照通说其构成符合构成要件的伤害行为，参见案例10"过于热心的牙医"。 **79**

b) 加重构成要件的客观构成要件，《德国刑法典》第224条第1款

T的行为可能符合《德国刑法典》第224条第1款规定的加重构成要件。药物可被视为《德国刑法典》第224条第1款第1项规定的毒物或其他损害健康的危险物质。毒物指的是在一定条件下能够通过化学或物理—化学作用对身体健康造成巨大损害的有机物或无机物。③兴奋剂通过化学作用有10%的概率会导致循环系统崩溃。这种情况应被视为一种巨大的健康损害。因此药物属于《德国刑法典》第224条第1款第1项第一种情形意义上的毒物。 **80**

② 主观构成要件

T具有认知和意欲地实现了基本构成要件以及加重构成要件。 **81**

---

① *Fischer*, § 223 Rn. 4; Schönke/Schröder/*Eser/Sternberg-Lieben*, § 223 Rn. 3.
② *Fischer*, § 223 Rn. 8; Schönke/Schröder/*Eser/Sternberg-Lieben*, § 223 Rn. 5.
③ *Fischer*, § 224 Rn. 3a.

bb) 违法性

82 由于T在A1不知道的情况下给其服用兴奋剂,所以未取得A1的同意。他的行为违法。

cc) 罪责

83 T的行为有责。

dd) 结论

84 T对A1构成《德国刑法典》第223条第1款、第224条第1款规定的危险伤害罪。

b) 诈骗罪,《德国刑法典》第263条第1款(对观众)

85 T安排球员出场,默示欺骗他人,想让人以为他的球员没有服用兴奋剂,涉嫌触犯《德国刑法典》第263条第1款的规定,可能构成诈骗罪。虽然可以认定观众错误地相信这是一场公平、符合竞赛规则的比赛,从而支付了门票价款,由此导致了损失。然而T的获利并不具有"素材同一性",因为案情并没有提示T参与了门票收入的分配。

c) 诈骗罪,《德国刑法典》第263条第1款(对B国国家足球队)

86 针对对手的诈骗罪因缺乏财产损失必须要被否定。B国国家足球队在此的不作为,也就是没有行使撤销比赛的请求权,并不能直接被认定为财产减损,因为这里只涉及降低可能赢得比赛奖金的概率。此外素材同一性也要被否定,因为获利来自主办方的支出,而不是来自B国国家足球队的财产处分。

2. A2的刑事可罚性

a) 敲诈勒索罪未遂,《德国刑法典》第253条第1款、第22条、第23条第1款(对T)

87 A2与T的谈话涉嫌触犯《德国刑法典》第253条第1款、第

22条、第23条第1款的规定,对T可能构成敲诈勒索罪未遂。

aa) 预先检验

由于T没有就范于A2的威胁给其服用兴奋剂,所以行为没有既遂。依据《德国刑法典》第23条第1款第二种情形、第12条第2款、第253条第3款的规定,敲诈勒索罪未遂可罚。 **88**

bb) 行为决意

A2必须对强制行为,即以暴力或显著的恶害相胁迫具有故意。这里以显著的恶害相胁迫意味着披露"丑闻",即披露服用兴奋剂的事实。由此A2对以显著的恶害相胁迫具有故意。 **89**

此外A2还必须对强制结果具有故意。他意欲让T给他服用药物,因此对强制结果也具有故意。同时对财产处分和财产损失也具有故意,因为A2并不想支付相应价款,但仍想得到药物。 **90**

A2还必须具有获利目的。这里的问题在于行为人财产获利与受害人财产损失间的素材同一性。获利必须是导致受害人损失的财产处分的直接结果。[①]虽然A2的主要目的是和所在俱乐部续约,拿到更高的薪金,但是他也想通过服用兴奋剂而获利。因此T的财产损失是他须要达到的中间目标。A2具有获利目的。 **91**

cc) 直接着手

由于A2威胁T,若T不给他服用兴奋剂就会披露丑闻,所以依据《德国刑法典》第22条的规定,他已直接着手实现构成要件。 **92**

dd) 违法性、罪责与中止

并不存在违法阻却事由。依据《德国刑法典》第253条第2 **93**

---

① *Fischer*, § 263 Rn. 187; *Eisele*, BT II, Rn. 638.

款的规定,行为必须具有应受谴责性。这种应受谴责性在以法律允许的行为进行威胁时,比如向授权机构进行刑事告诉的情形,是存在争议的。A2以丑闻相威胁,对他来说主要想将丑闻公之于众。在威胁披露丑闻和提高其自身表现的目的间不存在任何内在关联,仅涉及一个纯粹的任意关联,就使得这个敲诈勒索行为具有应受谴责性。① A2的行为违法且有责。此外《德国刑法典》第24条第1款规定的免除刑罚的中止条款对他也不适用。

ee) 结论

94 A2对T构成《德国刑法典》第253条第1款、第22条、第23条第1款规定的敲诈勒索罪未遂。

b) 强制罪未遂,《德国刑法典》第240条第1款、第22条、第23条第1款(对T)

95 A2对T也构成《德国刑法典》第240条第1款、第22条、第23条第1款规定的强制罪未遂。然而该罪相对于敲诈勒索罪未遂退居次位,排除适用。

(四)第四组行为:比赛

1. A1的刑事可罚性

危险伤害罪,《德国刑法典》第223条第1款、第224条第1款(对B1)

96 A1的犯规行为涉嫌触犯《德国刑法典》第223条第1款、第224条第1款的规定,对B1可能构成危险伤害罪。

---

① 参见Schönke/Schröder/*Eser/Eisele*, § 240 Rn. 23。

aa) 构成要件

①客观构成要件

在体育伤害的情形下需要讨论行为是否符合《德国刑法典》第223条规定的构成要件。① 如果涉及的是一个社会意义上常见的伤害行为，且存在对伤害风险的合意，就可排除构成要件。② A1对B1严重犯规并使其倒地。由此可以认定是对比赛规则的严重漠视，所以不能适用社会意义上常见伤害的排除构成要件事由。犯规行为体现了对身体的乱待，但从案情中并不能看出犯规行为同时损害了B1的健康。因此客观构成要件得以符合。

97

A1对B1的犯规也可能符合《德国刑法典》第224条第1款规定的加重构成要件要素。A1涉嫌使用《德国刑法典》第224条第1款第2项第二种情形意义上的危险工具实施行为。危险工具指的是就其客观属性及其具体的使用方式而言，能够造成严重身体伤害的可移动的物体。③ 球鞋在一定前提下可以符合危险工具的属性。④ 然而案情缺乏对犯规情形的具体表述，所以应当向有利于A1的方向认定，他并没有使用危险工具实施伤害行为。由此《德国刑法典》第224条第1款规定的加重构成要件未得以符合。

97a

②主观构成要件

A1意欲对B1犯规使其倒地。因此他在行为时具有故意。

98

---

① LK/*Hirsch*, § 228 Rn. 12.
② *Fischer*, § 228 Rn. 22; LK/*Hirsch*, § 228 Rn. 12; 其他观点 BGHSt 4, 88, 92; NK/*Paeffgen*, § 228 Rn. 109; Schönke/Schröder/*Stree/Sternberg-Lieben*, § 228 Rn. 16, § 15 Rn. 220, 据此应只排除违法性。
③ *Fischer*, § 224 Rn. 9.
④ 参见 *BGH* NStZ 1999, 616; NStZ 2003, 662; *Hettinger*, JuS 1982, 895。

bb) 违法性

99 　　A1的伤害行为可能通过B1的同意排除违法性。同意指的是在知情的情况下事前对特定人实施符合构成要件的行为表示认同。① 在足球比赛中，可以认为存在对过失伤害行为的同意，然而有意违反规则的行为是不能被同意内容所涵括的。② 像A1对B1实施的这种严重犯规行为不能再被视为社会相当的行为。B1并没有就身体伤害做出同意。因此A1的行为违法。

cc) 罪责

100 　　A1的行为有责。

dd) 结论

101 　　A1对B1构成《德国刑法典》第223条第1款规定的伤害罪。

2. A2的刑事可罚性

a) 伤害罪的共同正犯，《德国刑法典》第223条第1款、第25条第2款（对B1）

102 　　鉴于A1的犯规行为，A2涉嫌触犯《德国刑法典》第223条第1款、第25条第2款的规定，对B1可能构成伤害罪的共同正犯。

　　A2并没有直接参与A1的实行行为，即犯规行为。若他构成共同正犯，则可将A1的行为归责于他。

103 　　首先必须存在一个共同的犯罪行为计划。A2叫来A1，认为他们有必要教训一下B1，协力实施伤害行为。A2设想与A1共同实现这一计划，然而A1并没有听到A2的话，因此他们不具有共同的犯罪行为计划。A2对B1并不构成《德国刑法典》第

---

① *Fischer*, § 228 Rn. 5; *Frister*, AT, Kap.15 Rn. 4 ff.
② *Fischer*, § 228 Rn. 22.

223条第1款、第25条第2款规定的伤害罪的共同正犯。

b)危险伤害罪未遂的共同正犯,《德国刑法典》第223条第1款、第224条第1款、第22条、第23条第1款、第25条第2款（对B1）

A2对A1示意后冲向B1,涉嫌触犯《德国刑法典》第223条第1款、第224条第1款、第22条、第23条第1款、第25条第2款的规定,对B1可能构成危险伤害罪未遂的共同正犯。

104

aa)预先检验

以共同正犯形式实施的伤害行为没有既遂。依据《德国刑法典》第23条第1款第二种情形、第12条第2款、第224条第2款的规定,危险伤害罪未遂可罚。

105

bb)行为决意

A2必须对以共同正犯形式实施的伤害行为具有故意。A2意欲与A1一起对B1实施违反规则的行为,即身体的乱待。此外A2还有与A1协作实施犯规的意图,所以《德国刑法典》第224条第1款第4项意义上的"与他人共同实施伤害行为"的要素也被故意内容所涵括。

106

cc)直接着手

然而问题在于,依据《德国刑法典》第22条的规定,A2是否依据其设想直接着手实现构成要件。首先A2对A1示意,然后一起冲向B1,但是并没有造成对B1的危险。直接着手可在犯规中体现。但是是A1犯规,而不是A2。因此问题在于是否可将A1的行为归责于A2。依据整体方案（Gesamtslösung）这是可能的。只要他们中的一个着手实现构成要件,就意味着所有

107

共同行为人已经越过了未遂界限。①而A1甚至已经实现了伤害罪的构成要件。

108 但是问题在于，A1完全不知道A2的意图。②德国联邦最高法院从不能犯（untauglicher Versuch）原则中也推导出直接着手。这里依据《德国刑法典》第22条的规定，行为人独自的主观设想对于认定直接着手是决定性的。③若依据行为人的看法，共同行为人已着手，那么也就意味着行为人的直接着手。而不能犯的标志恰恰在于行为不能实现结果。④

109 然而反对意见认为，即便对于不能犯而言，也必须在客观上越过未遂开始的界限。只有具有共同的犯罪行为计划，才可能予以归责，⑤而A1和A2并不具有共同的犯罪行为计划（详见前述）。依照这一观点，由于缺乏直接着手只能考虑构成单一正犯。这个观点更为合理。对存在共同犯罪行为计划的单纯确信还不是法律上所不允许的行为。因此A2并没有直接着手实现构成要件。

110 提示：这里自然也可以遵循第一种意见。

dd) 结论

111 A2对B1不构成《德国刑法典》第223条第1款、第224条

---

① *Wessels/Beulke/Satzger*, AT, Rn. 611.
② 参见 *Beulke*, Klausurenkurs II, Rn. 240; *Kühl*, AT, § 20 Rn. 123a; *Wessels/Beulke/Satzger*, AT, Rn. 612 ff.
③ *BGH* NJW 1995, 142; *Küpper/Mosbacher*, JuS 1995, 488, 491.
④ 其间德国联邦最高法院对这个意见做了一定的限制，参见 *BGH* NStZ 2004, 110; *Krack*, NStZ 2004, 697。
⑤ *Kühl*, AT, § 20 Rn. 123a; *Küpper/Mosbacher*, JuS 1995, 488; *Wessels/Beulke/Satzger*, AT, Rn. 612; *Zieschang*, AT, Rn. 520.

第1款、第22条、第23条第1款、第25条第2款规定的危险伤害罪未遂的共同正犯。

c)伤害罪的教唆犯,《德国刑法典》第223条第1款、第26条（对B1）

A2对A1示意后冲向B1，涉嫌触犯《德国刑法典》第223条第1款、第26条的规定，对B1可能构成伤害罪的教唆犯。

112

aa)客观构成要件

①故意且违法的主行为

A1的伤害行为是一个故意且违法的主行为。

113

②教唆行为（唆使,《德国刑法典》第26条）

A2必须引起A1的行为决意。这里虽然A2叫来A1，认为他们有必要教训一下B1。但是A1并没有听见A2的话，因此A2没有引起A1的行为决意。

114

bb)结论

A2对B1不构成《德国刑法典》第223条第1款、第26条规定的伤害罪的教唆犯。

115

d)伤害罪的教唆未遂,《德国刑法典》第223条第1款、第30条第1款（对B1）

A2对A1示意后冲向B1，涉嫌触犯《德国刑法典》第223条第1款、第30条第1款的规定，对B1可能构成伤害罪的教唆未遂。

116

教唆并未既遂。如上文所述并不存在《德国刑法典》第26条意义上的唆使。由此教唆并未既遂。若教唆他人实施重罪而未遂的，依该重罪的未遂进行处罚。然而《德国刑法典》第223条规定的伤害罪依据《德国刑法典》第12条第1款、第223条第

117

1款的规定是一个轻罪。因此A2对B1并未构成《德国刑法典》第223条第1款、第30条第1款规定的伤害罪教唆未遂。

（五）第五组行为：在看台上大喊口号——W的刑事可罚性

1. 恶言中伤罪，《德国刑法典》第186条

118 W大喊"B国国家队——懦夫失败者！"的口号，涉嫌触犯《德国刑法典》第186条的规定，可能构成恶言中伤罪。

a)构成要件

119 这里的问题在于能否将B国国家足球队的球员作为侮辱的对象。若干个人可以在集体性称谓（Kollektivbezeichnung）下作为人员群体的成员被侮辱。① 为此这个群体必须在数量上可检验并具有一定的特征可明显从大众中剥离出来。② 球员作为B国国家足球队的成员可明显从大众中剥离出来并且在数量上可检验。因此可将其作为侮辱的对象。

120 行为的内容对象必须是一个事实断言。事实是指能加以证明的外部事件或者状态。B国国家足球队输掉了比赛，似乎不能从一开始就排除可证明性，但事实陈述与价值判断的区分就取决于这个重点。"B国国家队——懦夫失败者！"的口号更多地体现了思想以及价值的宣告，应将其认定为价值判断，因而不存在事实陈述，不符合恶言中伤罪的构成要件。

b)结论

121 W不构成《德国刑法典》第186条规定的恶言中伤罪。

---

① *Fischer*, Vor § 185 Rn. 9.
② *Wessels/Hettinger*, BT 1, Rn. 473.

2. 侮辱罪，《德国刑法典》第185条

W大喊"B国国家队——懦夫失败者！"的口号，涉嫌触犯《德国刑法典》第185条的规定，可能构成侮辱罪。

122

a) 构成要件

B国国家足球队可作为侮辱的对象，口号也是一种价值判断。问题在于，这个价值判断是否损害了名誉。对此必须要依据具体个案中的表示情形进行判断，也取决于时空关系、习惯风俗、当事人的品质以及社会层面。①这样一种陈述来自一场充满激情的足球比赛的观众，他们所支持的球队有机会赢得世界杯冠军，因此喊口号是社会相当的，并且依据整体情形并不足以损害球员的社会尊重请求。W并没有损害名誉。

123

b) 结论

W不构成《德国刑法典》第185条规定的侮辱罪。

124

（六）最终结论

在第一组行为中，X对庄家构成《德国刑法典》第263条第1款、第22条、第23条第1款规定的诈骗罪未遂。S对X构成《德国刑法典》第263条第1款规定的诈骗罪。

125

在第二组行为中，Y构成《德国刑法典》第267条第1款和第3款第2句第3项规定的伪造文书罪之特别严重情形，对除Z以外的买家构成《德国刑法典》第263条第1款规定的诈骗罪，对Z构成《德国刑法典》第263条第1款、第22条、第23条第1款规定的诈骗罪未遂，三者成立《德国刑法典》第52条规定的犯罪单数（想象竞合，从一重处罚）。Z对比赛主办方构成《德

---

① LK/*Hilgendorf*, § 185 Rn. 14 ff., 21; *Wessels/Hettinger*, BT 1, Rn. 509 f.

国刑法典》第263条第1款、第22条、第23条第1款规定的诈骗罪未遂，他还构成《德国刑法典》267条第1款第三种情形规定的伪造文书罪，二者成立《德国刑法典》第52条规定的犯罪单数（想象竞合，从一重处罚）。

在第三组行为中，T对A1构成《德国刑法典》第223条第1款、第224条第1款第1项规定的危险伤害罪。A2对T构成《德国刑法典》第253条、第22条、第23条规定的敲诈勒索罪未遂。

在第四组行为中，A1对B1构成《德国刑法典》第223条第1款规定的伤害罪。A2无罪。

在第五组行为中，W无罪。

四、案例评价

本案的难度相当于刑法进阶练习中一个要求很高的学期作业。

在第一组行为中学生应展示自己对财产犯罪知识的扎实掌握，对此应熟悉缔约诈骗和赔率损失的形态。对庄家的诈骗究竟由不作为欺骗还是默示欺骗做出的问题，做出清楚的界定，在解析中具有积极的重要意义。

在第二组行为中要探讨文书犯罪。若学生能够准确区分《德国刑法典》第267条所规定的不同犯罪行为，一定会得到评卷人的积极评价。影印件的文书属性是一个基本问题。《德国刑法典》第267条第3款规定的原则性例示的附加知识可使得这部分问题解决得更加完美。此外在对Z的诈骗罪未遂以及在对主办方的诈骗罪未遂的框架内应分别将Z的财产损失、主办方的财产处分和财产损失作为问题进行讨论。

第三组行为涉及危险伤害罪以及对T的敲诈勒索罪。胁迫的违法性在敲诈勒索罪中需要找到准确的连接点,即对丑闻的披露。

第四组行为涉及总论问题,尤其是同意、共同正犯(《德国刑法典》第25条)以及假想的共同正犯(vermeintliche Mittäterschaft)的问题。

学生在处理最后一组行为时应掌握名誉犯罪的相关知识(《德国刑法典》第185条、第186条)。能够界定事实陈述与价值判断并了解集体性称谓情形下侮辱的形态。

其他延伸阅读: OLG *Stuttgart* NJW 2006, 2869–2870 (Falschparken mit fotokopiertem Schwerbehinderten- und Sonderparkausweis); *Bott/Volz*, Die Anwendung und Interpretation des mysteriösen § 228 StGB, JA 2009, 421–425; *Jahn/Maier*, Der Fall Hoyzer.Grenzen der Normativierung des Betrugstatbestandes, JuS 2007, 215–219; *Küpper/Mosbacher*, Untauglicher Versuch bei Mittäterschaft (zu BGH NJW 1995, 142), JuS 1995, 488–492; *Radtke*, Sportwettenbetrug und Quotenschaden, Jura 2007, 445–451; *Saliger/Rönnau/Kirch-Heim*, Täuschung und Vermögensschaden beim Sportwettenbetrug durch Spielteilnehmer.Fall „Hoyzer", NStZ 2007, 361–368; *Schlösser*, Der „Bundesliga-Wettskandal". Aspekte einer strafrechtlichen Bewertung, NStZ 2005, 423–429; *Valerius*, Schneller, höher, reicher? Strafbarkeit von Wettbetrugsfällen im Sport, SpuRt 2005, 90–93.

词汇简全称对照表

a. A.	andere Ansicht
Abs.	Absatz
a. E.	am Ende
a. F.	alte Fassung
a. l. i. c.	actio libera in causa
ArbGG	Arbeitsgerichtsgesetz
AT	Allgemeiner Teil
Aufl.	Auflage
BAK	Blutalkoholkonzentration
BayObLG	Bayerisches Oberstes Landesgericht
Bd.	Band
BGB	Bürgerliches Gesetzbuch
BGH	Bundesgerichtshof
BGHSt	Sammlung der Entscheidungen des Bundesgerichtshofes in Strafsachen
BT	Besonderer Teil
BT-Drs.	Bundestags-Drucksache
BVerfG	Bundesverfassungsgericht
bzgl.	bezüglich
bzw.	beziehungsweise
d. h.	das heißt
e. A.	eine Ansicht
f.	folgende
ff.	fortfolgende
FS	Festschrift
GA	Goltdammer's Archiv für Strafrecht
gem.	gemäß
GmbH	Gesellschaft mit beschränkter Haftung
GS	Großer Senat

h. L.	herrschende Lehre
h. M.	herrschende Meinung
i. S.	im Sinne
i. S. d.	im Sinne des/r
i. S. v.	im Sinne von
i. V. m.	in Verbindung mit
JA	Juristische Arbeitsblätter
JR	Juristische Rundschau
Jura	Juristische Ausbildung
JuS	Juristische Schulung
JW	Juristische Wochenschrift
JZ	Juristenzeitung
lit.	littera
m. Anm.	mit Anmerkung
m. w. N.	mit weiteren Nachweisen
NJW	Neue Juristische Wochenschrift
Nr.	Nummer
NStZ	Neue Zeitschrift für Strafrecht
NStZ-RR	Neue Zeitschrift für Strafrecht – Rechtsprechungsreport
o. Ä.	oder Ähnliches
OLG	Oberlandesgericht
RGSt	Sammlung der Entscheidungen des Reichsgerichts in Strafsachen
Rn.	Randnummer
Rspr.	Rechtsprechung
S.	Satz, Seite
s.	siehe
s. o.	siehe oben
sog.	so genannte(r/s)
StGB	Strafgesetzbuch
StPO	Strafprozessordnung
str.	strittig
StrÄndG	Strafrechtsänderungsgesetz
StV	Strafverteidiger
unstr.	unstrittig

unstr.	unstrittig
Var.	Variante
vgl.	vergleiche
z. B.	zum Beispiel
ZJS	Zeitschrift für das Juristische Studium
z. N.	zum Nachteil
ZPO	Zivilprozessordnung
ZStW	Zeitschrift für die gesamte Strafrechtswissenschaft

文献简全称对照表

Arzt/Weber/Heinrich/Hilgendorf, BT .... *Arzt/Weber/Heinrich/Hilgendorf*, Strafrecht Besonderer Teil, 2. Aufl., 2009

Auer/Menzel/Eser .... *Auer/Menzel/Eser*, Zwischen Heilauftrag und Sterbehilfe, 1977

Baumann/Weber/Mitsch, AT .... *Baumann/Weber/Mitsch*, Strafrecht Allgemeiner Teil, 11. Aufl., 2003

BeckOK-StGB/*Bearbeiter* .. Beck'scher Online-Kommentar Strafgesetzbuch, 23. Edition, 2013

BeckOK-StPO/*Bearbeiter* .. Beck'scher Online-Kommentar Strafprozessordnung, 18. Edition, 2014

Beulke .... *Beulke*, Strafprozessrecht, 12. Aufl., 2012

Beulke, Klausurenkurs II .... *Beulke*, Klausurenkurs im Strafrecht II, 3. Aufl., 2014

Eisele .... *Eisele*, Strafrecht Besonderer Teil II, 2. Aufl., 2012

Fischer .... *Fischer*, Strafgesetzbuch, 61. Aufl., 2014

Frister, AT .... *Frister*, Strafrecht – Allgemeiner Teil, 6. Aufl., 2013

Gössel, BT 2 .... *Gössel*, Strafrecht Besonderer Teil 2, 1996

Gössel/Dölling, BT 1 .... *Gössel/Dölling*, Strafrecht Besonderer Teil 1, 2. Aufl., 2004

Gropp, AT .... *Gropp*, Strafrecht Allgemeiner Teil, 4. Aufl., 2014

Haft, AT .... *Haft*, Strafrecht– Allgemeiner Teil, 9. Aufl., 2004

Haft, BT II .... *Haft*, Strafrecht– Besonderer Teil II, 8. Aufl., 2005

Haft/Hilgendorf, BT I .... *Haft/Hilgendorf, Strafrecht* – Besonderer Teil I, 9. Aufl., 2009

Heinrich, AT .... *Heinrich*, Strafrecht – Allgemeiner Teil, 3. Aufl., 2012

Hilgendorf .... *Hilgendorf*, Tatsachenaussagen und Werturteile im Strafrecht, 1998

Hilgendorf/Valerius, AT .... *Hilgendorf/Valerius*, Strafrecht – Allgemeiner Teil, 2013

Hilgendorf/Valerius, CompStA .... *Hilgendorf/Valerius*, Computer- und Internetstrafrecht, 2. Aufl., 2012

Hillenkamp, AT .... *Hillenkamp*, 32 Probleme aus dem Strafrecht – Allgemeiner Teil, 14. Aufl., 2012

Hillenkamp, BT	*Hillenkamp*, 40 Probleme aus dem Strafrecht – Besonderer Teil, 12. Aufl., 2013
Jakobs	*Jakobs*, Strafrecht – Allgemeiner Teil, 2. Aufl., 1993
Jauernig/*Bearbeiter*	*Jauernig*, Bürgerliches Gesetzbuch, 15. Aufl., 2014
Jescheck/Weigend, AT	*Jescheck/Weigend*, Lehrbuch des Strafrechts, Allgemeiner Teil, 5. Aufl., 1996
Joecks	*Joecks*, Strafgesetzbuch, 10. Aufl., 2012
Kindhäuser, AT	*Kindhäuser*, Strafrecht – Allgemeiner Teil, 6. Aufl., 2013
Kindhäuser, BT I	*Kindhäuser*, Strafrecht – Besonderer Teil I, 6. Aufl., 2013
Kindhäuser, BT II	*Kindhäuser*, Strafrecht – Besonderer Teil II, 7. Aufl., 2012
Köhler/Bornkamm	*Köhler/Bornkamm*, Gesetz gegen den unlauteren Wettbewerb, 32. Aufl., 2014
Krey/Hellmann/Heinrich, BT I	*Krey/Hellmann/Heinrich*, Strafrecht Besonderer Teil Bd. 1, 15. Aufl., 2012
Krey/Hellmann/Heinrich, BT II	*Krey/Hellmann/Heinrich*, Strafrecht Besonderer Teil Bd. 2, 16. Aufl., 2012
Kühl, AT	*Kühl*, Strafrecht – Allgemeiner Teil, 7. Aufl., 2012
Lackner/Kühl	*Lackner/Kühl*, Strafgesetzbuch, 28. Aufl., 2014
LK/*Bearbeiter*	Leipziger Kommentar zum Strafgesetzbuch, 12. Aufl., 2006 ff.; 11. Aufl., 1992 ff.
Maurach/Schroeder/Maiwald, BT 1	*Maurach/Schroeder/Maiwald*, Strafrecht – Besonderer Teil 1, 10. Aufl., 2009
Meyer-Goßner/Schmitt	*Meyer-Goßner/Schmitt*, Strafprozessordnung, 57. Aufl., 2014
MünchKomm/*Bearbeiter*	Münchener Kommentar zum Strafgesetzbuch, 2. Aufl., 2011 ff.
NK/*Bearbeiter*	*Kindhäuser/Neumann/Paeffgen*, Nomos-Kommentar, Strafgesetzbuch, 4. Aufl., 2013
Otto, AT	*Otto*, Grundkurs Strafrecht – Allgemeine Strafrechtslehre (AT), 7. Aufl., 2004
Otto, BT	*Otto*, Grundkurs Strafrecht – Die einzelnen Delikte (BT), 7. Aufl., 2005
Pfeiffer	*Pfeiffer*, Strafprozessordnung, 5. Aufl., 2005
Rengier, AT	*Rengier*, Strafrecht – Allgemeiner Teil, 5. Aufl., 2013
Rengier, BT I	*Rengier*, Strafrecht – Besonderer Teil I, 16. Aufl., 2014
Rengier, BT II	*Rengier*, Strafrecht – Besonderer Teil II, 15. Aufl., 2014
Roxin, AT I	*Roxin*, Strafrecht – Allgemeiner Teil I, 4. Aufl., 2006

Roxin/Schroth/*Bearbeiter* ...	*Roxin/Schroth*, Handbuch des Medizinstrafrechts, 4. Aufl., 2010
Schmidhäuser, AT	*Schmidhäuser*, Strafrecht – Allgemeiner Teil, 1982
Schmidhäuser, BT	*Schmidhäuser*, Strafrecht, Besonderer Teil, 2. Aufl., 1983
Schönke/Schröder/ Bearbeiter	*Schönke/Schröder*, Strafgesetzbuch, 29. Aufl., 2014
SK/*Bearbeiter*	*Rudolphi/Horn/Samson,* Systematischer Kommentar zum Strafgesetzbuch (Loseblatt), 140. Ergänzungslieferung, Stand: 10/2013
Stratenwerth/Kuhlen, AT	*Stratenwerth/Kuhlen*, Strafrecht Allgemeiner Teil, 6. Aufl., 2011
Welzel	*Welzel*, Das deutsche Strafrecht, 11. Aufl., 1969
Wessels/Beulke/Satzger, AT ..	*Wessels/Beulke/Satzger*, Strafrecht Allgemeiner Teil, 43. Aufl., 2013
Wessels/Hettinger, BT 1	*Wessels/Hettinger*, Strafrecht Besonderer Teil/1, 37. Aufl., 2013
Wessels/Hillenkamp, BT 2 ...	*Wessels/Hillenkamp*, Strafrecht Besonderer Teil/2, 36. Aufl., 2013
Zieschang	*Zieschang*, Strafrecht – Allgemeiner Teil, 4. Aufl., 2014

关键词索引

打击错误 案例6边码3

作为和不作为的界定 案例13边码5

原因自由行为 案例9边码6、14、16

攻击 案例2边码7

主观说 案例6边码17

直接着手 案例4边码26；案例15边码107及以下

双重教唆故意 案例13边码55

德国刑法的适用 案例9边码19及以下

等值理论 案例13边码6

未经宣誓的虚假陈述罪 案例1边码44

遗弃罪 案例14边码28

侮辱罪 案例3边码16及以下；案例8边码5及以下；案例15边码122

以行为实施进行侮辱 案例8边码52

通过集体性称谓进行侮辱 案例8边码30及以下

人员群体的可侮辱性 案例8边码29

获利目的 案例7边码13

损坏 案例5边码3；案例11边码6

安宁的地产 案例12边码6、9

行贿罪 案例15边码4

教唆　案例15边码117

参与斗殴罪　案例6边码40及以下

诈骗罪　案例4边码49及以下；案例7边码17及以下；案例15边码5及以下

诈骗罪未遂　案例15边码13及以下

卑劣动机　案例6边码7

纵火罪　案例12边码36及以下

严重纵火罪　案例12边码42及以下

破坏计算机罪　案例3边码37及以下

条件公式　案例13边码6

数据　案例3边码29

扣压数据　案例3边码53及以下

变更数据罪　案例3边码30及以下

数据处理　案例3边码59及以下

结果加重犯　案例6边码58

秘密型犯罪　案例4边码5

盗窃罪　案例3边码73、74；案例4边码1及以下；案例12边码51及以下

携带武器盗窃罪　案例12边码21及以下

抢劫性盗窃罪　案例7边码68及以下

抢劫性盗窃致死罪　案例7边码87及以下

严重抢劫性盗窃罪　案例7边码75及以下

"规范—事实"的名誉概念　案例8边码7

内在名誉　案例8边码9

名誉损害　案例8边码7及以下

排除构成要件的合意 案例11边码3、8

同意 案例10边码10及以下；案例11边码8；案例14边码6

推定同意 案例3边码69

容许构成要件错误 案例2边码20、36及以下；案例5边码76、78及以下；案例10边码32及以下；案例14边码44

敲诈勒索罪 案例15边码87及以下

对人的错误 案例6边码3、4

骗取给付罪 案例15边码70

未经宣誓的虚假陈述罪 案例1边码44

逮捕权 案例2边码10及以下

剥夺他人自由罪 案例2边码15及以下；案例12边码13及以下

保证人地位 案例11边码44；案例13边码34及以下

先行行为 案例1边码29

致使法律事务交往受到严重危害 案例15边码46

侵害道路交通罪 案例9边码43及以下

危害公共安全的投毒罪 案例13边码45及以下

经营场所 案例12边码5

严重健康损害 案例7边码42

暴力 案例1边码4、5；案例4边码86

以此为职业 案例15边码45

毒物 案例13边码25

重要肢体 案例6边码46及以下

以此为职业实施本罪 案例15边码45

侵犯居住安宁罪 案例2边码24；案例3边码21及以下；案例5边码16及以下；案例11边码1及以下；案例12边码2及以下

关键词索引 359

窝赃罪　案例1边码37及以下

医生的医疗行为　案例10边码5、6；案例11边码19及以下

心理门槛　案例5边码63、64

占有者的支配意志　案例4边码3

不进行救助罪　案例10边码54及以下；案例14边码24及以下

利益衡量　案例1边码33；案例5边码9；案例14边码12及以下

错误认识　案例7边码9

因果关系　案例13边码6及以下

假定的因果关系　案例10边码48

身体部分　案例7边码26

伤害罪　案例2边码31及以下；案例4边码90及以下；案例6边码32及以下；案例15边码96及以下

出现严重结果　案例10边码20及以下

过失伤害罪　案例5边码37及以下

危险伤害罪　案例2边码55

伤害罪的共同正犯　案例10边码72及以下

以危害生命的方式伤害他人　案例5边码70；案例7边码57；案例13边码27及以下

消极的构成要件要素说　案例2边码39；案例5边码81

轻率　案例7边码90

人身性特别要素　案例6边码23及以下

乱待身体　案例1边码21；案例10边码3；案例11边码18

过失共同正犯　案例13边码17

谋杀罪　案例6边码1及以下；案例14边码56及以下

紧急救助　案例5边码48及以下

强制罪　案例4边码85及以下；案例5边码20及以下；案例7边码46、47；案例12边码30及以下

强制性紧急避险　案例5边码9及以下

紧急避险　案例14边码8及以下

阻却罪责的紧急避险　案例2边码52；案例5边码14；案例14边码43

阻却违法的紧急避险　案例5边码7及以下；案例11边码28及以下；案例14边码8及以下

超法规的阻却罪责的紧急避险　案例11边码35

正当防卫　案例2边码6及以下；案例5边码5、6；案例8边码46及以下；案例14边码35及以下

病理状态　案例11边码41

抢劫罪　案例4边码78及以下；案例12边码20及以下

广告　案例7边码5

被允许的风险　案例13边码9

损坏财物罪　案例2边码25及以下；案例3边码1及以下；案例5边码2及以下

损坏财物罪的间接正犯　案例5边码29及以下

他人动产　案例4边码12

限制罪责说　案例2边码40；案例5边码86及以下

指向法律后果的限制罪责说　案例9边码41

严格罪责说　案例5边码83及以下

无罪责能力　案例9边码6

应受谴责性的重点　案例4边码34

重点公式 案例11边码56

"士兵案"的判决 案例8边码32

损害健康的物质 案例13边码25

阻扰刑罚罪 案例1边码45及以下；案例10边码82及以下

实体损害 案例3边码3及以下

实行犯罪行为时被当场发现 案例2边码12

行为决意 案例5边码61及以下

事实陈述 案例7边码4及以下；案例8边码2、3

欺骗 案例7边码3

不作为的故意杀人罪 案例14边码20及以下

受嘱托杀人罪 案例11边码49及以下；案例14边码1及以下

酒后驾驶罪 案例9边码53

阴险的突然袭击 案例5边码69；案例6边码12；案例7边码56

恶言中伤罪 案例3边码11及以下；案例15边码118及以下

擅自逃离肇事现场罪 案例9边码56

直接着手 案例4边码26、45

不进行救助罪 案例10边码54及以下；案例14边码24及以下

侵占罪 案例3边码75；案例4边码55及以下；案例15边码33及以下

背信罪 案例3边码43

伪造文书罪 案例1边码55；案例15边码36及以下

扣压文书罪 案例3边码44及以下

禁止错误 案例2边码21；案例14边码45及以下

危害公共安全的投毒罪 案例13边码45及以下

诽谤罪 案例8边码37及以下

公开进行诽谤 案例8边码39

财产损失 案例7边码11

财产处分 案例4边码36及以下；案例7边码10

失败未遂 案例4边码28、29

未遂 案例4边码70及以下

昏醉罪 案例9边码37及以下

客观预见可能性 案例10边码40

故意说 案例5边码79、80

给予利益罪 案例15边码1及以下

正当权益的使用 案例8边码19及以下

拿走 案例1边码8；案例4边码3、81；案例7边码35

危险工具 案例2边码57；案例5边吗68；案例7边码26、55、77及以下；案例9边码31；案例11边码24

抗拒执行公务之官员罪 案例9边码55

住宅 案例12边码4

毁坏 案例5边码3

毁坏建筑物罪 案例3边码10

据为己有的目的 案例1边码9及以下；案例4边码7；案例12边码53

宣示 案例1边码15及以下；案例4边码57、58

客观归责 案例13边码12

特定的危险关联 案例7边码64

法律人进阶译丛

⊙ 法学启蒙

《法律研习的方法：作业、考试和论文写作（第9版）》，
　　〔德〕托马斯·M. J. 默勒斯著，2019年出版
《如何高效学习法律（第8版）》，〔德〕芭芭拉·朗格著，2020年出版
《如何解答法律题：解题三段论、正确的表达和格式（第11版增补本）》，
　　〔德〕罗兰德·史梅尔著，2019年出版
《法律职业成长：训练机构、机遇与申请（第2版增补本）》，
　　〔德〕托尔斯滕·维斯拉格 等著，2021年出版
《法学之门：学会思考与说理（第4版）》，〔日〕道垣内正人著，2021年出版

⊙ 法学基础

《民法学入门：民法总则讲义·序论（第2版增订本）》，〔日〕河上正二著，
　　2019年出版
《法律解释（第6版）》，〔德〕罗尔夫·旺克著，2020年出版
《民法的基本概念（第2版）》，〔德〕汉斯·哈腾豪尔著
《民法总论》，〔意〕弗朗切斯科·桑多罗·帕萨雷里著
《物权法（第32版）》，〔德〕曼弗雷德·沃尔夫、马尼拉·威伦霍夫著
《债法各论（第12版）》，〔德〕迪尔克·罗歇尔德斯著
《刑法分则I：针对财产的犯罪（第21版）》，〔德〕鲁道夫·伦吉尔著
《刑法分则II：针对人身与国家的犯罪（第20版）》，
　　〔德〕鲁道夫·伦吉尔著
《基本权利（第6版）》，〔德〕福尔克尔·埃平著
《德国民法总论（第41版）》，〔德〕赫尔穆特·科勒著

◉ **法学拓展**

《奥地利民法概论：与德国法相比较》，
　〔奥〕伽布里菈·库齐奥、海尔穆特·库齐奥著，2019年出版
《民事诉讼法（第4版）》，〔德〕彼得拉·波尔曼著
《所有权危机：数字经济时代的个人财产权保护》，
　〔美〕亚伦·普赞诺斯基、杰森·舒尔茨著
《消费者保护法》，〔德〕克里斯蒂安·亚历山大著
《日本典型担保法》，〔日〕道垣内弘人著
《日本非典型担保法》，〔日〕道垣内弘人著

◉ **案例研习**

《德国大学刑法案例辅导（新生卷·第三版）》，〔德〕埃里克·希尔根多夫著，2019年出版
《德国大学刑法案例辅导（进阶卷·第二版）》，〔德〕埃里克·希尔根多夫著，2019年出版
《德国大学刑法案例辅导（司法考试备考卷·第二版）》
　〔德〕埃里克·希尔根多夫著，2019年出版
《德国民法总则案例研习（第5版）》，〔德〕约尔格·弗里茨舍著
《德国法定之债案例研习（第3版）》，〔德〕约尔格·弗里茨舍著
《德国意定之债案例研习（第6版）》，〔德〕约尔格·弗里茨舍著
《德国物权法案例研习（第4版）》，〔德〕延斯·科赫、马丁·洛尼希著，2020年出版
《德国劳动法案例研习（第4版）》，〔德〕阿博·容克尔著
《德国商法案例研习（第3版）》，〔德〕托比亚斯·勒特著，2021年出版

◉ **经典阅读**

《法学中的体系思维和体系概念》，〔德〕卡纳里斯著
《法律漏洞的发现（第2版）》，〔德〕克劳斯-威廉·卡纳里斯著
《欧洲民法的一般原则》，〔德〕诺伯特·赖希著
《欧洲合同法（第2版）》，〔德〕海因·克茨著
《民法总论（第4版）》，〔德〕莱因哈德·博克著
《法学方法论》，〔德〕托马斯·M. J. 默勒斯著
《日本新债法总论（上下卷）》，〔日〕潮见佳男著